LA GRANJA HUMANA

SALVADOR FREIXEDO

LA GRANJA HUMANA

diversa

© 2014, Salvador Freixedo
© 2014, Diversa Ediciones
Edipro, S.C.P.
Carretera de Rocafort 113
43427 Conesa
diversa@diversaediciones.com
www.diversaediciones.com

Primera edición: julio de 2014

ISBN: 978-84-942484-3-6
Depósito legal: T 833-2014

Diseño y maquetación: DONDESEA, servicios editoriales
Ilustraciones de portada: © Cannarego/Shutterstock y © Javarman/Shutterstock

Impreso en España – *Printed in Spain*

A Magdalena, mi mujer.

ÍNDICE

PRÓLOGO
A LA ACTUAL EDICIÓN

Han pasado veintitrés años desde la primera edición de este libro, y el fenómeno ovni ha seguido desenvolviéndose como lo había venido haciendo durante milenios. Y dicho de otra manera más de acuerdo con su temática, han pasado veintitrés años, y los habitantes de la granja humana siguen sin despertar: han seguido comiendo la misma paja que les han estado dando los dueños de la granja (ahora más endulzada) y han seguido creyendo las mismas mentiras que los «dioses» y sus testaferros humanos nos han seguido diciendo.

Por desgracia, muchos de los ovnílogos no se han enterado todavía de que la infinita y variadísima casuística (incluida la que se describe en este libro) no es más que una careta para disimular el verdadero rostro del fenómeno o una trampa para tener entretenidos a los investigadores. Pero ya va siendo hora de que despertemos de este engaño y nos enfrentemos con la desnuda verdad, aunque esta sea tan desagradable como lo es en realidad.

En estas páginas yo presento casos que a algunos «ufólogos serios y científicos» se les hicieron difíciles de admitir. Poco sabían ellos que la gran realidad que está detrás de todos estos casos es mucho más «increíble» y difícil de digerir.

El valor de este libro, aparte de la originalidad de muchos de los casos que presenta, consiste por una parte en que globaliza el fenómeno y, a pesar de mostrar casos muy diversos, los presenta como formando parte de un todo con muchos aspectos y acontecimientos diferentes, y por otra, en que pone sobre aviso al lector de que la cosa no es tan «entretenida» e inocente como a primera vista parece y que en realidad representa una muy seria amenaza para la raza humana. De hecho, a continuación de este libro escribí otro cuyo título, *La amenaza extraterrestre*, declaraba ya abiertamente esta idea. A algunos «ufólogos» famosos y muy profesionales no les gustó. Lo siento por ellos.

Da la impresión de que en la actualidad se habla y se escribe menos sobre los ovnis. Es cierto, aunque esto no significa que la actividad de los dueños de la granja haya disminuido. Por el contrario, creo que en la actualidad están mucho más activos, aunque sus actuaciones, sin dejar de ser también físicas y visibles, son mucho más sutiles e indetectables, pero en definitiva más influyentes en la conducta de las sociedades. Actividades como las manifestaciones masivas en el cielo de la ciudad de México, atestiguadas por cientos de miles de personas, o los admirables círculos de las cosechas que cada año aparecen en los campos de muchas naciones, y especialmente de Inglaterra, son pruebas físicas de la presencia de estos visitantes del Cosmos, por mucho que los medios de comunicación pretendan silenciarlos.

La causa de que apenas se escriba sobre ellos es una prueba más de su poder. Ellos son los que han conseguido que los grandes medios de comunicación no se presten a publicar nada que tenga que ver con los ovnis y que los editores importantes se nieguen a publicar libros sobre el tema. Para ello se han valido además de los intelectuales y científicos y de las autoridades a las que han convencido de que todo es fruto de la imaginación. Las motivaciones de todos estos grupos son diferentes: a las autoridades no les gusta que haya algo que esté fuera de su control; los hombres de ciencia no saben cómo explicarlo porque los hechos van contra sus dogmas científicos y optan por la salida más fácil, que consiste en negar los hechos; en los intelectuales es cuestión de amor propio y de soberbia: es imposible que exista algo que ellos desconozcan.

Sin embargo, hay dos estamentos muy importantes en la sociedad que sí se interesan por el fenómeno, aunque no tengan la facilidad que tienen los grupos anteriores para dar a conocer su opinión. Me refiero a los militares y a las religiones. Los militares, obviamente, están muy interesados en algo que invade sus espacios sin pedirles permiso y que se atreve a desafiar descaradamente sus prohibiciones. Y aunque lo han negado y han tratado de engañar en muchas ocasiones a la sociedad, han estudiado a fondo el fenómeno y son los que más conocen sobre sus muchos aspectos, aunque no le comuniquen a la sociedad todo lo que sobre él saben. El inicial Blue Book de Allen Hynek y los sucesivos proyectos Condon, Brookings, Sturrock y los dos comunicados de la Fuerza Aérea estadounidense no son más que mentiras elaboradas para hacerle creer a la gente que el fenómeno estaba siendo estudiado y que no tenía visos de ser real. En cambio, los militares franceses, en su informe Cometa, y los de otros seis o siete países, son mucho más sinceros y reconocen la realidad del fenómeno.

La religión, y en concreto los líderes del cristianismo, prefieren mirar para otro lado y no darle importancia al fenómeno porque se dan cuenta de que, de ser cierto lo que dicen los que lo han estudiado o experimentado, podría traer dificultades para ciertas creencias fundamentales. Pero decir que la presencia entre nosotros de otros seres inteligentes no humanos no supone problema alguno para el dogma es estar en la luna.

Los creyentes de otras religiones siguen admitiendo cosas tan trágicas o tan chuscas como que a Dios le agrada destripar a los no creyentes o que no coman carne de puerco o adoren a una vaca, tal como los dueños de la granja, disfrazados de dioses, les enseñaron a sus fundadores hace muchos años.

Reconozco que hoy en día, basado precisamente en hechos por el estilo de los que se narran en este libro, y tras haber conocido e intimado con muchos testigos directos y víctimas del fenómeno y de haberlo vivido en carne propia, sé de los dueños de la granja y de sus intenciones mucho más de lo que sabía cuando escribí *La granja humana*.

Por ello, para esta nueva edición he revisado concienzudamente el texto y he corregido alguna afirmación que con el tiempo he sabido que no era exacta, como también he añadido comentarios y detalles que desconocía entonces.

Cenlle (Ourense), 2011

INTRODUCCIÓN

Este libro no es de ciencia ficción, y menos una novela basada en fantasmagorías imaginadas por el autor o en libros místicos. Este es un libro en el que se narran hechos. Hechos inexplicables y hasta absurdos si se quiere, pero hechos reales, investigados la mayor parte de ellos directamente por mí. Y en algún caso vividos y hasta padecidos por mí.

Los eternos dubitantes siguen diciendo que en el mundo paranormal «no hay hechos comprobados». Efectivamente, para el que tiene la mente cerrada nunca habrá casos ni pruebas suficientes. Pero «la sarna no está en las sábanas». La sarna está en la cerrazón de mollera de algunos «intelectuales».

Los casos que en este libro presento son casos concretos y comprobados, y muchos de ellos son pruebas que podrían dar fe en un tribunal de justicia y que para mí han sido convincentes. Otros, en cambio, son solo evidencias circunstanciales que nos ayudan a acercarnos a conclusiones ciertas.

Y si es cierto que los casos son importantes, lo es aún más investigar qué hacen esos tripulantes en nuestro mundo y qué han estado haciendo siempre desde hace miles de años. Pero ya no desde sus naves, sino mezclados con nosotros en nuestras calles, en el interior de nuestros hogares y sobre todo dentro de nuestras mentes. Porque lo que muchos investigadores del fenómeno no acaban de comprender es que estos tripulantes hace muchos años que aprendieron a bajarse de sus aparatos y a andar entre nosotros haciendo cosas muy extrañas.

Presentar sus múltiples, disimuladas y variadísimas andanzas y actividades en nuestro mundo y, sobre todo, ver cuál debería ser nuestra reacción, es lo que pretendo en este libro. Entretanto, los «ufólogos» (¿qué es eso?) seguirán coleccionando casos sin saber qué hacer con ellos y estarán cada día más confusos.

Por otra parte, este libro no es para las personas que creen que todo lo inventable ya está inventado, ni para las que piensan que la ciencia es capaz de dar solución a todos los misterios del mundo y que todo aquello a lo que ella no es capaz de encontrar una solución tiene que ser rechazado como absurdo o inexistente.

En este mundo en el que vivimos, olvidándonos por un momento de la vastedad del infinito Universo, hay una enorme cantidad de hechos que sobrepasan con mucho los límites de la ciencia y que no son susceptibles de ser explicados por ella, porque simplemente rebasan la capacidad de comprensión de nuestros cerebros.

Además, todo el reino del espíritu —y el Cosmos, al decir de grandes astrónomos y filósofos, da la impresión de ser una gigantesca inteligencia que tiene más de mental o de espiritual que de físico— escapa por completo a los métodos y a los propósitos de nuestra ciencia.

Por lo tanto, entremos en la consideración de los extraños temas de este libro, tranquilos en cuanto a lo que los científicos puedan decir contra nosotros. Los científicos «primarios», si se dignan atender a lo que decimos, levantarán por un momento su cabeza de la rutinaria tarea con la que se ganan la vida y harán un gesto de desdén hacia nosotros, considerándonos como unos pobres chiflados perseguidores de quimeras o adoradores de mitos. Y seguirán rutinaria y machaconamente repitiendo sus observaciones y experimentos, en sus laboratorios y clínicas, para profundizar un poco más en el conocimiento de la materia y también para llevarle el sustento a su familia. Dios los bendiga. Son los obreros de la ciencia, gracias a los cuales mejoramos nuestros instrumentos y a veces nuestra salud. La humanidad tiene que estar agradecida por su pesada labor, que con frecuencia acaba embotando las mejores cualidades de su espíritu y de su inteligencia al ceñirlos obligada y rutinariamente a una sola parcela del saber humano. Tenemos que ser comprensivos ante su incredulidad y ante su miopía.

Los otros científicos, los «graduados», que no son meros obreros de la ciencia, repetidores de experimentos o de recetas, sino que se remontan por encima de las fórmulas para filosofar sobre el porqué de la vida y, en vez de seguir planos o pautas que otros trazaron, diseñan nuevas vías para la mente, constituyéndose en arquitectos y estrategas de la humanidad, no nos criticarán. Sencillamente se limitarán a observar cuál es el fruto de nuestras investigaciones en los campos del misterio, sabiendo que la vida en sí es un gigantesco misterio.

Qué enorme gusto sentí el día que supe que el patriarca de los científicos «graduados» modernos, el gran Albert Einstein, tenía como libro de cabecera nada menos que *La Doctrina Secreta*, obra de la reina del esoterismo —tan denostada por la ciencia de a pie— Helena Petrovna Blavatski. Y cómo se alegró mi espíritu cuando leí *Cuestiones cuánticas: escritos místicos de los físicos más famosos del mundo*

(Heisenberg, Schröedinger, Einstein, Jeans, Planck, Pauli, Eddington), editado por Ken Wilber (Kairós, 1987).

La tesis del libro que tienes en tus manos es de una gran audacia, pero está refrendada por miles de hechos que pasan inadvertidos, al suceder mezclados con muchos otros de los que está entretejida nuestra vida diaria. Sin embargo, sucede a veces que a lo largo de la historia aparecen personajes increíbles o pasan cosas inexplicables, que desgraciadamente no nos hacen despertar del letargo en el que las teorías sociales y los mitos religiosos tienen sumida a la humanidad. Los historiadores, los sociólogos, los políticos y los grandes mitólogos modernos —los teólogos— los explican cada uno a su manera y conforme a sus conocimientos o a sus intereses. Y la humanidad sigue ciega caminando por un camino sin salida que únicamente lleva a la autodestrucción.

La tesis de este libro es la misma que expuse en *Defendámonos de los dioses*. Pero aquí profundizo más en ella y aporto nuevas pruebas de que aquella manipulación que entonces describía sigue dándose en gran escala, aunque disimulada y escondida tras mil velos. La gran tesis de aquel libro sostiene que los «dioses» —entendiendo por «dioses» unos seres racionales, de ordinario invisibles, superiores al hombre en inteligencia y tecnología— son los que a fin de cuentas mandan en este mundo.

En el orden de las ideas trascendentes, los hombres creemos lo que ellos nos han hecho creer —y este es el origen y la esencia de todas las religiones—, y en cuanto a nuestros conocimientos de la naturaleza, sabemos lo que ellos nos han dejado saber. Hasta hace apenas un siglo, los avances técnicos y científicos se debieron en gran parte a lo que estos seres les comunicaban a algunos de sus amigos «iluminados». Lo mucho que las tribus primitivas —tan ignorantes en otras cosas— saben sobre los poderes curativos de las plantas y lo mucho que los chinos saben, desde hace milenios, sobre las corrientes bioenergéticas que surcan el cuerpo humano, con sus correspondientes puntos de acupuntura, son solo dos ejemplos de esta ciencia «revelada». Hay muchos otros casos de inventos y descubrimientos debidos a alguna «revelación privada».

En la actualidad, las cosas han cambiado radicalmente en este particular. La raza humana se ha liberado de muchos tabúes que los «dioses» le habían hecho creer —precisamente para que no avanzase— y desentraña por sí misma los secretos de la materia y de la naturaleza.

Una circunstancia importante que hay que tener en cuenta en esta tesis es que la mayoría de estos misteriosos seres que nos dominan desde las sombras no son buenos ni malos de por sí: simplemente nos usan, al igual que nosotros usamos a los animales. A estos, aunque los cacemos y aunque organicemos espectáculos con ellos, no los odiamos: simplemente los usamos para lo que nos conviene. Si ese uso conlleva un buen trato (animales domésticos, por ejemplo) los tratamos bien; pero si ese uso conlleva un mal trato (animales sacrificados para nuestro alimento) los matamos sin remordimiento alguno. Lo mismo hacen con nosotros esos seres que dominan el mundo y la raza humana.

La gran deducción que de esto se puede sacar es que los hombres no somos los reyes del mundo, tal como habíamos creído, ni somos la más excelsa de las criaturas de Dios, ni estamos en vísperas de abrazarnos eternamente con Él si nuestras obras han sido buenas durante nuestra permanencia en este planeta. Todo ello no son sino infantilidades con las que estos seres han nutrido nuestro ego para que siguiésemos ajenos a la gran realidad de que somos sus esclavos. Los verdaderos dueños del mundo son ellos, y nosotros solo hacemos lo que a ellos les conviene, para lo cual han inventado unas formidables estrategias que describo detalladamente en el libro al que hice referencia.

Y como no quiero repetir lo ya escrito, únicamente dejaré claro, por considerarlo de gran importancia para la recta concepción de esta nueva manera de entender el mundo, que no todos estos seres son iguales. La diversidad entre ellos es enorme y mucho mayor de la que se da entre los humanos. Si entre estos nos encontramos con blancos y negros, altos y bajos, europeos y asiáticos, varones y hembras, etc., entre los «dioses» las variedades son muchísimo mayores, ya que nuestras diferencias solo atañen a cualidades externas y no esenciales —puesto que todos somos seres humanos pertenecientes a la misma especie—, mientras que las de ellos se extienden a la esencia misma de sus «personas». Muchos de ellos son radicalmente diferentes entre sí y lo único que tienen en común es el ser inteligentes, aunque sobre esto tenemos que decir que muchos aspectos de su inteligencia se escapan a nuestra comprensión.

Ciertas especies de «dioses» dan la impresión de ser benévolas para los humanos o por lo menos para algunos individuos, mientras que otras actúan de una manera muy negativa o, cuando menos, peligrosa e ilógica.

¿En qué nos basamos para decir esto? En hechos. En miles de hechos que están ahí desde remotos tiempos, conocidos en todas las culturas, escritos en todas las literaturas y experimentados en nuestros mismos días en las vidas de innumerables personas cuyos testimonios no podemos ignorar. El hecho de que la ciencia oficial no tenga explicación para ellos o que los poderes constituidos prefieran ignorarlos por razones políticas no obsta para que los hechos sigan esperando y exigiendo una explicación racional, sea la que sea y venga de donde venga.

Esto es lo que intentamos hacer en este libro, sabiendo que nos exponemos al desprecio y a la burla de los que todo lo saben y de los que todo lo pueden. De nuevo, Dios los bendiga.

La vida es un sueño. Y ellos también sueñan con sus adelantos técnicos, con sus dogmas y con sus poderes políticos. Y como todo soñador, también tienen pesadillas con bombas de neutrinos, con guerras de las galaxias, con infiernos eternos y con ríos y bosques envenenados por los residuos químicos de sus fábricas.

Nuestros esfuerzos por descifrar tantos misterios de la vida no son menos válidos que los suyos. Por lo tanto, tenemos el mismo derecho que ellos a usar nuestra cabeza para descubrir el porqué de algo que por siglos lleva inquietando la mente de los hombres.

Seguramente las autoridades religiosas se unirán al coro de los que nos denigran. Pero no se puede tirar piedras al tejado ajeno cuando se tiene el propio de cristal. Los jerarcas cristianos tienen su credo lleno de ángeles y demonios, que en nada se distinguen de los «dioses» y de las entidades a las que aquí nos referimos. La única diferencia es que sus ángeles y demonios ven limitadas sus actividades al entramado dogmático y ritual del cristianismo, mientras que nuestros «dioses» actúan libremente en el planeta, con todos los seres humanos, sean o no cristianos. No solo eso, sino que el extraño «dios» del Génesis, que manipulaba al pueblo hebreo desde una nube, es, según nuestra tesis, *uno más* de estos entes misteriosos que desde siempre han dominado a los humanos.

San Pablo llama repetidamente a estos seres «los señores del mundo», y tenía muy mala idea sobre ellos. En su epístola a los efesios escribió un famoso pasaje, tan confuso como esclarecedor:

> Nuestra lucha no es contra la carne ni contra la sangre, sino contra principados, contra potestades, contra los gobernantes de este mundo tenebroso, contra los Espíritus del mal que están en las alturas. (Efesios 6, 12).

A estos mismos «espíritus del mal que están en las alturas» es a los que nosotros nos referimos con el muy genérico nombre de «ellos». Al final del libro hago una recopilación de todas sus cualidades, que iremos viendo aflorar diseminadas en los casos que presento. De estos, la mayor parte fueron investigados directamente por mí y han sido seleccionados entre una gran cantidad de hechos inexplicables, de los que más o menos de cerca me ha tocado ser testigo. Algunos de ellos han marcado mi vida de manera indeleble, y precisamente debido a esta manipulación de la que estamos hablando, muy probablemente me iré a la tumba sin que pueda dar a conocer todos sus íntimos detalles.

He de advertirle al lector que en varios de los casos cambio la ubicación de los hechos y los nombres de los protagonistas por habérmelo pedido ellos. En otros me he visto obligado a distorsionar algo el propio hecho para no traicionar la privacidad de los individuos, que, de narrar el hecho tal como sucedió exactamente, serían identificados con facilidad por sus parientes o vecinos. Pero la esencia y la paranormalidad de los hechos, y sobre todo su realidad, no sufren nada con estas pequeñas distorsiones.

LOS DUEÑOS VISIBLES
DE ESTE MUNDO

Puesto que a lo largo del libro vamos a mencionar a los dueños invisibles de este mundo, creo que será oportuno hablar antes de sus dueños *visibles*, que en un aspecto no son más que marionetas de los *invisibles*.

Sería un error infantil creer que todo lo que pasa en nuestro mundo está dirigido desde el «más allá» por «divinas providencias», según cree el cristianismo, o por algún tipo de espíritus entrometidos a los que por razones desconocidas les gusta entremezclarse con las vidas y las actividades de los humanos. El quehacer diario de los hombres y de las naciones lo forjan una serie de personajes de los que nos ocuparemos en este capítulo.

Esto no quiere decir que en determinadas ocasiones tal o cual suceso, que aparentemente se debe a causas humanas perfectamente conocidas, no tenga otras completamente distintas de las aparentes. Pero, hablando en general, podemos decir que las cosas de cada día suceden por causas humanas, en las que el hombre actúa más o menos libremente pudiendo haber actuado de una manera completamente diferente.

Algo por el estilo se puede decir de la marcha de la historia. Sin embargo, en este particular ya no podemos ser tan tajantes, pues cuando los acontecimientos se magnifican o a medida que estos son considerados durante un período mayor de tiempo, el hombre pierde dominio sobre ellos y la marcha de la historia se hace errática. El hombre parece tener dominio sobre un acontecimiento o varios concatenados, pero a la larga la marcha de la historia parece obedecer a leyes que se escapan a su voluntad. Esa es competencia de los dioses, que lejos de darle protagonismo al hombre lo convierten en animal de granja; o mejor dicho, en soldado de filas: le dan una espada o un fusil y lo ponen a matar por una causa sagrada a sus hermanos, a los animales o a todo lo que se ponga por delante. Esa ha sido la larga, estúpida y triste historia de la humanidad.

Pero volvamos a los forjadores de la historia diaria, a los dueños visibles de este mundo, a los causantes de las infantilidades y los horrores que los periódicos del mundo entero recogen con prontitud y nos presentan con alborozo todas las mañanas en sus primeras planas.

Podríamos dividirlos en cuatro clases: políticos, militares, maníacos del dinero y fanáticos religiosos. Examinémoslos uno por uno.

Los políticos son unos maníacos del poder puro. No gustan de las armas ni de la violencia física, pero les gusta mandar. Les encanta ser vistos, ser tenidos en cuenta, ser consultados. Por eso se derriten de gusto ante las cámaras de televisión o ante un micrófono. Por lo general tienen personalidades psicopáticas; sienten que les falta algo dentro de ellos y por eso quieren vivir en loor de multitudes. Temen y aman a los periodistas porque estos tienen el poder de destruirlos o de convertirlos en ídolos de la sociedad. Y a su vez, los periodistas —incluidos los directores de los diarios— tienen debilidad por los políticos, porque son como los bufones nacionales que les proporcionan gratis todos los días noticias frescas con las que llenar las páginas que serán devoradas con avidez por la masa de papanatas seguidores de partidos.

Algún día alguien tendrá que hacer un estudio psicoanalítico de la curiosa simbiosis periodismo-política, y más concretamente periodista-político. Se aman y se odian, se necesitan y se detestan, se construyen y se destruyen mutuamente. Ahí están los casos «*gate*»: los políticos engañando a los periodistas y estos destruyendo a los políticos. Pero a la larga no pueden vivir los unos sin los otros. Son como los amantes de Teruel.

Se ha dicho que el poder corrompe especialmente a los políticos. Pero esta corrupción no se refiere precisamente al mal uso o a la apropiación de fondos ajenos, sino al cambio total de mentalidad y costumbres que en ellos se opera una vez instalados en los puestos en los que se hacen invulnerables.

Se corrompen porque dicen «sí» a cosas a las que antes habían dicho «no»; se corrompen porque no cumplen lo que habían prometido y porque usan la demagogia igual que sus predecesores; y los más encumbrados se corrompen porque pierden por completo el contacto con el pueblo y ya no defienden tanto los intereses de este como los propios y los del partido, y su gran meta se convierte en mantenerse en el poder. Por eso, viendo la frecuencia con que esta metamorfosis se da en los políticos una vez que cogen el mando, uno llega a pensar que no es que el poder los deforme, sino que ya llegan a él deformados.

Pero buenos o malos, la verdad es que los políticos tienen un enorme poder para torcer o enderezar los rumbos de la sociedad y aun para hacer feliz o desgraciada la vida de los individuos.

En las alturas, el político profesional pierde la perspectiva de la sociedad y la ve de una manera completamente diferente. Le sucede lo mismo que a los pasajeros de un avión: desde arriba ven las cosas de una manera distinta; en cierta manera mejor y en cierta manera peor. No reconocen los lugares que desde abajo conocen muy bien, porque desde arriba no se ven las fachadas de las casas; solo se ven los tejados. Desde las alturas del poder no se ven las caras de la gente y sus necesidades diarias y concretas; se ven solo los presupuestos con sus superávits y sus déficits, sus banquetes y sus viajes, sus visitas oficiales y sus recepciones. No se ve al individuo; se ve la sociedad, la nación, el Estado. El hombre concreto, el simple ciudadano, se difumina, se pierde, y el político se olvida de él, flotando como está en nubes de homenajes, coaliciones, alianzas, pactos y luchas para mantenerse en el puesto.

Los políticos que llegan a las grandes alturas organizan con frecuencia viajes rituales de visitas mutuas, con gran pompa y acompañamiento, ofreciéndose ramos de flores, solemnes recepciones con pases de revista a filas de pobres esclavos enfusilados, discursos en estrados alfombrados y grandes banquetes. En esto nunca fallan. La parte más importante de estas visitas de Estado y las serísimas reuniones de trabajo de los grandes estadistas radica en un gran banquete en el que no se repara en gastos. Ya no se acuerdan de que los que pagan esos banquetes son sus convecinos; pero ellos hace tiempo que no tienen convecinos, porque se aislaron del pueblo común y viven en casas apartadas y muy bien custodiadas. Lo único que tienen es compañeros de partido o de candidatura electoral.

Ellos creen que quien paga esos banquetes es «Hacienda», que es solo una palabra abstracta; y además ya han tenido la precaución de incluirlos en el «Presupuesto General del Estado», que son más palabras impersonales.

Los políticos, desde la estratosfera del poder, se olvidan de que, en realidad, lo que los hombres y mujeres de su nación y los del mundo entero quieren ante todo es paz, pero ellos gastan millonadas en comprar armas para tener tranquilos a los militares. No se acuerdan de que lo que los hombres y mujeres piden, después de la paz, es un puesto de trabajo, y los políticos destinan miles de millones a obras suntuarias, a palacios de ópera —para que se deleiten unos pocos que no trabajan o apenas trabajan—, a conmemoraciones de descubrimientos, a préstamos a sus amigos políticos, mientras millones de hombres concretos, conciudadanos suyos en otro tiempo y para los que los aniversarios de descubrimientos y las óperas suenan a música celestial, siguen padeciendo su incultura, arrastrando su desesperanza por las calles de nuestras ciudades y mendigando mensualmente la limosna estatal. Pero la gente normal no quiere limosnas; quiere un puesto de trabajo para ganarse su pan.

Los políticos, desde sus alturas megalomaníacas, no caen en la cuenta de que es un tremendo error que en una familia se le compre un piano a uno de los hermanos cuando hay otro que no come lo suficiente. Hace años, una tarde gris, frente a la puerta de las Naciones Unidas en Nueva York tras una gran recepción de gala, hice un terrible descubrimiento: salían los embajadores de las diversas naciones, y cuanto más miserable era el país que representaban más elegante era el Cadillac de su embajador.

Es cierto que los políticos no son los dueños totales de este mundo y tienen que compartir el poder con los otros miembros de la «fraternidad negra» —como dicen los esotéricos—, pero ¡cuánto mejor irían las cosas si, llegados al poder, no se deshumanizasen tanto!

Analicemos ahora a los militares, los segundos dueños visibles de este mundo.

Los militares son los sucesores de los hombres de las cavernas, pero uniformados. Al contrario que a los políticos, les encanta la violencia. Creen que todo se puede arreglar a golpes. Les fascinan las armas —su juguete favorito— y se pasan la vida pidiéndoles a los políticos que les den más, y estos dedican una enorme cantidad de dinero del pueblo a comprarles armas de las que lo mejor que se puede esperar es que no sirvan para nada, porque si sirven será para hacer la guerra o para matar al propio pueblo que las pagó. Los políticos se las dan a regañadientes, pero piensan que así estarán tranquilos en sus cuarteles, jugando con ellas en sus maniobras, olvidados de alzamientos y rebeliones, y los dejarán a ellos jugar a sus escondites políticos.

En un principio, los militares profesionales aparecieron en las sociedades para defenderlas de sus enemigos externos. Pero como hoy ya casi no hay enemigos externos que amenacen con invadirnos, y como ellos siguen conservando el mismo instinto primario de violencia y pelea, vuelven sus energías hacia dentro y cada cierto tiempo caen en la tentación de apalear a sus semejantes. En vez de ser los defensores de la paz son una amenaza constante de ella. En una democracia moderna, la gente tiene más miedo a los militares de dentro que a los enemigos de fuera. Y en caso de que surgiese alguno, los militares llamarán a los universitarios, a los obreros y a los campesinos, les pondrán un fusil en las manos y los mandarán a pelear. Y seguirá siendo verdad la vieja copla:

> La bala que a mí me hirió
> también rozó al capitán.
> A él lo hicieron comandante
> y a mí… para el hospital.

Los militares tienen de ordinario una visión simplista de la patria, de la moral y de la vida en general, y tienden a aplicar los estilos y el talante del cuartel a la vida familiar y social, sin caer en la cuenta de que el espíritu castrense tiene la imaginación castrada y anda a contrapelo de la fraternidad humana. El estilo castrense es bueno para el cuartel, pero es funesto para la sociedad. Acaba con la creatividad y hasta con la cultura, y termina engordando solo a unos cuantos vivales con galones o con estrellas.

Cuando en las naciones los abusos y errores de los generales-presidentes o generales-ministros, el descalabro de la economía y el descontento ciudadano hacen tambalear el régimen castrense, los militares entregan patrióticamente el poder y se refugian en los cuarteles. Pero ni aun así dejan de amenazar con volver a coger el garrote. Ese ha sido el triste espectáculo de casi todas las naciones sudamericanas durante años. En África no llegan a tanto. Allí los militares entregan el poder cuando otro militar da un golpe de estado.

El poder de los militares no es sutil como el de los políticos. El poder de los militares es fuerza bruta. Son las balas que perforan la blanda carne humana y son los cañones que destruyen hogares, o las bombas que borran ciudades del mapa. Los políticos tratan de convencer, aunque lo traten mintiendo, pero los militares no. Los militares ordenan, porque ellos se sienten el orden y la ley, y el que no piense como ellos está equivocado, es comunista y, por lo tanto, hay que silenciarlo como sea. Por eso, cuando ellos tienen el poder está prohibido pensar libremente. Se puede pensar, pero siempre dentro de los parámetros castrenses.

Con el dinero que los militares del mundo entero gastan cada año en comprar y mantener armamentos, y con el dinero que los gobiernos de todo el mundo gastan en pagar a los militares —que lo mejor que pueden hacer es no hacer nada— se podría acabar con la pobreza que padecen tantos millones de personas en el mundo y se podría elevar considerablemente el nivel de vida de los ciudadanos de todos los países. Pero en este particular la humanidad no ha superado la época de las cavernas y tiene una mentalidad troglodítica en la que el garrote y la violencia son una necesidad y una manera habitual de convivencia.

Sobre este atribulado planeta pesan como una losa los grandes y pequeños «Pentágonos», dirigidos por auténticos maníacos de la violencia, que ya no solo amenazan con sus bombas de neutrinos y sus guerras de las galaxias la paz de sus propios países sino la del mundo entero. Su paranoia bélica ha llegado a tal punto que, alentada por la imbecilidad de los «Reagans» y de los «Gorbachovs» de turno, se han atrevido a poner sobre las cabezas de todos los habitantes del planeta verdaderos monstruos apocalípticos, que vagan silenciosos por el espacio y que en cualquier momento pueden caer del cielo sembrando la muerte sobre millones de inocentes. La esquizofrenia de unos pocos dementes ha revivido el viejísimo mito del maná divino, convirtiéndolo en una lluvia infernal.

La enfermedad que padecen estos maníacos de la violencia es actualmente la principal amenaza de la humanidad. Mientras existan individuos que creen que la mejor manera de arreglar las cosas es a golpes y matando, la humanidad seguirá enferma de angustia.

Pasemos a otros «señores del mundo»: los maníacos del dinero. Son de dos clases: los ilegales y los legales.

Los ilegales tienen menos poder en cuanto a gobernar el mundo; más bien contribuyen de una manera indirecta a aumentar el caos reinante. Son los chulos de gran estilo que quieren vivir a costa de la sociedad y se organizan en mafias financieras y en grupos secretos que chantajean y estafan a la sociedad de mil maneras diferentes con el único fin de conseguir dinero y vivir bien. A veces lo hacen a lo grande y profesionalmente, y a veces por libre y en pequeña escala.

Por culpa de unos y de otros nuestras casas cada vez están más enrejadas, la sociedad tiene que gastar millones en policías y guardias, se arruinan empresas y hay robos y atracos en todas las esquinas de las grandes ciudades.

Si estos gángsteres disfrazados de personas honorables llegan en alguna parte a conseguir el poder político —tal como ha sucedido en algún gran país latinoamericano—, entonces el asesinato, la extorsión, el peculado y toda suerte de crímenes se convierten en el pan nuestro de cada día, practicado por las dignísimas autoridades, y en todo el país comienza a sentirse una profunda angustia y un olor a podrido.

Pero de ordinario estos chulos de la sociedad no suelen ambicionar el poder político y en cuanto consiguen el dinero lo mandan a Suiza —el país-cloaca que vive de encubrir a todos los grandes ladrones del mundo— y se van a calentar sus barrigas al sol de Miami.

Algún día habrá que instituir la pena de muerte para estas sanguijuelas que viven voluntaria y conscientemente de exprimir la sangre a sus conciudadanos.

Pasemos a los maníacos del dinero legales, que en buena parte son tan perniciosos como los ilegales. Suelen estar parapetados en los grandes bancos, grupos, *trusts*, *holdings*, financieras, etc., y desde sus lujosos despachos acristalados, en lo alto de los rascacielos, manejan con unos hilos sutilísimos pero muy eficaces el gran «guiñol» de la política nacional e internacional. Los políticos, muy serios, gesticularán, harán declaraciones o bailarán, según estos «mefistófeles» financieros les tiren de los hilos.

A veces, cuando quieren ayudar a uno de ellos porque lo ven más útil para sus intereses, lo empinan desde abajo con préstamos abundantes para que sea más visto y tenga ocasión de gritar más y convencer a un mayor número de borregos electores. Y si no gana en las elecciones, los buenos y generosos banqueros son capaces de no cobrarle intereses por el préstamo. Porque los hombres de la banca, a pesar de lo mucho que los critican, también tienen su poquito de corazón.

La relación entre la política y la banca es, a pesar de las apariencias, mucho mayor de lo que parece. Los políticos tratan de no hostigar demasiado a la banca para que esta pueda hacer sus negocitos con paz de espíritu (y en los lugares donde las cosas están más corruptas, para que esta les devuelva en metálico sus «permisos» y su *laissez faire*). Y a su vez la banca financia con intereses tolerables —los normales son intolerables— las campañas de los políticos, y sobre todo los acoge en su seno cuando un golpe infausto de la suerte los desbanca del poder y tienen que abandonar lo que irónicamente se llama el «servicio público». Los despachos de los grandes bancos suelen ser el puerto seguro en el que finalmente han recalado muchas veces naves políticas rotas. El Señor suele recompensar con buenas acciones bancarias las buenas acciones de los políticos.

Para los maníacos del dinero legales lo más importante en el mundo es acrecentarlo. El hecho de que a causa de sus exigencias una nación vaya al caos o una empresa o individuo se arruinen les tiene sin cuidado a los grandes señores de las finanzas. Lo único que cuenta para ellos son los dividendos, y por eso están muy atentos a los buenos negocios. La docena de guerras que hay en la actualidad en este loco planeta es una auténtica mina de oro para los traficantes de armas, y la banca, aconsejada por políticos y militares, financia a todos los bandos para que no se termine el negocio aunque la gente siga muriendo. Y si se terminase, están dispuestos a prestarles dinero para que entierren decentemente y según los ritos sagrados a sus muertos.

Desgraciadamente para ellos, se les acabó el pingüe negocio de décadas pasadas que consistía en prestar dinero en condiciones abusivas a naciones subdesarrolladas en las que gobernaban políticos rapaces. Los banqueros prestaban aun a sabiendas de que aquel dinero endeudaba todavía más a la nación porque iba a parar a las cuentas privadas de los presidentes, ministros y generales ladrones que tanto han abundado en la historia reciente de los países en desarrollo. Los gobernantes patriotas y decentes que han heredado esas deudas de ignominia harán muy bien en no pagar un dinero que unos políticos ladrones les robaron a unos banqueros estafadores.

Los grandes bancos se parecen a los buitres carroñeros: cuanta más carne podrida hay, más gordos están. Engordan a costa de las empresas «ejecutadas», de la esclavitud de los acreedores acogotados por sus intereses desmedidos y de no se sabe qué turbios manejos financieros que producen la inexplicable paradoja de que cuando la economía nacional está por los suelos las ganancias de los grandes bancos están boyantes. Y ahí están los periódicos y las estadísticas para probarlo.

Los pequeños bancos se arruinaron porque se pasaron de listos y cayeron en las propias trampas que ellos les habían puesto a sus clientes.

Y por fin enjuiciemos al último miembro de la «fraternidad negra»: los fanáticos religiosos.

No hay en el mundo cosa que haya separado más a los humanos y que los haya hecho pelear y odiarse tanto como las religiones; y más concretamente, los grandes fanáticos religiosos que llegaron a tener puestos importantes en la jerarquía de sus respectivas religiones.

Aunque estos grandes líderes se jactan de que lo que todas ellas predican en el fondo es el amor y la justicia, y por lo tanto contribuyen a la unidad del género humano, los hechos a lo largo de los siglos nos dicen todo lo contrario. La historia está tejida de «guerras religiosas».

Además, predican el amor y la justicia cada uno a su manera; los predican rodeados de una serie de circunstancias diferentes que impiden que ese amor y esa justicia se extiendan a todos los hombres.

Las religiones son creencias y ritos predicados por ciertos individuos que escucharon o creyeron que escucharon voces del más allá que les dictaban lo que los hombres tenían que hacer para «salvarse». Todas las religiones sin excepción provienen de apariciones de entidades celestiales. Es decir, las religiones no provienen del hombre, sino de fuera del hombre, de algo o de alguien que se la impuso, haciéndole creer cosas y practicar ritos que en muchas ocasiones van contra un elemental sentido común. Y el vidente-fundador, como un niño, creyó lo que le dictaron y organizó toda su vida y la de sus seguidores en función de estos «mandamientos» venidos de un «más allá» nebuloso.

Las religiones relacionan y juntan a grupos de hombres al hacerles creer las mismas cosas, pero al mismo tiempo los separan de otros que creen en «dogmas» diferentes. Y en algunas religiones, como cada uno de los fieles cree poseer toda la verdad y ser el fiel seguidor de la voluntad de Dios, mira a los otros que no creen igual como a sospechosos y enemigos de Dios, y en otros tiempos se sentía con el derecho y la obligación de perseguirlos y hasta de matarlos. Porque Dios —el Dios que los fieles tienen en su cabeza— es el dueño de toda vida. Las religiones engendran un «odio santo» al pecado y como consecuencia a los pecadores que lo cometen.

En tiempos pasados los reinos e imperios eran con frecuencia teocráticos; el rey era al mismo tiempo sacerdote o estaba investido de algún poder sagrado. Dios lo bendecía especialmente y él se sentía como su representante, lo cual lo facultaba para hacer lo que le diese la real gana.

Hoy en día, si bien esta situación sigue dándose en los países menos desarrollados, en Occidente ya pasó a la historia y los jefes religiosos son una casta aparte de los líderes civiles. Estos siguen todavía mostrando cierto respeto farisaico hacia los jerarcas religiosos, pero en el fondo lo único que les interesa es que no inciten a sus fieles contra las medidas de gobierno.

Los líderes religiosos de Occidente ya no pretenden directamente «gobernar» a sus feligreses, pero dictándoles pautas para vivir «conforme a los mandamientos de Dios» les gobiernan las vidas de una manera más profunda de lo que lo hacen los gobernantes civiles. Estos se quedan en lo externo de las costumbres, mientras que aquellos van al fondo de las conciencias.

En los países subdesarrollados, la fuerza que tienen los líderes religiosos es enorme. Sin armas y sin dinero, basándose únicamente en amenazas y promesas referentes a la otra vida, tienen un poder total sobre las vidas de las pobres gentes. El subdesarrollo de esos países y su falta de progreso se debe en buena parte a los mandamientos de sus respectivas religiones, que no les dejan usar su mente con libertad. Y en muchas ocasiones las religiones «predicadoras de la paz» son precisamente las causantes de que no la haya. El infierno que es en la actualidad el Oriente Medio es la mejor prueba de lo que estoy diciendo.

Irán e Iraq se destrozan mutuamente con una santa ferocidad inspirada por Alá, superando ya la espantosa cifra de medio millón de muertos. Iraq por vengar viejas ofensas patrias de los iraníes y estos por la extensión de una santa revolución islámica. Drusos y cristianos se matan animados por un heredado rencor religioso. Los palestinos se aniquilan entre sí por razones patrióticas entremezcladas con razones religiosas. Siria y Libia colaboran en la guerra santa contra el gobierno cristiano del Líbano. Norteamericanos y franceses vuelan por los aires a impulsos de una dinamita empapada de odio racial y religioso. Y en la base de todo este caos, y como origen de él, están los israelitas, que un buen día y contra todo derecho (inspirados por las palabras de un «dios» que se les aparecía en una nube ¡pronunciadas hace ya más de cuatro mil años!) despojaron de su patria a los palestinos, convirtiéndolos en un pueblo desesperado.

Defendámonos de los dioses, capítulo 9.

Estos son los «señores visibles del mundo». Con tales señores, ¿se puede extrañar alguien de que la historia humana haya sido el conjunto de horrores que ha sido, y que en la actualidad, cuando ya nos consideramos poseedores de una tecnología avanzadísima, tengamos a medio mundo convertido en un volcán de guerras, con treinta millones de personas pasando hambre, con docenas de especies de animales extinguiéndose cada año, con lagos, mares y ríos envenenados, y con la mayor parte de los bosques enfermos por la atmósfera contaminada?

El hombre verdaderamente racional y con sentimientos llora ante tal panorama. Pero «los señores visibles del mundo», tan tranquilos, siguen adelante con sus «guerras de las galaxias» o jugando a las «reuniones cumbre» sin que sean capaces de llegar a ningún acuerdo, inflando artificialmente los intereses y los precios del oro, emitiendo nuevas declaraciones internacionales de derechos con las que intentan ir dominando poco a poco las mentes de la gentes.

¿Quién nos librará de semejantes señores? Y puesto que no han venido de fuera sino que son de nuestra propia carne y sangre, será lógico que nos preguntemos: ¿por qué, en cuanto el ser humano se encumbra, se vuelve un verdugo para sus hermanos y se deshumaniza tanto?

¿Por qué, aunque entre estos señores los haya rectos y con buena voluntad, las maquinarias rectoras del mundo, las reglas sociales por las que se gobierna el planeta, las grandes instituciones internacionales o los mayores centros del saber donde se trazan los nuevos rumbos de la humanidad se han hecho tan egoístas e inhumanos, a pesar de sus pronunciamientos contrarios, y se han olvidado tanto de la paz, la justicia y el amor, que son los valores fundamentales a los que todo ser humano aspira?

Creo que la solución a tan importante pregunta —aunque la ciencia oficial no lo quiera admitir— está en lo que diremos en el resto de este libro. Está en los «señores invisibles», de los que los «visibles» no son más que meros servidores que lo único que hacen es obedecer las órdenes que aquellos les dictan, aunque por lo general lo hagan inconscientemente.

PRESENTACIÓN
DE LOS CASOS

Quiero hacer una breve introducción a la serie de casos que a continuación voy a presentar. Casi todos ellos son producto de mis muchas andanzas e indagaciones por diversas naciones de América. Excepto el primero, que es un caso histórico, los demás son contemporáneos. En ellos, yo mismo he interrogado a los testigos y en ocasiones he acudido con los protagonistas a los lugares en los que habían sucedido los hechos, tratando siempre de llegar al fondo de la verdad.

La razón de exponer estos casos es para probar que en la actualidad siguen sucediendo las mismas cosas que siempre se han presentado como «leyendas» o habladurías folclóricas.

Los casos son muy variados, como variada es la actuación de estas entidades en nuestro mundo. De ellos se puede decir lo que de todo el fenómeno: que son contradictorios entre sí; porque los hay explicables y con cierta lógica, y los hay del todo inexplicables; los hay positivos y negativos, llegando algunos a ser hasta tiernos, mientras que otros son horripilantes. Pero todos son reales y de ello doy fe.

Sin embargo, los casos de ninguna manera son la esencia de este libro, tal como sucede con otros que tratan el fenómeno ovni, en los que el autor se limita a presentar los hechos que conoce, dejando al lector sin saber qué pensar ante tan dispares actuaciones. Tampoco es el propósito principal de este libro el tratar de convencer al lector de que los casos son auténticos y de que los hechos no se deben a errores o falsas interpretaciones, o que «todo proviene de la mente», y que en definitiva el fenómeno es real. Es una lástima que todavía se siga perdiendo el tiempo en eso y buscando pruebas para convencer a los inconvencibles.

La esencia de este libro la constituyen las conclusiones a las que el autor ha llegado después de analizar estos y muchos otros hechos en los cuales no aparece el ovni por ningún lado y, sin embargo, proceden de la misma gran causa de la que proceden los ovnis, el fenómeno religioso y muchos otros hechos paranormales que se dan en este mundo.

Privar al fenómeno ovni de su contenido psíquico, parafísico y hasta trascendente es no tener ni idea de lo que es el fenómeno. Lo mismo que creer que los milagros de todas las religiones son puramente «divinos» y que no tienen nada que ver con los fenómenos que estudia la parapsicología es ser simplemente un pobre fanático. Y negarse a admitir que en este mundo hay muchos hechos extraños que contradicen las teorías científicas más serias es ser un miope cerebral aquejado de *ciencifitis*.

Presentamos todo este mosaico de hechos extraños e inexplicables para que de una vez por todas se nos rompa nuestra dura cabeza de «racionalistas puros» contra ellos y nos convenzamos de que los humanos no somos los señores del mundo y los reyes de la creación, y de que la naturaleza y el Cosmos son libros de los que tenemos todavía mucho que aprender.

Caso 1.
El doctor Torralba

Comenzamos el listado de casos con uno sobre el que no puede haber duda, ya que pertenece a la historia del Siglo de Oro español. De él no se ha escrito mucho, pero lo suficiente como para que no queden dudas de la existencia del personaje y de las hazañas en que su vida se vio envuelta, aunque en la manera de explicarlas y en las conclusiones de los historiadores que han tratado el tema discrepamos bastante.

El principal testigo de la existencia de este individuo es nada menos que Cervantes, quien, subido a su Clavileño, hace decir a Don Quijote:

> ... Acuérdate del verdadero cuento del Licenciado Torralba, a quien llevaron los diablos en volandas por el aire, caballero en una caña, cerrados los ojos, y en doce horas llegó a Roma, y se apeó en Torre de Nona, y vio todo el fracaso, asalto y muerte de Borbón, y por la mañana ya estaba de vuelta en Madrid, donde dio cuenta de todo lo que había visto; el cual asimismo dijo que cuando iba por el aire mandó el diablo que abriese los ojos; y los abrió y se vio tan cerca, a su parecer, del cuerpo de la luna que la pudiera asir con la mano, y que no osó mirar a tierra por no desvanecerse.

En efecto, Cervantes, permitiéndose alguna licencia literaria o inexactitud histórica al explicar los hechos, se refiere al doctor Eugenio Torralba, famoso médico español de los siglos XV y XVI. Después de haber vivido en Roma bastantes años y de haber ganado allí gran fama por sus artes curatorias, el doctor Torralba se trasladó a la corte española y se relacionó con toda la nobleza y con las altas jerarquías eclesiásticas, a las que siempre les ha gustado mucho codearse con los poderosos.

Era natural de Cuenca, y a su vuelta a España pasó la mayor parte del tiempo en Valladolid, donde mayormente radicaba la corte, ya que Madrid aún no se había afianzado como capital de España. Allí era famoso no solo por las extraordinarias curaciones que hacía sino por un extraño amigo que tenía, Zequiel, del que corría la voz que no era de este mundo. Así lo describe Marcelino Menéndez y Pelayo en su *Historia de los heterodoxos españoles*:

> Este se apareció al doctor, como Mefistófeles a Fausto, en forma de joven gallardo y blanco de color, vestido de rojo y negro, y le dijo: «Yo seré tu servidor mientras viva». Desde entonces le visitaba con frecuencia, y le hablaba en latín o en italiano, y como espíritu de bien, jamás le aconsejaba cosa contra la fe cristiana ni la moral; antes le acompañaba a misa y le reprendía mucho todos sus pecados y su avaricia profesional. Le enseñaba los secretos de plantas, hierbas y animales, con los cuales alcanzó Torralba portentosas curaciones; le traía dinero cuando se encontraba apurado de recursos; le revelaba de antemano los secretos políticos y de Estado, y así supo nuestro doctor antes de que acontecieran, y se los anunció al cardenal Cisneros, la muerte de don

García de Toledo en los Gelves y la de Fernando el Católico, y el encumbramiento del mismo Cisneros a la regencia y la guerra de las comunidades. El cardenal entró en deseos de conocer a Zequiel, que tales cosas predecía; pero como era espíritu tan libre y voluntarioso, Torralba no pudo conseguir de él que se presentase a fray Francisco [Cisneros].

Es de notar que ya en el nombre que se atribuía a sí mismo el misterioso personaje se da el primer paralelismo entre él y los «extraterrestres» de nuestros días, que de ordinario escogen para sí mismos nombres que se parecen a algún personaje famoso o a algo relacionado con el «contactado». En la España del siglo XVI había que estar muy claro en cuanto a ortodoxia y sobre todo en cuanto a carencia de trato alguno con el demonio, ya que la Inquisición amenazaba, y no en broma, con sus «santas» mazmorras. El nombre «Zequiel» se parece mucho a uno de los cuatro profetas mayores, Ezequiel, y al mismo tiempo recuerda en su desinencia los de los arcángeles, con los que Zequiel daba la impresión de querer ser relacionado, para huir de toda posible relación con Satanás.

La descripción que el doctor Torralba hace de Zequiel coincide con lo que muchos de los modernos «contactados» nos dicen de los personajes que los visitan o que los transportan en sus naves. Uno de los rasgos físicos más notables de Zequiel era el ser muy blanco y muy rubio, cualidades casi normales en los «extraterrestres buenos» actuales, ya que los «extraterrestres malos» suelen ser descritos mucho más frecuentemente por los «contactados» como feos, cabezones y de piel oscura o de colores extraños.

El primer contacto del doctor Torralba con Zequiel fue más bien indirecto, ya que se comunicaba con un fraile de la Orden de Santo Domingo que vivía en Roma, y al que se le aparecía normalmente en fechas relacionadas con las fases de la luna.

Un buen día, el fraile le preguntó a Zequiel si tendría inconveniente en tomar bajo su protección al doctor Torralba —a quien el dominico le estaba muy agradecido, pues lo había curado de una molesta enfermedad—, y Zequiel le contestó que no tendría inconveniente. Desde entonces quedó sellada la amistad que los uniría para toda la vida. Durante toda la vida del doctor Torralba, por supuesto, pues Zequiel, a juzgar por sus manifestaciones, continuaría viviendo aún por mucho tiempo después de la muerte de su protegido, lo mismo que había vivido por mucho tiempo antes de que él hubiese nacido.

Como ya hemos visto, el doctor Torralba, debido a sus muchos conocimientos de medicina, tenía abiertas todas las puertas de la corte y su fama llegaba hasta el extranjero, desde donde venían a curarse con él. En 1525 fue nombrado médico de la corte de doña Leonor, reina viuda de Portugal. Su estancia en aquel país duró poco, pero durante el tiempo que estuvo hizo maravillas.

Y no solo era famoso por sus conocimientos en medicina, también lo era por lo mucho que sabía de teología, disciplina que por aquellos años gozaba en España de un gran florecimiento. Le gustaba discutir los tópicos teológicos con distinguidos profesionales, frailes en su mayoría, a pesar de que él era laico y no se había distinguido por sus estudios en esa materia.

Zequiel instruía al doctor en toda suerte de cosas y a veces no solo a él sino a otros amigos que se lo pedían, aunque muy raramente dejaba que ellos lo vieran. En una ocasión, un tal Camilo Ruffini, natural de Nápoles, le pidió a Torralba que le dijese a Zequiel si le podía dar una fórmula para ganar en el juego. Zequiel, que en otras ocasiones se había negado rotundamente a semejante cosa, esta vez accedió y le dio una especie de fórmula que consistía en unas letras cabalísticas. Ruffini jugó con ella y ganó la no pequeña cantidad de cien ducados. El mismo Zequiel le aconsejó que no jugase al día siguiente, porque era luna menguante y perdería.

En Roma, Torralba gozaba de gran amistad con al menos diez cardenales, y varios de ellos acudieron a él en más de una ocasión para que intercediese con su protector en favor de ellos.

Un detalle curioso es que Zequiel reprendía a su protegido porque este cobraba, y no poco, por las curaciones que hacía, valiéndose de los conocimientos que él le había dado. Le decía que no debería cobrar, pues a él no le había costado nada adquirir esos conocimientos. Al mismo tiempo, lo censuraba cuando lo veía triste por falta de dinero. Sin embargo, después de estas represiones, Torralba solía encontrar en su cama o en algún lugar inesperado cantidades de monedas que le servían para salir de los aprietos financieros en los que se encontrase.

Con el paso de los años, la confianza de Torralba en su protector y la superioridad que en él fue desarrollándose lo llevó a mantener menos en secreto sus extrañas relaciones, al mismo tiempo que se atrevía a cosas mayores sin preocuparle que ello fuese a levantar sospechas en la Inquisición acerca de la identidad de su misterioso amigo.

Como nos decía don Marcelino, con frecuencia hacía predicciones de sucesos que luego resultaban exactas. Uno de los episodios que más puso en guardia a los inquisidores fue la detallada descripción que hizo del famoso «Saco de Roma» ocurrido el 6 de mayo de 1527. Torralba, ante un grupo de admirados hombres importantes de la corte en Valladolid, describió minuciosamente los detalles del saqueo y hechos tan importantes como el degüello del condestable de Francia, Carlos de Borbón, y el encarcelamiento del Papa en el castillo de Santángelo. Preguntado cómo lo sabía, dijo con toda tranquilidad: «Porque él ha estado allí».

Cuando tras varias semanas llegaron las noticias oficiales a la corte confirmando todos los detalles que el doctor Torralba había dado, la Inquisición se sintió obligada a llamarlo a declarar. Este fue el inicio de todos sus males. Fue encarcelado, y después de tres años de prisión, en los que se preparaba el acta de su proceso —la administración de la justicia era entonces tan lenta y tan mala como en nuestros días— fue sentenciado a sufrir tormento. Entonces se volvieron contra él todos sus amigos eclesiásticos y de la corte, e incluso algunos lo abandonaron. Algunos de ellos, como el cardenal Volterra y un general de cierta orden religiosa, le habían suplicado en años anteriores la protección de Zequiel. Y como vimos, hasta el cardenal Cisneros le había pedido en cierta ocasión que le presentase a Zequiel, a lo que este se negó. Se ve que conocía mejor que Torralba a los políticos y a los jerarcas eclesiásticos.

La manera en la que el doctor Torralba explicaba sus viajes se asemeja mucho a lo que algunos «contactados» modernos nos dicen, y muchísimo a lo que leemos acerca de las brujas. En una ocasión, en 1520, estando en Valladolid, le dijo a su gran amigo don Diego de Zúñiga —otro peje noble que luego fue el que lo denunció a la Inquisición— que él se iba a ir a Roma «por los aires, cabalgando en una caña y guiado por una nube de fuego», cosa que en efecto hizo, ya que al día siguiente de decir esto se encontraba en Roma.

Mucho más interesante fue la descripción de cómo hizo el viaje de ida y vuelta de Valladolid a Roma en 1527. He aquí cómo lo cuenta Menéndez Pelayo:

> Salieron de Valladolid en punto de las once, y cuando estaba a orillas del Pisuerga, Zequiel hizo montar a nuestro médico en un palo muy recio y nudoso, le encargó que cerrase los ojos y que no tuviera miedo, le envolvió en una niebla oscurísima y, después de una caminata fatigosa, en que el doctor, más muerto que vivo, unas veces creyó que se ahogaba y otras que se quemaba, remanecieron en Torre Nona y vieron la muerte del Borbón y todos los horrores del saco. A las dos o tres horas estaban de vuelta en Valladolid... Antes de separarse, Zequiel le dijo al doctor: «Desde ahora deberás creerme cuanto te digo».

Sería demasiado largo transcribir todos los pormenores de la vida del doctor Torralba. En los anales de la Inquisición, donde se narra todo su proceso, hay muchos otros detalles que nos dan derecho a ver en él a un auténtico «contactado» del siglo XVI. Naturalmente, las circunstancias en las que él vivió son las que condicionan su descripción de todo el fenómeno, con ausencia de detalles técnicos de instrumentos, aparatos o vehículos espaciales. En cambio sí se hace curioso el uso de un palo para cabalgar sobre él, que lógicamente tenía que resultar tan sospechoso para los inquisidores como el uso de fórmulas cabalísticas o la relación con las fases de la luna, y hasta la aparición repentina de un pequeño ser, sucedida a instancia de Zequiel en Madrid. De todos estos detalles podríamos hablar mucho, pero no es este el lugar para hacerlo.

Por supuesto, la ciencia oficial —en este caso representada por el famoso psiquiatra español López Ibor— no cree que los hechos narrados por el doctor Torralba y admitidos por la Inquisición sean verdaderos, y de hecho llama a Torralba «gran embustero y loco». Añade que eso les sucede a los que «mienten mucho en diferentes tiempos» y que lo hizo por «necios caprichos o locuras perniciosas».

Discrepamos radicalmente del doctor López Ibor. Una vez más la ciencia, por sus mismos principios parciales y en cierta manera miopes, se autolimita, incapacitándose de ver la realidad. Esta es la razón por la que sostengo que hay ciertos campos en los que los investigadores tienen que seguir sus indagaciones sin preocuparse demasiado de lo que la ciencia oficial diga, ya que esta lógicamente será la última en enterarse de cuál es la realidad. La psiquiatría, en concreto, dará un paso trascendental cuando se entere de cuál es la realidad que hay detrás de los hechos descritos por el doctor Torralba.

Si él fuese el único en contar semejantes cosas, yo sería el primero en atribuir todas sus narraciones a la fantasía. Pero a lo largo de la historia han existido —y aún existen— innumerables hombres y mujeres que cuentan cosas semejantes. Y muchos de ellos, al igual que Torralba, tienen pruebas de que lo que dicen es verdad. Lástima que en muchas ocasiones la ciencia prejuiciada no tenga oídos para analizar esas pruebas.

Por aquellos mismos años, en tierras de Navarra y La Rioja se decían cosas muy parecidas de un eclesiástico, el cura de Bargota, cerca de Viana, que recoge Marcelino Menéndez y Pelayo en su *Historia de los heterodoxos españoles*:

> … Hacía extraordinarios viajes por el aire, pero siempre con algún propósito benéfico o de curiosidad, como por ejemplo el de salvar la vida a Alejandro VI contra ciertos conspiradores, el de presenciar la batalla de Pavía, etc., todo con la ayuda de su «espíritu familiar», cuyo nombre no se dice.

Y para que el lector vea que semejantes hechos no son puras habladurías fruto de la mente calenturienta del pueblo, diremos que el año 1527, un año antes de la prisión de Torralba, la Inquisición de Navarra celebraba un juicio contra veintinueve brujas, a las que condenó por delitos de hechicería, entre los que estaba el «volar por los aires». Y vea el lector lo que el sesudo Menéndez Pelayo dice al respecto:

> El juez pesquisidor quiso certificarse de la verdad del caso, y ofreció el indulto a una bruja si a su presencia, y a la de todo el pueblo, se untaba y ascendía por los aires; lo cual hizo con maravillosa presteza, remaneciendo a los tres días en un campo inmediato.

Es decir, que según las actas se elevó realmente por los aires y por allá anduvo nada menos que tres días. Pero en vez de estudiar seriamente cómo podía realizar semejante proeza, o en vez de darle por ello una medalla como a la primera mujer astronauta, el fanatismo de aquellos jueces hizo que las brujas fueran «condenadas a azotes y cárcel de resultas de toda aquella barahúnda». Para los jueces, o para don Marcelino, elevarse por los aires únicamente era una «barahúnda». Así procede la ciencia prejuiciada y así ha procedido y sigue procediendo la justicia en nuestros días cuando los jueces son fanáticos de principios religiosos o políticos.

Y las brujas navarras tuvieron suerte, porque otras de Zaragoza fueron «relajadas al brazo secular» —es decir, torturadas— en 1536, tras una larga discordia de pareceres entre los jueces.

El lector pensará que todas estas son «historias» en el sentido peyorativo de la palabra. Pero debe saber que en nuestros días sigue sucediendo lo mismo, aunque naturalmente no pasen cosas así todos los días, ni ocurran precisamente donde él se encuentra. Yo, para poder ver algo por el estilo, viajé hasta el centro de Portugal, en Ladeira do Pinheiro, donde la vidente María da Conceiçao se había elevado en el aire en no menos de dieciséis ocasiones, perdiéndose en algunas de ellas entre las nubes. Todo ello en presencia de cientos de devotos que rezaban fervientemente el rosario. No fui tan afortunado como para ver tamaño prodigio, pero sí pude ver cómo comenzaba a elevarse en el aire hasta una altura como de medio metro, pasándose enseguida a una silla, en la que estuvo en trance unas dos horas.

Y en el campo de la ovnística, es famoso el caso de un paracaidista que, tras haberse lanzado de su avión, tardó tres días en llegar a tierra. No pudo recordar dónde había estado en todo ese tiempo.

En los capítulos finales de este libro el lector encontrará a modernos «doctores Torralba» con sus correspondientes «Zequieles». Pero para describir sus biografías no tendré que acudir a ningún historiador, porque yo mismo he sido testigo directo de sus increíbles hazañas.

Caso 2.
El juguete imposible

Narraré este caso tal como me lo contó el mismo testigo, que únicamente me dio permiso para hacerlo tras muchas vacilaciones y con la condición estricta de que omitiese todos los detalles que pudiesen llevar a alguien a su identificación.

Hace unos años, hechos como este eran los que hacían perder credibilidad al fenómeno ovni y desanimaban a los investigadores que se consideraban a sí mismos «científicos». Sin embargo, hoy los investigadores más despiertos, y en cierta manera la opinión pública, están ya más preparados para aceptar este aspecto paranormal del fenómeno, lo mismo que se van convenciendo de sus muchos aspectos parafísicos que tanto intrigan y hasta malhumoran a los conocedores de las ciencias físicas.

Omitiré por lo tanto nombres y ubicaciones, tal como me lo pidió mi contacto, quien bastante ha tenido ya que sufrir con haber sido testigo mudo por tantos años de hechos tan alucinantes e «imposibles».

En la década de los 40, nuestro testigo —al que en adelante llamaremos Julio— tenía menos de 10 años. Cierto día vio encima de sí, en una región en la que siempre ha existido una gran actividad ovnística, algo que flotaba en el aire a unos veinte metros de altura. Por supuesto, él no tenía ni idea de lo que era aquello, pues nunca en su vida había oído hablar de semejante cosa, pero su ingenuidad de niño campesino, junto con la natural curiosidad de su edad, lo impulsaron a interesarse por averiguar qué era aquella cosa extraña que flotaba en el aire.

En vez de huir o asustarse se dedicó a observar. Al cabo de un rato sintió que lo alzaban desde arriba y en pocos instantes se vio dentro de una habitación circular, con una luz «que no era como la del sol», y rodeado de objetos y cosas que no solo no le eran familiares sino que eran totalmente distintos de todo lo que él había visto hasta entonces.

Aún no había salido de su asombro cuando vio una niña de unos seis años que vino hacia él muy sonriente y en ademán de jugar, y efectivamente enseguida empezó a enseñarle todos los juguetes que ella tenía en aquella casa tan rara.

Julio observaba todo con mucha atención, y aunque se daba cuenta de que estaba viendo cosas que nada tenían en común con lo que él había visto hasta entonces, en la humilde casa de sus padres o en cualquier otro sitio, no estaba atemorizado y sí genuinamente interesado en todo lo que le estaba enseñando. La niña siguió mostrándole sus juguetes hasta que llegó a uno que será el objeto central de este caso.

El juguete era una caja pequeña de unos 20 x 20 x 10 centímetros. La niña ponía sus pequeñas manos sobre ella y enseguida se empezaba a formar en la parte superior de la caja una especie de vapor hecho de muchas luces, que giraba vertiginosamente, hasta que casi de repente aparecía ante ellos una criatura pequeña, humanoide, como de un metro de altura y una inteligencia semejante a la de un mono. No hablaba y parecía estar muy extrañada del lugar en que se encontraba de repente, como si la hubiesen traído allí contra su voluntad.

La caja no tenía nada por fuera que indicase sus enormes potencialidades, y la niña era capaz de sacar de la misma cuantas criaturas quería, todas semejantes a la primera, y todas le obedecían sin chistar, incluso cuando las volvía a meter, haciéndolas desaparecer dentro de la caja de la misma manera misteriosa como las había sacado. Primero las convertía en una especie de vapor, que repentinamente se precipitaba por una pequeña rendija hacia dentro. Digo que las hacía desaparecer dentro de la caja porque las criaturas, evidentemente, no cabían dentro, aunque hubiese habido una sola. Daba más bien la impresión de que se desmaterializaban.

Julio pasó un buen rato allí conversando con la niña y viendo las muchas cosas que ella le enseñó, hasta que llegó la hora de irse. Entonces la niña le preguntó si quería quedarse con la caja, porque él había mostrado mucho entusiasmo cuando veía que sacaba de ella con tanta facilidad aquellos «monitos». Sin pensarlo mucho le dijo que sí, y ella se la dio.

Lo bajaron de la misma manera que lo habían subido, pero con la caja, algo que desde aquel momento se iba a convertir en el centro y en la preocupación de toda su vida.

Naturalmente, guardó con gran celo su misteriosa caja y hasta la escondió de miradas demasiado inquisidoras, pero no hizo de ello un secreto inviolable. Gozaba mucho mostrándosela a escondidas a sus amiguitos y recuerda que hacía una especie de pequeño circo —para cuya entrada cobraba un centavo— en el que sacaba alguna de aquellas criaturas de la caja ante el asombro de sus pequeños compañeros de escuela. Las personas mayores nunca asistían a aquellas «fantasías» de muchachos y hacían en pequeño lo que la sociedad hace en grande: si alguno de sus hijos les contaba lo que había visto, simplemente lo achacaban a «imaginaciones de niños». Aunque también es cierto que Julio nunca sacaba ningún monito cuando había algún adulto presente. Esto contribuyó a la idea de que todo eran «cosas de muchachos».

Pero sucedió algo inesperado. La niña le había explicado bien a Julio cómo tenía que hacer para volver a meter los «monitos» dentro de la caja, pero Julio, a pesar de que lo intentaba, no lo lograba. Las criaturas, en cuanto salían de su asombro inicial, se quedaban durante un tiempo al lado de la caja, como esperando las órdenes de Julio, pero dando muestras de un gran nerviosismo. Más tarde, cuando este intentaba volverlas a meter y no lo lograba, repentinamente se iban a una velocidad vertiginosa y se perdían entre la maleza.

Estas criaturas se convirtieron bien pronto en una pesadumbre para Julio, porque lejos de desaparecer comenzaron a molestarlo y a amargarle la vida. Primero, cuando mediante la imposición de las manos sobre la caja hacía salir a las criaturas, no lo hacían de una manera tan fácil y natural como lo hacían con la niña, sino que cuando se materializaban delante de sus ojos se mostraban contrariadísimas, como si hubiesen sido traídas a la fuerza de otro sitio, y comenzaban a mirar a todas partes y a dar señales de gran intranquilidad buscando por dónde huir, y de hecho lo hacían en cuestión de segundos, con unos movimientos eléctricos, sin que se dejasen agarrar ni tocar por nadie. Más bien se mostraban hostiles a la gente, aunque los mayores parecían no verlos. Sin embargo, los niños y los animales, sobre todo los perros, los veían muy bien y huían a toda velocidad ante su presencia.

Al cabo de un tiempo, estas criaturas comenzaron a acercarse a la casa de Julio y a todas horas merodeaban por los alrededores. A veces se acercaban a él —la única persona con la que hacían esto—, llegaban a tocarlo, e incluso a veces le mostraban muy poco respeto: le hacían bromas muy rudimentarias y de mal gusto.

Durante años, cuando Julio iba de un lado a otro por el campo, ellos lo acompañaban, aunque siempre a cierta distancia. La gente no los veía pero, como he dicho antes, los animales sí, y estos se alejaban dando señales de gran miedo o inquietud cuando esas criaturas se acercaban.

Julio no sabía qué hacer. Estos hechos, a lo largo de los años, se convirtieron en un calvario para él, y puede decirse que han marcado fatídicamente toda su vida.

En la actualidad él ya no tiene la caja consigo; la arrojó al mar amarrada a una piedra, muy lejos de la orilla, porque parece que lo que atraía a las criaturas era la caja y de hecho hace tiempo que estas ya no lo visitan.

En un determinado momento de nuestra larga conversación —aunque posteriormente lo he visitado más veces—,

Julio me dijo con acento apesadumbrado: «Créame, lo que yo quisiera es morirme». A mi pregunta de por qué, me contestó, siempre con el acento de un hombre que lleva encima de sí un gran peso o una gran preocupación: «Ya no quiero ver más cosas extrañas. Lo que quiero es descansar».

Todo esto me dejó con muchos interrogantes en la cabeza. En realidad, me dio la impresión de que se reservaba, de que aún tenía más cosas que decir y que eran precisamente las que le causaban todo ese cansancio de vivir. Él relaciona estas criaturas con ciertas desgracias que han sucedido por aquella región y cree que son capaces de hacer mucho mal, y que de hecho lo hacen en algunas ocasiones. Según parece, en el tiempo en el que escribo esto merodean cerca de un lugar en la montaña, donde por una temporada tuvo escondida la caja, y es peligroso para la gente acercarse por allí. Me mencionó en concreto varias muertes que él creía que habían sido causadas por ellos.

Aunque hace ya bastantes años que hizo salir a la última criatura de la caja, daba la impresión de que estaba preocupado y apesadumbrado por las más de cien que hizo salir y que podían convertirse en una amenaza pública. Me pareció que se sentía culpable de haberlas traído a este mundo, pues se ve que las criaturas son forzadas a venir a un sitio en el que se sienten fuera de su ambiente y están como almas en pena, sin encontrar cómo volver a su mundo. Y él tampoco podía hacer nada.

Estas no son las únicas aventuras de Julio como contactado del más allá. Aparte de estos seres misteriosos, Julio estuvo en varias ocasiones en contacto con naves de otros mundos y con sus tripulaciones. Pero sobre todo me contó algo que es de un gran interés para la temática general de este libro y que veremos aflorar de nuevo en capítulos posteriores. Para los desconocedores del tema y para los incrédulos sistemáticos es algo que resta credibilidad a todo este asunto, pero para los que hace años andamos en esto es algo que, por el contrario, la acrecienta.

Julio me contó con gran reserva que en dos ocasiones había sido forzado a tener relaciones sexuales con mujeres extrañas que, aunque se parecían mucho a las humanas, no eran exactamente como ellas. Uno de estos incidentes, que se produjo en lo alto de una montaña, tiene algún parecido con el caso clásico de Antonio Vilas Boas, en Brasil, aunque en el caso de Julio todo sucedió fuera y no dentro del ovni.

El lector podrá pensar que todo esto son fantasías, pero Julio tiene testigos, si no para probar que todos los detalles de lo que dice son absolutamente ciertos sí para atestiguar que los ovnis pasan a escasos metros del techo de su casa cuando él dice que van a pasar, y algunos otros hechos extraños. Su mujer y dos de sus hijas así me lo contaron y me describieron cómo era el objeto que pasó a cámara lenta a muy pocos metros de la azotea de su casa. Otros vecinos pueden atestiguar lo mismo.

En cuanto a los «muñecos» de la caja, todavía queda alguna persona mayor que se acuerda de ellos. Dos años más tarde de haber recibido estas confidencias de Julio consulté mi libreta de notas, donde tenía apuntados los datos concretos que él me había dado. Allí estaba el nombre de uno de sus amigos de la infancia que había visto en varias ocasiones cómo él sacaba aquellas criaturas de la caja. Julio sabía que vivía en un barrio específico de una ciudad distante como unos sesenta kilómetros, y me dio un detalle concreto por el que se podía localizar. Me dijo que él había perdido todo contacto con esta persona desde hacía muchos años, pero yo me decidí a buscarlo y corroborar así tan extraña historia.

Me tomó casi un día entero dar con él, pero por fin lo encontré. Le hablé de su infancia, de su pueblo natal y de Julio. En cuanto se lo nombré y le pregunté si recordaba el circo que montaba, sonrió y, moviendo la cabeza con un ademán de incredulidad, dijo rotundamente:

—Aquel cabrón no sé cómo lo hacía.

—Pero ¿qué hacía? —dije yo.

—Tenía una caja de zapatos de la que sacaba unos monos…, que la primera vez que los vi delante de mí, dispensando, me lo hice por los pantalones.

—¿Y se acuerda de cómo eran?

—Mire usted, yo era muy niño, y me fui muy pronto de aquel pueblo. De eso hace como cincuenta años y apenas me acuerdo. De lo que sí me acuerdo es que yo los vi solo en dos ocasiones, y me dieron tal miedo que por la noche soñaba con ellos, me despertaba llorando y me iba corriendo a la cama de mis padres. Y como esto pasó varias veces, ellos me prohibieron andar con Julio.

—Pero ¿cómo eran aquellos monos? —insistía yo.

—No recuerdo bien. Casi no me atrevía a mirarlos. Eran tan altos como yo y feísimos, con unas orejas en punta. Y se movían a una velocidad que a veces desaparecían de la vista. Era como si fuesen eléctricos.

—¿Y qué pasaba con ellos?

—Pues no sé decirle.

—¿Y cómo los podía sacar de una caja de zapatos, si eran tan altos como usted?

—Eso me pregunté después muchas veces. Entonces era tan pequeño que no me lo cuestionaba, aparte del mucho miedo que les tenía. En cambio, había otros muchachos algo mayores que le pedían que sacase más. Aunque tampoco debía de parecerles raro lo que hacía.

Apenas pude sacarle más datos, pero lo que me contó fue suficiente para convencerme de que lo que Julio me había narrado no eran invenciones suyas.

Posteriormente, después de haber escrito las líneas anteriores y en el mismo país en el que reside Julio, he entrado en contacto directo y asiduo con una persona, gran investigador de estos fenómenos, que me ha corroborado muchísimos detalles de muchas de las cosas que Julio me contó, con la particularidad de que esta persona no conoce a Julio ni tiene noticia alguna de las cosas que le han sucedido. Esta persona, cuya casa está bastante aislada en la montaña, ha visto en numerosas ocasiones a unos extraños seres que en líneas generales coinciden con los de Julio; y no solo los ha visto, sino que ha empezado a tener alguna relación con ellos, a pesar de que le he advertido de que a la larga es peligroso para los humanos relacionarse con este tipo de criaturas.[1]

Caso 3.
Broma macabra

Antes de entrar de lleno en lo que constituye la médula de este capítulo quiero poner al lector al corriente de algunos hechos

---

[1] Después de escritas estas líneas me he vuelto a comunicar con esa persona, precisamente para saber cómo le iba en su relación con dichas criaturas. Me ha dicho que tuvo que mudarse de aquella casa, porque en cuanto estaba sola en ella, aparecían las criaturas y la asediaban de tal manera que llegó a cogerles miedo.

que lo ayuden a comprender lo que narraré después y que admito que no es nada fácil de aceptar si no se está en antecedentes.

En el mes de noviembre de 1978 hice una visita al estado de Tabasco, en el sureste de la república mexicana. Pues bien, a poco que uno investigue en aquella región en lo referente a avistamientos de ovnis o a seres insólitos se encuentra con una gran cantidad de relatos fidedignos provenientes de todas las clases sociales y de todos los rincones. Naturalmente que toda esta actividad ovnística no se circunscribe a los límites de Tabasco, sino que es abundante en los estados vecinos de Campeche y Veracruz.

Nos bastó hacerle una visita a don Santiago Gil para regresar con una serie de datos impresionantes de hechos de los que él había sido testigo, junto a los peones de su finca. Existen muchas fotografías de estos sucesos —actualmente en poder de un periodista que las guarda con gran celo—, que yo pude observar detenidamente.

Uno de los incidentes que más había impresionado a don Chago, a pesar de que él no es fácilmente impresionable después de haber sido testigo de muchas cosas extrañas en su finca, fue el hecho ocurrido el día 9 de septiembre de 1978, muy cerca de las cuadras y casas que constituyen su granja, situada a 78 kilómetros de Villahermosa, cerca del alto de Tulijá. Él mismo lo explica así:

Lo primero de todo oímos un estruendo enorme, como si un camión hubiese dejado caer de repente toda una carga de grandes tubos de hierro, de los que la PEMEX (Petróleos Mexicanos) usa para sus oleoductos. Enseguida apareció en medio del campo, como a unos cincuenta metros de nosotros, una gran bola de humo blanco que aplastó el sitio donde cayó, al mismo tiempo que hervía y se iba haciendo cada vez más grande. La bola cayó precisamente en el sitio en el que yo había estado parado a caballo unos momentos antes, de modo que si no llego a moverme me aplasta.

Enseguida comenzó a moverse lentamente y daba la impresión de que quería levantarse y no podía, porque avanzaba dando saltos y ganando velocidad, pero no lograba elevarse y en su carrera iba arrancando terrones de tierra y hierba del suelo y lanzándolos a gran distancia. Todos estábamos pasmados viendo aquello que no podíamos explicarnos qué podía ser. Sentíamos que era algo que no pertenecía a este mundo y al mismo tiempo nos daba la impresión de que tenía vida propia. En su carrera a saltos llegó hasta el extremo de la finca donde hay grandes árboles; al llegar a uno de ellos, lo rodeó y repentinamente vimos cómo el árbol, cuyo tronco tenía bien unos setenta centímetros de diámetro, fue arrancado con raíz y todo, y allí está todavía para el que lo quiera ver.

De hecho yo pude ver no solo este árbol, sino otros muchos a los que les habían desgajado grandes ramas, al igual que una larga cerca de alambre que «la bola» fue arrancando en su carrera y lanzando por el aire a gran distancia. Don Chago se quejaba de que había tenido que reponer alrededor de cien metros de alambrada.

La cosa por fin logró despegarse del suelo, aunque sin coger altura. Entonces se dirigió hacia las casas, y como iba tan baja chocó contra el techo del jacal que servía de morada a uno de los peones y lo dejó todo inclinado, tal como podía apreciarse en una de las fotografías. Por fin ganó un poco más de altura, y cuando iba como a unos cincuenta metros del suelo comenzó a echar unos chorros de humo hacia arriba hasta que se perdió de vista en el horizonte.

Y esta noche no fue, ni de lejos, la única vez que don Santiago Gil ha tenido en su finca la visita de extraños artefactos. En otra ocasión, una noche de 1976 vio encima de la finca una especie de tablero rectangular, vertical, que estaba parado y suspendido en el aire. De repente salió de él un rayo potentísimo de luz muy concentrada que se dirigió hacia las montañas, iluminando un pequeño sector de ellas. Lo grande del caso es que las montañas a las que se refería don Chago están a no menos de veinte kilómetros, y aquel haz de luz fue capaz de mantenerse compacto en toda esa distancia e iluminar un solo sector de la montaña, como si se tratase de una linterna eléctrica gigantesca.

Un día, hace unos cinco años, fui con mi hijo al río Tulijá y vimos, como a cien metros encima de nuestras cabezas, una especie de cigarro que visto a esa distancia daba la impresión de medir un metro y medio. Tenía unas luces rojas y azules. Pasó muy lentamente por encima de nosotros y se perdió en el horizonte.

Otro día, estando yo por la noche de cabalgata por mi finca, una luz empezó a darme vueltas y más vueltas, a unos cien metros encima de mi cabeza; yo me paraba y les decía que bajasen, que yo los esperaba, pero después de dar muchas vueltas se fueron.

Otra vez, en 1977, vimos un objeto raro que vino del aire y se metió debajo del agua, en el río. La gente se enteró y vinieron buzos que estuvieron buscando por todo aquello y no hallaron nada.

Don Chago nos siguió narrando toda una serie de episodios de los que tanto él como la mayor parte de los miembros de su familia y empleados de la finca habían sido testigos. Y, aparte de don Chago, nos encontramos con otras personas que nos relataron avistamientos, aterrizajes y encuentros de todas clases que se habían producido aquel mismo año o en los años inmediatamente anteriores.

Con estos antecedentes el lector estará más preparado para leer el relato del acontecimiento que sucedió no solo en el mismo estado de Tabasco —que no es muy grande en extensión— sino en la misma región en la que sucedieron los hechos anteriormente descritos.

El caso al que me refiero sucedió en la noche del 9 de enero de 1978. Siete trabajadores de Petróleos Mexicanos se dirigían apretujados, en plan de fiesta, en una furgoneta marca Gremlin, por la carretera del Circuito del Golfo, de Villahermosa a Cárdenas. Iban muy alegres y dispuestos a divertirse aquella noche, pues acababan de cobrar. Cuando más divertidos estaban con sus chistes y bromas, un tremendo impacto sacudió el automóvil, y todos sintieron en sus rostros el golpear de pequeñas piedras, que luego resultaron ser los minúsculos pedazos del parabrisas, tal como les sucede a los vidrios de los automóviles, que cuando reciben un fuerte impacto se fragmentan en mil pequeños pedazos.

No se habían recuperado de este susto cuando los dos que iban en el asiento delantero comenzaron a gritar al chófer para que se detuviera, porque encima de sus piernas sentían el peso de algo que, aunque por la oscuridad no podían saber bien lo que era, daba la impresión de ser un animal grande o un hombre al que le faltaba una parte del cuerpo.

El chófer, presa del pánico, en lugar de frenar aceleró más. Fue un verdadero milagro que en aquellos momentos no chocasen o se saliesen de la carretera, porque lo que se formó dentro del coche fue infernal: gritos de espanto y de desesperación de los de delante por quitarse aquello de encima, y empujones de los de atrás al chófer para que se parase, mientras este apenas podía ver tras el impacto de los cristales del parabrisas en su rostro. La realidad fue que el vehículo no se detuvo hasta una buena distancia del sitio en donde se había sentido el extraño encontronazo. Para entonces, los que iban en el asiento delantero habían podido darse cuenta de que lo que llevaban encima de sus piernas era medio cuerpo humano, al que habían cortado por la cintura. La parte que ellos llevaban era la parte superior.

Cuando por fin se detuvieron, más adelante del pueblo de Loma de Caballo, en medio de la oscuridad de la noche, con una excitación y un nerviosismo comprensibles y sin saber qué hacer, decidieron abandonar allí mismo el cadáver de aquel medio hombre y volver al lugar de donde habían partido. Naturalmente, no fueron capaces de callar lo que les había ocurrido, y por ello a los pocos días estaban todos en la cárcel, acusados de haber arrollado a aquel hombre. Todos menos el chófer, Fabián, que posiblemente más atemorizado que los demás, pues era a él a quien iban a echarle toda la culpa del suceso, desapareció y no pudo darse con su paradero. Desde un principio dijo que él en ningún momento había atropellado a nadie, y ponía como testigos a todos sus compañeros.

La mitad inferior del cuerpo apareció en un sitio cercano al lugar de la carretera en el que ellos habían sentido el impacto en el parabrisas, con la consiguiente aparición de la mitad superior del cuerpo encima de sus piernas. Pero curiosamente no estaba en la calzada de la carretera o en la cuneta, sino en un campo cercano. El muerto resultó ser un pobre jornalero.

¿Por qué ponemos este caso como provocado por la intervención de algún ovni, cuando los hombres fueron acusados de haberlo atropellado con su vehículo?

Es cierto que no tengo pruebas concluyentes de que todo el hecho se deba achacar a los ovninautas; sin embargo, hay muchas circunstancias que nos llevan a sospechar que efectivamente se trató de una broma más de cierto tipo de seres misteriosos, que parece que se dedican a jugar con los hombres, ejecutando a veces bromas tan macabras como la descrita y como otras semejantes que conozco y que no describo aquí porque no las he investigado personalmente como esta.

Si fuese el primer hecho de este tipo con el que me encontrase, ciertamente tendría mucho reparo en admitirlo sin más, pero desgraciadamente es uno más de una lista muy larga. Y esto por más que les pese a los defensores de los «hermanos mayores del espacio» o a los que quieren llevar la investigación del fenómeno ovni con una metodología y unos estilos científicos «puros».

Hay varias razones para sospechar que todo el hecho constituyó una broma macabra de este tipo de entidades malignas a las que nos referimos anteriormente. En principio, los testigos inmediatos del caso —los siete hombres que iban en el vehículo— juran y perjuran que ellos no atropellaron a nadie y que el cuerpo cayó verticalmente del aire. Y ciertamente es muy difícil que alguien que es arrollado por un coche sea partido por la mitad y que una de las mitades pase por encima del motor y todavía tenga fuerza para destrozar por completo el parabrisas. Además, se da la circunstancia de que el parabrisas de los Gremlin está muy inclinado hacia atrás y ofrece poca resistencia a un objeto que venga de frente, empujándolo más bien hacia el techo del coche. Lo normal es que el automóvil golpee primero a la persona y, si no la lanza hacia un lado, acabe pasándole por encima.

Sin embargo, no tendríamos inconveniente en admitir la hipótesis del atropello si no hubiesen concurrido otras circunstancias muy extrañas, y sospechosas de otro origen. Estas circunstancias nos fueron comunicadas por el hijo de la víctima, al que fuimos a visitar a su casa, aparte de que ya eran conocidas por las autoridades y por los jueces, cosa que en parte motivó que al poco tiempo los dejasen salir a todos de la cárcel hasta que se esclareciese todo el extraño suceso.

Lo primero que nos extrañó en nuestra conversación con el hijo del «atropellado» fue que espontáneamente nos dijese que él no creía que su padre hubiese sido arrollado en la carretera por el vehículo. Las razones que tenía para creer esto eran principalmente dos. La primera era que su padre era un hombre muy casero y tranquilo y no tenía nada que hacer a esa hora de la madrugada en un paraje tan alejado de su casa; ciertamente él no acostumbraba a andar por aquel lugar solitario a esas horas y menos aún por el medio de la carretera. La otra razón, a la cual su hijo le daba más peso, era que su padre no presentaba las heridas normales que debería tener alguien que hubiese sido atropellado con la violencia con la que se supone que su padre fue impactado. «A mi padre lo aserraron por la cintura. No sé quién. Pero no lo arrolló ningún coche», dijo.

Esta aseveración, que hizo sin que yo le hubiese sugerido nada, me electrizó, pues automáticamente recordé otros incidentes similares que conocemos los que estudiamos sin prejuicios el fenómeno ovni.

Según él, su padre daba la impresión de haber sido cortado cuidadosamente por la cintura con algún instrumento; no había desgarraduras de ningún tipo en la ropa ni en la carne, a pesar de que el corte era en una región en la que necesariamente tendría que haber tejidos colgantes, bien fuese del estómago y sobre todo del intestino; tampoco había jirones de tela. Ropa y carne estaban cortadas de una manera rectilínea, como si lo hubieran hecho con una gran guillotina o con un cuchillo gigante. Además, todo era extrañísimo porque no había sangre por ningún lado, cuando lo natural es que el hombre se hubiese desangrado por completo, dejando un enorme charco.

De hecho, estos inesperados detalles le causaron tanta impresión a su hijo que ya no pudo observar más y llamó a su mujer para que ella se encargase de todo, pues él no tenía fuerzas para contemplar aquello. Su esposa nos corroboró todos estos detalles, incluido algo que tiene gran importancia en toda esta investigación: la falta de derramamiento de sangre. Los vestidos tampoco estaban ensangrentados, lo cual es un detalle muy extraño y altamente sospechoso para ayudar a esclarecer lo que estamos tratando de probar: la injerencia de algún elemento raro en todo este asunto.

Según me dijo —cosa que no pude comprobar— tampoco había fracturas de huesos, algo que sería de esperar en alguien que hubiera sido golpeado de una manera tan violenta; al haber sido partido por la cintura, el único «hueso» que se rompió fue la columna vertebral y esta, según parece, estaba cortada limpiamente sin fracturas en las vértebras. Como es natural, ni el hijo ni la nuera del fallecido me pudieron dar muchas explicaciones médicas acerca de estos detalles, y tengo que confesar que me quedé esperando el resultado de la autopsia practicada por el forense.

Otro detalle fue que la ropa no solo no estaba manchada de sangre sino que tampoco estaba desgarrada ni sucia de tierra o polvo. En la hipótesis de que hubiese sido arrollado, estas dos circunstancias no tienen explicación, ya que lógicamente tendría que haber sido arrastrado de alguna manera, dejando esto huellas inconfundibles en la ropa. Una de las cosas en que tanto su hijo como su nuera hacían más hincapié era precisamente en esta: la camisa estaba cortada como con tijera, sin desgarraduras, ni sangre, ni suciedad.

La familia simplemente no sabía qué había pasado y me da la impresión de que el fuerte nerviosismo que se apoderó de su hijo fue producto de que de una manera confusa cayó en la cuenta de que aquello no era cosa natural, y en el fondo tenía que ver con brujería o con algo misterioso que él no podía ni imaginar y por eso mismo lo aterrorizaba. No cesaba de decir: «A mi padre lo *serrucharon*».

No quiero relacionar aquí detalladamente este caso con otros semejantes con los que nos encontramos en la abundantísima casuística ovni. Ello nos tomaría demasiado espacio y nos apartaría mucho del tema fundamental del libro. Pero el lector debe saber que en los anales de los ovnis se pueden hallar sucesos muy parecidos a este, en los que se llegó a la conclusión de que el extraño hecho había sido causado por los tripulantes de un ovni.

En este se da la nueva circunstancia de que lo dejaron caer desde arriba encima del parabrisas de un coche en movimiento, con la premeditada intención de que lo rompiese y penetrase en el vehículo asustando a sus ocupantes. Pero aun en este dejar caer desde arriba cuerpos humanos descuartizados hay antecedentes en la historia del fenómeno ovni, y de ello me he ocupado en otro libro.

Lo que deberían hacer los detractores de todo el fenómeno y los eternos dubitantes que siguen diciendo que no hay «hechos comprobados» es leer un poco más y no hablar de lo que desconocen.

Caso 4.
Apagón en Honduras

Desde hace años se vienen relacionando los grandes apagones en ciudades y regiones enteras con los avistamientos de ovnis. Sin embargo, tengo la impresión de que en ninguno de ellos se ha podido establecer una relación tan clara entre la causa y el efecto, es decir, entre los ovnis y la suspensión de la energía eléctrica, como en este que presentaremos ahora.

El crédito de esta excelente investigación hay que atribuírselo enteramente al ingeniero Enrique Castillo Rincón y al señor Samuel Medina. El primero es un conocido «contactado» de Costa Rica que en varias ocasiones ha viajado a bordo de un ovni, y de ello son en parte testigos las autoridades de Colombia y Venezuela. Otra prueba de que sus aventuras no son imaginarias podría ser el hecho de que fue llevado casi por la fuerza a Washington por misteriosos agentes norteamericanos. Allí, durante varios días, fue sometido a un interminable interrogatorio y devuelto posteriormente en un avión especial a Bogotá. Con ambos investigadores me une desde hace muchos años una gran amistad que me honra.

Los hechos a los que me voy a referir sucedieron el 14 y el 27 de octubre de 1978 en Honduras. El día 14 hubo un apagón en casi todo el territorio nacional, que comenzó a las 18.10 horas y duró diez minutos en la zona central y veinticinco en la zona sur.

Antes de exponer las razones que tenemos para asegurar que el apagón fue causado por los ovnis, queremos hacer algunas reflexiones respecto a otros apagones famosos. Aunque la gente conoce mayormente los dos célebres apagones de Nueva York —en gran parte porque esta ciudad es la sede de las grandes agencias de noticias del mundo y todo lo que en ella sucede adquiere fácilmente notoriedad mundial—, se han producido una gran cantidad de apagones igualmente grandes y extensos que se considera que han sido también causados por los ovnis. Entre ellos recordamos, por ejemplo, uno muy extenso en Texas (EE. UU.), dos en Canadá, dos en Argentina y uno en Australia.

Es cierto que durante algunos de estos apagones se han tomado fotos de ovnis sobrevolando la ciudad a oscuras (Nueva York), cosa que al parecer no sucedió en nuestro caso. Sin embargo, la abundancia de testimonios, lo concreto de sus observaciones y lo extraño de algunos fenómenos contado por los mismos ingenieros de las centrales eléctricas nos lleva a la certeza de que los dos apagones fueron causados por la obra concertada de varios vehículos espaciales de origen desconocido.

No tenemos más remedio que prescindir de buena parte del material abundante pacientemente recopilado durante quince días por los señores Castillo y Medina, así como de numerosos testimonios, para no hacer demasiado largo este capítulo.

He aquí lo que narró Rogelio Bercian, de 24 años, coordinador de publicidad del periódico *La Tribuna*, en Tegucigalpa:

Eran exactamente las 18.06 horas. Me encontraba en las inmediaciones del cerro El Picacho revisando mi automóvil, cuando divisé en la lejanía un extraño objeto que se desplazaba a gran velocidad de sur a norte. Creyendo que era un avión convencional lo observé con estupor y muy detenidamente, pues iba muy rápido y se acercaba peligrosamente a una zona muy poblada. Desde el sitio en que me encontraba podía ver muy bien toda la ciudad. De pronto, el objeto describió una rapidísima maniobra casi suicida, en forma de ocho, y pude ver entonces su forma y configuración; se parecía a un gigantesco bumerán o ala delta, con una luz en el centro muy brillante. En el momento en que bajó y se produjo el mayor acercamiento a la ciudad, y casi sobre el aeropuerto de Toncontín, inmediatamente se fue el fluido eléctrico de la ciudad; vi cómo se empalidecieron todas las luces hasta quedar totalmente apagadas. El extraño objeto volador ascendió rápidamente hacia el cielo, llevándose «como pegado» a él una cola de luz, después de describir una maniobra inverosímil y de lanzarse casi en línea vertical hacia arriba. Posiblemente el momento en que voló más bajo sobre la ciudad estaría a unos mil metros de altura sobre la zona sur. Las dimensiones aproximadas del objeto que yo vi serían de unos veinticinco metros de ala a ala y unos ocho metros de largo, aunque no puedo calcular el grueso o altura del mismo.

Este relato fundamental podría ser corroborado prácticamente en todas sus partes por muchos otros testigos, como este:

Eran aproximadamente las 18.10 horas cuando salí a tomar el microbús. Observé como si una estrella se desprendiera del firmamento y luego hiciera una extraña maniobra, como si estuviera frenando en su caída, cuando de pronto cambió de rumbo, describiendo una media onda y elevándose rápidamente hasta perderse de vista. En el momento en que frenó la caída, observé como un destello e inmediatamente se fue la energía eléctrica de la ciudad… El objeto que yo vi tenía alas en forma de delta. Puedo decir que era grande…

Con relación a este objeto, Castillo y Medina todavía obtuvieron más testimonios, pero lo curioso es que hubo otras personas que a la misma hora vieron otros objetos extraños en diferentes puntos de la ciudad. «Vimos varios objetos en el cielo en forma de bola anaranjada de unos dos metros y también un objeto cilíndrico que desapareció haciendo un extraño silbido», dijo Luis Silva contando lo que vio junto a una amiga suya. Ambos tenían 12 años y eran vecinos de Colonia Torotagua.

Hay que tener presente que la Colonia Torotagua está al sur de la ciudad, mientras que los relatos de los dos primeros testigos proceden del norte, encima de La Leona, que es la subestación que distribuye la energía eléctrica a Tegucigalpa.

Todavía hay más testimonios en los que otros testigos vieron «a eso de las 17.11 horas» otros tipos de ovnis en distintas partes de la ciudad. Una señora —que no quiso dar su nombre—, declaró haber visto con sus cuatro hijos y una vecina «dos objetos que se desplazaban juntos a gran altura y de color plateado», que después se separaron y tomaron direcciones opuestas.

Otro detalle curioso que coincide con el de otros apagones sospechosos es que al día siguiente se vio «una escuadrilla de ovnis volando muy alto». Y dos días más tarde, un profesor del Instituto Central Vicente Cáceres —que también pidió mantener el anonimato— descubrió en la grama, a la entrada del instituto, unas extrañas marcas, como si un ventilador hubiese estado flotando a muy poca altura del suelo.

Las averiguaciones hechas por Castillo y Medina con relación a este primer apagón tienen únicamente testimonios de la capital, pero curiosamente, cuando se dirigieron a las autoridades competentes en busca de alguna explicación técnica para el apagón, se encontraron que estas les dieron nuevos detalles de «anomalías sin explicación» sucedidas muy lejos de Tegucigalpa, en concreto en la estación generadora de El Cañaveral. Tal como el lector podrá ver en el esquema de la página siguiente, hecho por un ingeniero de la ENEE (Empresa Nacional de Energía Eléctrica), la planta de El Cañaveral dejó de funcionar «después de observarse un extraño resplandor».

Pero no solo eso. A 200 kilómetros de Tegucigalpa, en la zona sur del país, las estaciones de San Lorenzo y de Choluteca también se vieron afectadas. El ingeniero Martín Baide, jefe de relaciones públicas de la ENEE, dijo: «No nos es posible explicar plenamente cómo sucedió el apagón, pues si este se hubiera generado en la zona sur Choluteca-San Lorenzo solo debería haberse afectado esa área y no continuar hasta Tegucigalpa, como ocurrió, pues el circuito se hubiera desconectado automáticamente…».

Es de notar que exactamente un año antes se habían producido varios apagones y fallas a las que, según el mismo ingeniero Baide, «nunca se les pudo hallar la causa; fueron varias y de muy corta duración, regresando o fluyendo la energía sola de nuevo». Esto es completamente normal en todos los apagones misteriosos: la energía vuelve a fluir sin que los técnicos sepan cómo.

La síntesis de este primer apagón es la siguiente: en el preciso momento en que varios tipos de ovnis son avistados sobrevolando Tegucigalpa y cuando precisamente uno de ellos se lanza en picado en las inmediaciones de

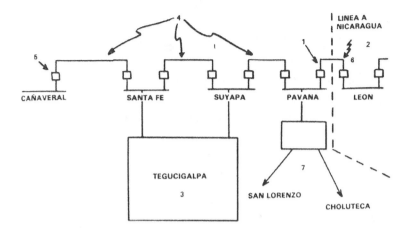

Apagón del 14 de octubre de 1978 a las 18.10 horas. La siguiente leyenda acompañaba al esquema: «1.- Error de conexión encontrado. 2.- Línea de transmisión a León. 3.- Subestación La Leona. 4.- Líneas de 138 kW. 5.- Lugar afectado después de observar un extraño resplandor. 6.- Lugar posible de caída de un rayo que afecta Pavana. 7.- Zona sur del país afectada también por el apagón».

la subestación de La Leona, al norte de la capital, y en el preciso momento en que en la planta generadora de El Cañaveral, muy lejos de la capital, se observa un extraño resplandor, se produce un gran apagón que afecta a la mayor parte del territorio hondureño y a la región de León, en la vecina Nicaragua, que está conectada a la red hondureña.

Como colofón diremos que, preguntando al ingeniero Baide si veía alguna posible relación entre la presencia de los ovnis y el apagón, contestó: «Personalmente no descarto la posibilidad de que tecnologías superiores a las del hombre puedan ser las causantes de estas anomalías, pues nosotros no hemos podido explicar satisfactoriamente las verdaderas causas de estos apagones».

Veamos ahora cómo fue el apagón del 27 de octubre.

Si en el del día 14 vemos una relación bastante directa entre los ovnis y la suspensión de la energía eléctrica, en el del día 27 esta relación es aún mayor.

Una de las circunstancias especiales de este apagón, que nos da pie para relacionarlo más con el fenómeno ovni, es que no fue simultáneo, como en el del día 14, en las diferentes ciudades que afectó. Y con el agravante de que los sucesivos apagones se produjeron precisamente cuando las diferentes ciudades eran sobrevoladas por misteriosos objetos no identificados.

Leamos las declaraciones de doña Aída Zúñiga, de Oviedo, de 40 años, directora de la academia Independencia de secretariado femenino, acerca de lo que vivió en Choluteca, a 200 kilómetros al sur de Tegucigalpa:

> A las seis pasaditas empezó a llover fuerte, con descargas eléctricas al principio… Yo me encontraba en mi oficina cuando una de las alumnas, llamada Egdomilia Quiroz, fue llamada por una compañera para que saliera a ver algo muy extraño que emitía destellos entre una gran nube. Su apariencia era como de una palangana gigantesca, que según los cálculos de seis señoritas era como de cien metros de longitud. Era realmente impresionante. La altura a que se encontraba estático el aparato podía ser de unos ochocientos metros y se le alcanzaba a ver como ventanillas alrededor. Todas las muchachas se pusieron muy nerviosas, hasta el punto que dos de ellas casi entraron en histeria gritando. El aparato estaba camuflado con una gran nube o niebla, pero se podía ver su forma claramente; parecía como si un vapor saliera de alrededor de él. Una de las muchachas dijo que se parecía al de *Encuentros en la tercera fase*.

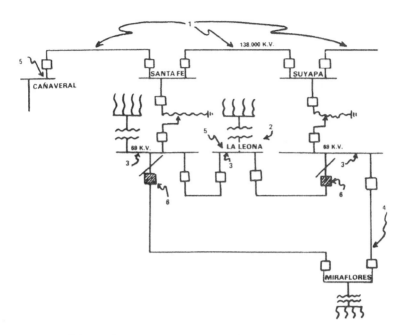

Apagón del 27 de octubre de 1978 a las 20.30 horas. La siguiente leyenda acompañaba al esquema: «1.- Líneas de 138 kW. 2.- Subestación La Leona. 3.- Líneas de 69 kW. 4.- Línea Miraflores donde encontraron una cola o mecate. 5.- Extraño resplandor simultáneo en Cañaveral y La Leona. 6.- Circuitos abiertos cuando sucedió el apagón».

Estuvo como diez minutos estacionado en el mismo lugar, sin hacer ruido; solo salían relámpagos, pero no sonaban. Después se empezó a mover y a desvanecerse. Todavía había luz eléctrica, pero minutos después se fue toda la luz en Choluteca. Algunas personas creyeron que había un gran incendio en alguna parte de la ciudad, pues la luz que veían era circular y pensaron que se trataba del resplandor del incendio.

Lo más extraño de todo fue que cuando el aparato se fue dejó de llover inmediatamente. La luz del objeto cambió de color, de rojo amarillo a rosa pálido, y desapareció. Varias personas quisieron arrancar sus automóviles y no pudieron. Después de que dejara de llover, algunos autos prendieron ya normalmente… Este momento fue algo aterrador para las muchachas y no lo podremos olvidar jamás.

Es de notar que la ciudad de Choluteca, al igual que muchas otras del sur, recibe su energía de la central de Pavana, que «inexplicablemente también fue afectada», según atestiguaron los expertos de la ENEE. Y asimismo se afectó la vasta región de Nicaragua, que se surte de esta misma central.

Exactamente dos horas más tarde hizo su aparición sobre Tegucigalpa un extraño aparato que se dirigió directamente a la subestación de La Leona. De este aparato y de sus maniobras los investigadores recogieron testimonios muy precisos y abundantes, como el de Miguel Herrero, el operario que estaba de guardia en La Leona la noche del apagón:

> Eran exactamente las 20.06 de la noche, pues acababa de mirar aquel reloj grande eléctrico…, cuando de pronto la imagen de un televisor pequeño comenzó a palidecer hasta que se perdió, y al mismo tiempo vi un resplandor azuloso e inmediatamente se produjo una explosión en el patio donde están los transformadores y la distribución de salida. Quedé como ciego momentáneamente y apenas me recobré me dirigí al patio corriendo y vi que salían chispas de aquella torre donde están los aisladores… Entonces vi que una luz muy cegadora se elevaba hacia el cielo. Tuve que cerrar los ojos nuevamente, pues la luz me cegaba y además los ojos desde el comienzo de todo me estaban lagrimeando. Era algo indefinido… Se elevaba con un zumbido.

Según él, en el momento del apagón estaban desconectados dos circuitos, de modo que no hay explicación posible de cómo pudo afectar a todo el país. Según él, las agujas de los tableros de control sufrieron una extraña alteración, «como si se hubiera esfumado o perdido la energía».

Días después del apagón, Miguel Herrero todavía llevaba gafas de sol porque tenía los ojos muy rojos e irritados.

Al igual que en el anterior apagón del día 14, y a juzgar por los muchos testigos que afirman haber visto varios objetos, parece ser que no fue uno solo el ovni que sobrevoló la ciudad. Un testigo de excepción, que estando ajeno a todo fue sin embargo el receptor y unificador de muchos testimonios, fue el licenciado Rodrigo Wong Arévalo, subgerente de la emisora Cadena Radio América y director de *El Noticiero*, en Tegucigalpa:

Recibí muchas llamadas [en total doce] de personas que aseguraban haber visto extraños objetos voladores; dos de ellos me dijeron haber visto un objeto volador en forma de pulpo [obsérvese cómo todos los testigos coinciden en este detalle aunque lo describen de varias maneras]. Mantuvimos muy bien informado al público de lo que estaba ocurriendo. Yo no sé si decían la verdad: me limité a informar. Algunas de las personas que llamaban estaban realmente excitadas.

La señorita Julia Martínez Flores, policía del destacamento de La Leona, dijo textualmente:

Eran las 20.10 horas y yo estaba de guardia sola cuando se fue la luz. Salí a la calle a ver qué sucedía y observé unas

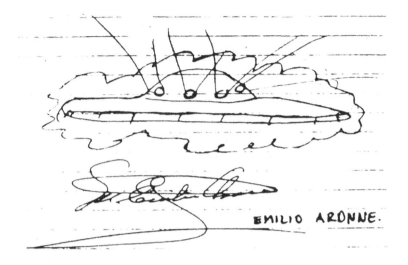

EMILIO ARONNE.

Dibujo realizado por el señor Emilio Aronne, otro de los testigos del apagón del 27 de octubre en la ciudad de Choluteca, en Honduras. El ovni medía aproximadamente 100 metros de largo por 25 de alto.

luces que giraban en el cielo. Vi una luz muy baja que giraba sobre sí misma con un color rojo brillante y estaba más o menos encima de la planta de La Leona. Era silenciosa en el vuelo; tenía «colitas» así para abajo. Creí que era el fin del mundo…

El guardián de un edificio de apartamentos, Rosendo A. Ponce, dijo que había sentido un ruido como de un choque en el preciso momento en que la luz se fue. Salió y vio una luz de unos dos metros muy extraña que se desplazaba por encima de los cables de alta tensión. Pasó a dos metros de él «silbando de una manera muy rara».

Otro testigo, el taxista Roberto Aguilar, dijo que había visto una luz muy grande que descendía del cielo. Cuando la vio, estaba bajando mucho, la pudo observar mejor y se quedó aterrado. «El aparato o lo que fuera tenía forma de pulpo —explicó—, con tentáculos que se movían girando. Llegó hasta el sitio de La Leona y de pronto la luz de la ciudad se fue, lo cual me produjo un tremendo escalofrío, pues supuse que lo que acababa de ver tenía relación con el apagón».

Otro detalle curioso de este testigo, que coincide con lo que en todo el mundo han dicho muchos otros testigos de ovnis, es que a su juicio se trataba de «un animal volador».

Estos testimonios, con ser contundentes, son a mi manera de ver secundarios si los comparamos con el testimonio global de la familia Elvir Hernández, que habita muy cerca de la estación de La Leona. He aquí lo que narró la señora Donatila Hernández de Elvir, de 40 años, ama de casa:

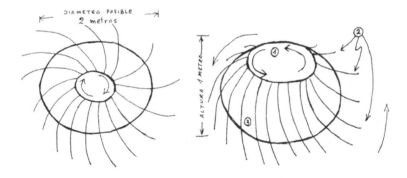

Esquema del grupo observado sobre la estación de La Leona.
1.- Cúpula verdosa girando a la que estaban conectadas las «barbas». 2.- «Barbas» metálicas brillantes girando lentamente. 3.- Parte interior que permanece estática.

Eran las 20.10 horas y me encontraba en la cocina, cuando de pronto vi un resplandor muy extraño que inundó toda la cocina e inmediatamente escuché una explosión, al tiempo que se iba la luz eléctrica. Me asomé enseguida a la ventana que da a la estación de La Leona y cuál no sería mi sorpresa cuando vi un aparato extraño inmóvil encima del árbol de mango, como un metro encima de él. Tenía un metro de grueso por dos de largo y su forma era de aspecto raro, ya que alrededor del aparato giraban unas barbas metálicas largas de donde salían visos de varios colores. Sin embargo, lo que parecía una cúpula estaba quieta; solo giraban las barbas y el aparato brillaba tanto que no pude sostener la mirada. Entonces grité tan duro como pude del miedo que me produjo aquella «cosa». Una cosa muy rara sucedió también: en el momento en que la luz violeta invadió la cocina empezó a sonar un extraño zumbido que permaneció en la cocina varios segundos… El color violeta permaneció «pegado» a las paredes de la cocina hasta desvanecerse…

Elisabeth, de 17 años, hija de Donatila, estaba todavía en mejor posición para ver el incidente, ya que cuando después de la explosión el ovni se acercó al árbol de mango, ella estaba solo a unos siete metros de él. Prácticamente da los mismos detalles que su mamá, aunque Elisabeth vio el ovni desde que apareció brillando en el cercano horizonte. «La luz era tan fuerte y de un azul tan intenso que me cegaba; aparté la cara y me la tapé con las manos porque creí quedarme ciega». De hecho, estuvo sin poder ver durante varios minutos y cayó en un ataque de histeria y nervios que le duró dos días, con jaqueca y malestar.

Los que dicen que de los ovnis no hay pruebas concretas y que todo es fruto de la mente es porque desconocen casos como este, en los que docenas de testigos de todas clases coinci-

Perfil esquemático de la subestación de Tegucigalpa La Leona.
1.- Ruta de llegada posible del ovni. 2.- Punto de estacionamiento donde causó la explosión (cortocircuito). 3.- Punto de observación del ovni, despúes del «accidente», encima de un árbol de mango. 4.- Ruta aparente de salida del ovni. 5.- Punto de observación del testigo Rosendo Ponce, vigilante del edificio de apartamentos. 6.- Lugar de observación de la señora Donatila y su hija Elizabeth, desde el balcón de su casa. 7.- Lugar de observación de la niña Isabel Manzanares, en el patio de la casa de Donatila. 8.- Casa vecina a Donatila, desde donde observó el tendero del granero (Abastos) y su suegro. 9.- El cerro El Picacho, con 1.200 m de elevación sobre el nivel del mar. 10.- Subestación La Leona. 11.- Caseta de tableros de control, donde estaban los operarios de turno. 12.- Calle aledaña a la subestación, por donde se entra a La Leona. 13.- Líneas de transmisión de 69 kW.

den en afirmar y describir el mismo hecho; un hecho concretísimo como es el corte de energía eléctrica en toda una ciudad.

En cuanto a que la afirmación de los testigos no es una «prueba», no lo será en el terreno puramente científico —y aun esto lo podríamos discutir, puesto que los últimos y definitivos testigos de los aparatos de los laboratorios son los sentidos de las personas que los manejan y comprueban— pero sí son una auténtica «prueba» en un sentido humano. Los jueces de un tribunal condenan o absuelven en virtud de «pruebas» o testimonios que en muchas ocasiones no son tan abundantes ni tan acordes como estos de los apagones de Honduras.

Caso 5.
El niño curado por «Dios»

El caso siguiente puede darnos la clave para explicar de una manera radical el fenómeno religioso. Naturalmente, en el fenómeno religioso hay que tener en cuenta muchísimos otros aspectos, pero creemos que en este caso —y en infinidad de otros similares sucedidos a lo largo de la historia— hay ciertos elementos que son básicos para enjuiciar de una manera radical el interesantísimo fenómeno psicosocial llamado religión.

El episodio que contaré a continuación sucedió en 1960 en Perú, concretamente en un lugar llamado Bailanca, a cien kilómetros al sur de Chimbote y en las inmediaciones de una gran central hidroeléctrica.

El testigo principal —del que tengo una grabación minuciosa, no solo del hecho que voy a narrar sino de otros que anterior y posteriormente le sucedieron en aquella misma región— es un ingeniero yugoslavo de apellido Kapitanovich, jefe de mantenimiento en la central hidroeléctrica y persona completamente incrédula en lo que se refiere a seres extraterrestres o platillos volantes hasta que le sucedieron los hechos que aquí narramos. Dotado de un carácter fuerte y con una profesión muy técnica y muy apegada a las leyes de la materia, es el tipo de persona totalmente opuesto a fabulaciones y a todo aquello que huela a misticismos o realidades no tangibles.

Su primera relación con el fenómeno ovni fue un apagón momentáneo, a medianoche, en la central. Cuando salió de la oficina, furioso para indagar cuál había sido la causa, oyó que uno de sus ayudantes, Quirós, decía aterrado con voz entrecortada: «¡Ha vuelto a bajar esa gente extraña!».

Cuando se disponía a preguntarle de qué gente hablaba, se dio cuenta de que, a pesar de ser medianoche, fuera de la central estaba todo iluminado como si fuese de día[2]. Se dirigió a toda prisa hacia fuera para investigar la fuente de la luz cuando vio en el extremo de la explanada una nave grande con forma de lenteja. Mientras estaba contemplándola lleno de asombro, vio a dos individuos que hablaban entre sí, e instintivamente cayó en la cuenta de que ellos eran la «gente extraña» a la que se había referido Quirós.

Sin dudarlo un momento y malhumorado, se dirigió hacia ellos y les preguntó qué hacían allí, con qué permiso habían entrado y si sabían las consecuencias tan nocivas que

---

[2] El hecho de que, siendo de noche, todo quede iluminado como si fuera de día se produce con frecuencia en el fenómeno ovni. En la actualidad esto se conoce como «efecto NODI» (noche-día). [*Nota del editor a la actual edición*].

produce un apagón, aunque solo sea momentáneo. Ellos se sonrieron, trataron de apaciguarlo y le dijeron que no eran responsables del apagón.

Hablaban con él de una manera pausada, queriendo en todo momento quitarle el mal humor que abiertamente mostraba, ya que según él mismo confiesa, les dijo palabras «de las que no se pueden repetir en público». Le aseguraron que el momentáneo apagón había sido producido por un gallinazo —una especie de buitre o zopilote que abunda en la zona— que había hecho contacto entre dos cables con sus alas abiertas. Además, añadieron que no venían a hacer daño a nadie y que ellos estaban viniendo a la Tierra desde hacía muchísimos años desde su propio planeta, llamado Apu.

Kapitanovich, lejos de tranquilizarse con estas explicaciones, prorrumpió en nuevas imprecaciones contra ellos, porque le parecía que le estaban tomando el pelo. Les dijo que no creía absolutamente nada de las tonterías que le estaban diciendo y que tenían que irse inmediatamente de los terrenos de la central.

Sin oír más explicaciones, dio media vuelta y, siempre furioso, se dirigió de nuevo hacia el interior del edificio. Pero antes de entrar, acordándose del extraño vehículo que había visto al extremo de la explanada, se volvió para ver si todavía estaba allí, rodeado de aquella luz tan extraordinaria.

El vehículo estaba entonces elevándose verticalmente. Cuando llegó a una altura de unos 1.000 metros, cogió un rumbo más horizontal, aceleró a gran velocidad y se perdió enseguida en el espacio por encima de las altas cumbres.

A pesar de todo lo que había visto, nuestro hombre seguía sin dar su brazo a torcer, aunque no dejaba de darle vueltas a todos los sucesos de aquella noche. Sin embargo, no lo comentó con nadie ni cambió en nada sus pensamientos ni su régimen de vida, tratando de olvidar todo el incidente como si hubiese sido un simple sueño.

Poco tiempo después, mientras cazaba venados en la cordillera de los Andes a alturas superiores a los 4.000 metros, volvió a tener otro encuentro, en el que entró en conversación más amigable con ellos. Tras él vinieron otros encuentros en los que siguió recibiendo nuevas noticias e informaciones acerca del planeta de origen de los extraños visitantes, de la formación de los astros del sistema solar y de muchos otros temas que a él le interesaban. Todo ello lo tengo grabado y está en mis archivos.

Para entonces, nuestro ingeniero ya había depuesto su actitud hostil hacia ellos y se había convencido de que efectivamente eran seres no humanos, aunque por sus formas se parecían mucho a nosotros.

Sin embargo, quiero hacer hincapié en uno de sus encuentros con los «extraterrestres» que, como dije antes, considero clave para entender un aspecto intrigante de la historia humana.

Cierto día en que nuestro ingeniero se dedicaba a su pasatiempo favorito, la caza, caminando tras el rastro de venados a más de 4.000 metros de altura y en una zona escasamente poblada por indios completamente alejados de la civilización, desembocó en un pequeño valle cerrado rodeado por cerros altos. Se extrañó al ver un grupito de indios en torno a algo que no podía ver muy bien desde la distancia. A pesar de que él no hablaba quechua, y la mayor parte de aquellos indios no hablaban castellano, se acercó a ellos para ver qué era lo que sucedía. Por lo general, en sus cacerías lo acompañaba un empleado de la central, indio puro, que conocía bien el quechua y que hacía de intérprete para comunicarse con los nativos; pero en aquella ocasión no lo acompañaba.

Acercándose más, pudo distinguir que los indios estaban reunidos alrededor de un niño que permanecía tirado en el suelo y cubierto con una gran cantidad de ropa, ya que el frío era intenso y había bastante nieve. El niño daba la impresión de estar muy mal, pues ya no tenía color y todos los indicios eran de que se estaba muriendo.

El ingeniero fue recibido con gran frialdad y desconfianza, y cuando preguntó por señas qué era lo que le pasaba al niño, le dijeron que se había caído desde lo alto de unas rocas y se había fracturado algunos huesos. Viendo el estado de desesperación en el que se encontraba y viendo al mismo tiempo la tristeza y resignación de sus padres y familiares, se ofreció a llevar al niño hasta el hospital más cercano si ellos se lo llevaban hasta su *jeep*, que estaba más abajo en la montaña, muy lejos. Los padres del niño se inquietaron mucho con esta oferta de ayuda, y cuando el ingeniero les volvió a insistir en que tenía que llevarlo al hospital porque el niño estaba muy mal y en un grave peligro, ellos rehusaron vehementemente.

Intrigado entonces ante aquella actitud de los padres y ante la oposición a que él se hiciese algo, a pesar de que se daban cuenta de que el niño estaba muy grave, les preguntó por qué ellos no querían que fuese llevado al hospital si sabían que, si no lo hacía, el niño se iba a morir. Entonces ellos le contestaron con toda simplicidad algo que el ingeniero logró entender pero que al mismo tiempo lo llenó de estupor: «Porque "papá" Dios va a venir a curarlo».

Con sus manos, señalaron al mismo tiempo hacia lo alto y luego inmediatamente hacia el niño. Kapitanovich trataba de imaginar qué tenía que ver Dios con todo aquello, y seguía persuadiéndolos de que le llevasen al niño hasta su *jeep* para que él pudiese transportarlo enseguida al hospital.

Cuando ya había decidido irse y dejar al niño a su suerte, oyó que los indios empezaban a dar exclamaciones y a mirar hacia un punto en el cielo. Miró hacia donde ellos miraban y vio cómo un vehículo, en todo semejante al que él mismo había visto meses atrás en la central hidroeléctrica, se precipitaba a toda velocidad desde las alturas, posándose suavemente a poca distancia del grupo de indios. Estos lo recibieron con gritos de alegría, viéndose claramente en sus rostros que eso era lo que ellos estaban esperando allí desde hacía mucho rato.

Enseguida salieron de la «nave» varios individuos como los que él había visto en otras ocasiones, entre ellos una mujer que, al igual que sus compañeros, llevaba un traje de mallas no muy ajustadas. Se dirigieron a donde estaba el niño y con ayuda de sus padres lo llevaron hacia la «nave», en la que permaneció por espacio de unos quince minutos. Pasado ese tiempo el muchacho salió por su propio pie por la portezuela del aparato y se dirigió corriendo hacia sus padres, dando saltos y lanzando piedras para que viesen que no solo había recobrado todas sus fuerzas sino que ya tenía el brazo completamente bien. Todos los indígenas prorrumpieron en gritos de júbilo mientras rodeaban al muchacho y lo palpaban para ver si estaba completamente curado.

La pseudoextraterrestre le explicó al ingeniero cómo habían hecho la operación en tan poco tiempo. Según ella, habían desintegrado todas las partículas enfermas y las habían integrado de nuevo, poniendo cada cosa en su lugar.

He dicho «pseudoextraterrestre» porque, según ella misma explicó, había nacido en nuestro planeta y de muy niña —hacía cuarenta y siete años— había sido llevada por los de Apu a su planeta, donde se había aclimatado completamente, llegando a ser como uno de ellos.

Lo extraño del caso —que a mí me suscita grandes dudas— es que ella era también yugoslava, ¡y precisamente de la misma región que el ingeniero!, de modo que los dos hablaban en su idioma. Esto a él parece que no le extrañó nada, sobre todo después de las cosas que ya había visto y que años antes no se podía imaginar. Pero a mí confieso que me deja del todo perplejo, pues este pequeño detalle me recuerda mucho a otros «pequeños detalles» muy sospechosos con los que me he encontrado en otros casos.

Otra de las circunstancias que más me interesaron en toda la larga narración del ingeniero fue la cantidad de veces que él, en sus correrías por las alturas de la cordillera en busca de caza mayor, se encontró a grupos de indígenas sentados tranquilamente alrededor de extraterrestres, oyendo atentamente la conversación de estos, que por supuesto les hablaban en un perfecto quechua. Al parecer, en aquellas altitudes, alejadas de nuestra «civilización», la comunicación de los «dioses» con los indios sigue siendo como lo fue en tiempos pasados en todo el planeta, cuando las tribus aborígenes con culturas muy primitivas los consideraban dioses y les rendían algún tipo de culto.

El hecho de estar esperando con el niño enfermo a que ellos bajaran nos dice que de antemano sabían de alguna manera que algún «dios» iba a venir; bien sea porque solían descender allí en fecha fija o porque se habían comunicado con alguno de los indios para decirles cuándo y dónde iban a venir, o también porque los indios tenían alguna manera de llamarlos y de comunicarse con ellos. Lo cierto es que el ingeniero yugoslavo los sorprendió varias veces en este tipo de reuniones desconocidas por todos los «civilizados» de su país.

De hecho, en una ocasión en que él los había sorprendido e incluso había participado en la conversación, cuando los extraterrestres ya se habían retirado y él se disponía a bajar de la montaña, uno de los jefes se acercó y le suplicó que no dijese nada a las autoridades de lo que había visto allí. Cuando él le preguntó la razón, le dijo que si las autoridades se enteraban era muy probable que mandasen soldados para ver qué estaba pasando allí e iniciasen alguna investigación, y eso probablemente haría que sus amigos del cielo no volviesen más, lo cual a ellos les daría mucha pena, porque se sentían muy protegidos con su amistad.

Como dije al principio de este caso[3], episodios como este pueden darnos mucha luz para enfocar desde un punto de vista nuevo muchos de los relatos bíblicos —sobre todo del Pentateuco— y de todos los libros sagrados de las grandes religiones, lo mismo que pueden servirnos para interpretar correctamente la enorme cantidad de tradiciones y leyendas parecidas a esta de las que está llena la historia de todos los pueblos.

Caso 6.
Aviones que desaparecen

Seguramente, algunos casos de aviones y barcos que se pierden y nunca vuelve a saberse nada de ellos son más o menos conocidos por los lectores, ya que muchas revistas han vul-

---

[3] Todos los detalles de este caso me fueron contados directamente por el ingeniero, del que llegué a hacerme gran amigo y con el que tuve largas conversaciones. Cuando yo lo conocí ya estaba retirado y hablaba con gran entusiasmo de sus amigos de Apu. [*Nota del autor a la actual edición*].

garizado estos temas y sobre todo libros como los de Charles Berlitz (*El Triángulo de las Bermudas* y *Sin rastro*) han despertado un gran interés hacia este preocupante tema.

Es natural que cuando un avión cae al mar o un barco se hunde no sea fácil hallar restos. Además, lo habitual es que el incidente se haya debido a fallos normales y no tengamos que acudir a ninguna fuerza sobrehumana o misteriosa para explicarlo. Pero hay casos en los que varias circunstancias nos llevan a la evidencia, o por lo menos a una sospecha muy fundada, de que la cosa no ha sido natural y de que han intervenido en todo el asunto otras fuerzas para las que no tenemos explicación.

En el mes de abril de 1979 una Vickers Viscount turbohélice de cuatro motores, de la compañía Saeta de Ecuador, hacía el primer viaje de la mañana en su línea regular Quito-Cuenca (unos 600 kilómetros). Es de notar que ambas ciudades están situadas en sendos valles de los Andes, aproximadamente a 2.300 metros de altura, por lo que el viaje entre ellas no es nada fácil, teniendo además en cuenta que en medio del camino se encuentran dos de los colosos de los Andes, el Chimborazo y el Cotopaxi, que sobrepasan los 6.000 metros de altitud. Sin embargo, a pesar de la dificultad de la ruta, los pilotos que la cubren están perfectamente identificados con ella por haberla recorrido en cientos de ocasiones, incluso varias veces en un mismo día.

Cuando el avión al que nos referimos estaba ya a la vista del aeropuerto de Cuenca, y tras haber pedido autorización para aterrizar, repentinamente dejó de escucharse su señal y nunca llegó a tomar tierra, ni allí ni en ningún otro aeropuerto. Es de notar que en aquel instante no había mal tiempo, el piloto en ningún momento dijo que tuviera problemas y la visibilidad era ilimitada en el espacio aéreo que circundaba el avión y de 50 kilómetros en el aeropuerto de Cuenca.

Hice mi investigación de este caso unos veinte días después de que hubiese sucedido. Como no se trataba de un hecho privado en el que hubiese que andar buscando testigos escondidos, sino que estábamos ante un hecho notoriamente público que tenía consternada a toda la nación, me fue fácil acudir a las oficinas de *El Universo* en Guayaquil, el principal periódico de la nación, y leer atentamente los despachos que constantemente llegaban de las diversas agencias de noticias acerca de cómo se iban desarrollando los trabajos de búsqueda. Pasado un mes no se tenía la más remota idea de adónde había ido a parar el aparato con sus 53 ocupantes, a pesar de la intensísima búsqueda que las autoridades organizaron.

En aquella búsqueda hubo varias circunstancias dignas de tenerse en cuenta. La primera fue que no se trataba de una búsqueda particular organizada por la compañía aérea o por algunos de los familiares de los desaparecidos, sino que se trataba de una búsqueda oficial, organizada por las máximas autoridades del país y por el Ejército del Aire ecuatoriano y en la que intervinieron diversos tipos de aviones y helicópteros, tal como nosotros mismos pudimos comprobar. Aquellos aviones y helicópteros sobrevolaron repetidas veces todos los posibles lugares en los que el avión siniestrado pudo haber caído.

Un hecho favorable que teóricamente hacía más fácil la búsqueda es que se sabía con certeza que el avión estaba ya a la vista del aeropuerto de Cuenca y que de hecho se disponía a aterrizar, de modo que el área en la que hubiese podido caer, de haberle sucedido un percance repentino, era mucho más reducida que si se hubiese perdido a mitad de la ruta, a mucha mayor altura y en un lugar menos localizado.

Una prueba de lo eficientes que son estos trabajos de búsqueda desde el aire es el hecho de que durante los rastreos también se perdió una avioneta, y solo fue cuestión de horas para los demás aviones que participaban en la búsqueda dar con sus restos en medio de una zona boscosa.

Además, en la desesperación de las autoridades por desentrañar esta desaparición, se acudió a la Fuerza Aérea de los Estados Unidos para que ayudase en el rastreo. Los norteamericanos despacharon desde Panamá uno de los aviones especializados en este tipo de trabajo, que son capaces de detectar hasta latas de sardinas enterradas a bastantes metros debajo de la nieve. De hecho, descubrieron un viejo *jeep* despeñado en el fondo de una profunda sima que se había dado por desaparecido hacía muchos años y del que ya se había perdido casi el recuerdo. Pues bien, por más que este avión se cansó de pasar y repasar con sus sofisticados instrumentos electrónicos todo el territorio en donde el avión en dificultades hubiese podido caer, no halló rastro de él. Hoy, pasados alrededor de siete años, la extraña desaparición sigue siendo un misterio.

Sin embargo, la circunstancia más extraña de este caso es la siguiente: dos años y medio antes, en agosto de 1976, otro avión de la misma compañía Saeta, exactamente igual a este del que estamos hablando, en el mismo primer vuelo de la mañana de Quito a Cuenca, y prácticamente en el mismo punto, ya a la vista desde el aeropuerto de Cuenca, desapareció de la misma manera misteriosa, y no se volvió a saber nada de él ni de todos sus pasajeros y tripulantes, por más que se buscó con la misma intensidad con la que se buscó el de dos años y medio más tarde[4]. Y esto es lo que tenía al borde de la desesperación a las autoridades más relacionadas con el suceso.

---

[4] Este avión apareció finalmente en 2003. Habían pasado veintiséis años desde su desaparición. Al parecer, chocó contra las laderas del Chimborazo, a 5.000 metros de altura, y no estaba cerca de Cuenca, como se dice en el texto. Del desaparecido en 1979 no se ha vuelto a saber nada. [*Nota del autor a la actual edición*].

Naturalmente, no faltaron en la prensa acusaciones a los dirigentes de la compañía de usar aviones viejos y de tenerlos en malas condiciones. Sin embargo, a juzgar por la documentación presentada por estos mismos dirigentes de la compañía, cumplían cabalmente con lo mandado por la OACI (Organización de Aviación Civil Internacional) y con las inspecciones de rigor exigidas para las compañías aéreas que tienen vuelos regulares. El uso de turbohélices en lugar de aviones de reacción era debido en aquel entonces a que la pista de Cuenca no admitía este tipo de aviones. De acuerdo a su libro de vuelos, el Vickers de Saeta tenía en el momento de su desaparición 32.000 horas de vuelo desde su fabricación, pero desde la última revisión total que lo capacitaba para seguir volando otras 5.000 horas, apenas había utilizado 981. En el caso que nos ocupa, la última inspección total duró cuatro meses y entre otras cosas se tomaron 2.400 radiografías del aparato con rayos X y gamma para detectar cualquier fallo en su estructura.

De todo esto se puede deducir con bastante criterio que de haberse producido un accidente este no pudo deberse a la antigüedad de la aeronave o a la falta de mantenimiento.

Otro detalle —al que damos mucha menos importancia aunque no deja de ser curioso, pues estos paralelismos los vemos con mucha frecuencia en todo el fenómeno ovni— es que cuando se cayó el primer avión de Saeta también cayó una de las avionetas que estaban participando en la búsqueda, lo mismo que ocurrió mientras se buscaba el segundo, dos años y medio después. Pero en la primera ocasión ocurrió igual que en la segunda, y solo fue cuestión de horas localizarlas, a pesar de que ambas habían caído en medio de una vegetación espesa y en lugares nada fáciles de rastrear.

La prensa, a los veinte días del segundo accidente y cuando el número de conjeturas y el interés de la opinión pública eran más vivos, publicó una noticia que pasó casi inadvertida pero que para mí fue un dato más para sospechar que todo el incidente se debió a nuestros «buenos hermanos del espacio», como tantos ingenuos siguen llamándolos todavía, sin tomarse el trabajo de hacer al menos alguna distinción. Según el despacho de prensa, el piloto de un avión de la compañía brasileña Varig, que en aquel momento sobrevolaba Cuenca en dirección al Sur, a unos 11.000 metros de altura —mucho más alto que el avión desaparecido—, aseguró haber tenido en su radar al turborreactor. Dijo también haber escuchado sus conversaciones con Guayaquil e incluso el momento en el que pidió permiso para aterrizar en Cuenca; pero refirió que cuando instantes después intentó volverlo a descubrir en la pantalla o a escuchar sus comunicaciones con tierra ya no lo logró, y se extrañó de su repentino silencio y de su desaparición tan inexplicable de la pantalla del radar, pues en realidad no había tenido tiempo de aterrizar.

También es de notar que en el primer accidente, ocurrido en agosto de 1976, ante la imposibilidad de encontrar el avión desaparecido, las autoridades trajeron de Europa al famoso clarividente Croiset, cuya capacidad como detector de objetos o de personas desaparecidas y como descubridor de criminales era bien conocida en el mundo entero. Pues bien, Croiset, después de haber hecho todos los esfuerzos posibles, llegó a esta conclusión: «El avión no está en un plano físico; sencillamente no está en ningún sitio».

Y se da la curiosísima coincidencia de que, dos años antes, el mismo Croiset había sido llamado por la policía de Puerto Rico para que tratase de encontrar a dos niños que habían desaparecido misteriosamente en una montaña llamada El Yunke, en la que ya se habían dado otras desapariciones y en la que suceden toda suerte de cosas extrañas.

Pues bien, Croiset, después de haber recorrido la montaña y haberse concentrado con mapas y con prendas de los niños desaparecidos, dijo prácticamente lo mismo que diría después sobre el avión ecuatoriano: «No los veo en este plano físico». La contestación, por supuesto, no fue del agrado de los curiosos ni de las autoridades policíacas que lo habían traído desde Holanda, pero recuerdo que para mí fue una confirmación de las dotes clarividentes de Croiset.

A él nadie le habló de las muchas cosas raras que en aquella montaña suceden y trató de hallar a los niños de la misma manera que hizo muchas otras veces siendo contratado por la policía de su país para resolver un caso criminal. Por supuesto, la policía no creía en ninguna desaparición causada por «entidades extrañas»; más bien se inclinaba a creer que los pequeños habían sido raptados por elementos de la mafia. Yo tenía la casi completa seguridad de que habían sido abducidos por alguna de las muchas misteriosas entidades que habitan aquella frondosísima montaña desde antes de la llegada de los españoles; y las posteriores desapariciones y hechos raros ocurridos en aquellos parajes me han dado la razón con el tiempo. Puede ser que algún día me decida a escribir algo de lo que tengo recopilado acerca de las muchas muertes sospechosas, desapariciones, avistamientos de toda clase de criaturas extrañas, ovnis y animales extraños que se han producido en el macizo de El Yunke, al noreste de Puerto Rico.

Siguiendo con el tema del avión ecuatoriano, me llegaron rumores de que la madre de una de las azafatas del vuelo desaparecida en el accidente había recibido una extraña carta de su hija en la que le decía que no se preocupase por ella porque estaba «bien y en un lugar del que no quería volver». Intenté llegar a la fuente de esta noticia pero no pude; la atribuyo más bien al histerismo colectivo desatado entre la prensa y la opinión pública ante un accidente tan desgraciado en el que extrañamente se repetían las mismas circunstancias que en el anterior y que además era el sexto accidente aéreo en poco más de dos años.

Sin embargo, sí es totalmente cierto que una de las autoridades más prominentes, directamente relacionada con el avión desaparecido, me pidió una entrevista para que yo le dijese con sinceridad lo que pensaba sobre el asunto y qué posibilidad había de que el avión hubiese sido en realidad secuestrado por un ovni.

Ante la falta de testigos directos que relacionen la desaparición de este aparato con un ovni, uno tiene necesariamente que quedarse en el terreno de las conjeturas, pero conjeturas que tienen muchos antecedentes en todas las latitudes del planeta.

En el mes de octubre de 1978 se perdió en Honduras un avión de una línea comercial con todos sus pasajeros. A pesar de la intensa búsqueda, nunca fue hallado. Pues bien, el lector recordará, tal como narramos en un caso anterior, que precisamente en esas mismas fechas hubo en Honduras dos grandes apagones que, como vimos, fueron causados por ovnis de diversos tipos.

¿Tenemos derecho a sospechar en este caso que los ovnis no solo fueron los causantes del apagón —cosa de la que estamos completamente seguros— sino que también fueron los causantes de la desaparición del avión? Creo que sí, sobre todo si tenemos en cuenta los antecedentes de este caso.

Ante todo tengo que señalar el paralelismo que hay entre la desaparición de los dos aviones ecuatorianos que acabo de reseñar y la de dos aviones británicos con base en las islas Bermudas.

El mes de enero de 1948 el avión Star Tiger, un Tudor IV de la compañía British South American Airways, desapareció cerca de las islas Bermudas.

Pues bien, un año más tarde, es decir, en enero de 1949, otro avión Tudor IV llamado Star Ariel de la misma compañía British South American Airways desapareció misteriosamente entre las islas Bermudas y Jamaica.

Y bueno será saber que, aunque es cierto que todo lo referente al triángulo de las Bermudas se ha exagerado bastante, no deja de ser verdad que de las 60 desapariciones de barcos que Marius Alexander reseña en su lista, sucedidas en todo el mundo, 28 tuvieron lugar en el famoso «triángulo»; y de las 44 desapariciones de aviones, 24 sucedieron en aquellos mismos límites.

Para que el lector se convenza de que no estoy hablando de generalidades, le daré noticia de unas cuantas desapariciones concretas de aviones; y aunque lo haré de pasada, dispongo de muchos más datos sobre todas ellas.

El 28 de diciembre de 1948, un DC4, en ruta de San Juan de Puerto Rico a Miami, pidió el permiso habitual a la torre de control para aterrizar en Cayo Hueso. Le fue concedido, pero el avión no aterrizó nunca ni se supo nada más de sus 36 ocupantes.

En junio de 1951, a un Constellation que iba de Johannesburgo a Nueva York, con 40 pasajeros, y que se disponía a aterrizar en Dakar, le sucedió lo mismo.

En 1973, el piloto de un Caravelle se disponía a aterrizar en Madeira. Los que esperaban en la azotea del aeropuerto vieron en la distancia al avión cuando enfilaba la pista. Momentos después ya no estaba en el aire y nunca aterrizó.

Tengo los datos concretos de unos treinta casos de este tipo, en los que el avión, después de haber estado en contacto con la torre de control, desapareció inexplicablemente.

En los sucesos hasta ahora referidos, la prensa no habló de ovnis ni los relacionó con la desaparición del avión, pero en el caso del caza norteamericano que volaba en enero de 1964 sobre Alemania del Este sí lo hizo. Hacía rato que aquel radar del aeropuerto militar a donde se dirigía tenía en su pantalla «dos extraños objetos» que seguían muy de cerca al avión. Este desapareció de repente de la pantalla y nunca se supo más de él.

Entre los hechos de este tipo, el caso clásico es el del Lancastrian Star Dust. Ocurrió el 2 de agosto de 1947. Había sobrevolado los Andes y el piloto se había comunicado ya con la torre de control de Santiago de Chile, anunciándole «buen aterrizaje». Interrumpiendo estas palabras, apareció en la radio una voz fuerte que dijo dos veces y muy rápidamente: «¡Stendec! ¡Stendec!». Nadie supo interpretar estas palabras, pero el caso es que avión no aterrizó nunca.

Mucho menos conocido, aunque más esclarecedor, es el caso de un pequeño avión monoplaza que volaba sobre el estado de Missouri (EE. UU.). No lejos de su trayectoria se pudo ver, inmóvil en el espacio, una gran «nave nodriza» en forma de puro. En un rápido movimiento se acercó al pequeño avión, al que inmovilizó en el aire. En uno de los extremos de la misteriosa nave se abrió una gran puerta por la que en segundos engulló al avión, que cupo perfectamente aun con sus alas extendidas. Por supuesto, los escasos y asombrados testigos fueron tachados de alucinados y el hecho pasó a formar parte del folclore popular de aquella región, y en concreto de las «leyendas» relacionadas con los ovnis. Pero lo cierto es que del avión no se volvió a saber nunca más, y los padres del piloto están todavía esperando a su hijo.

En las desapariciones de aviones suelen ocurrir varias circunstancias extrañas que también suelen darse en las desapariciones de barcos, que son aún más numerosas.

En primer lugar suelen desaparecer sin haber lanzado ningún «SOS». Sencillamente su voz deja de escucharse en la radio, aunque hay unos cuantos casos en los que se ha oído la voz aterrorizada del piloto pidiendo auxilio, pero hay que reconocer que son una insignificante minoría en comparación con los que se van silenciosamente.

Además, estos hechos, al igual que los avistamientos de ovnis, ocurren en oleadas. No es raro que cuando desaparece un avión en circunstancias misteriosas desaparezcan otros en poco tiempo, de la misma manera.

Varios ejemplos: en el año 1951, en poco más de un mes desaparecieron en Alaska cinco aviones sin dejar rastro, de los que ninguno dijo en ningún momento que estuviese en dificultades. En total desaparecieron 81 personas. El año siguiente, en menos de dos meses, volvieron a desaparecer en Alaska ocho aviones, y tres años más tarde, en veinte días, perecieron en las Montañas Rocosas cerca de un centenar de personas en diversos accidentes aéreos. Al igual que en los otros casos, ninguno de estos aviones, que nunca fueron hallados, lanzó la menor señal de alarma por radio.

Se puede decir que en la desaparición de barcos y aviones se da el jungiano fenómeno de la sincronicidad, que también ocurre en otros hechos paranormales. Es frecuente que el mismo día en el que se esfuma un avión en algún lugar del globo desaparezca otro en alguna otra parte que puede estar a miles de kilómetros de distancia. El mismo día en el que se perdió el avión de Honduras al que hicimos referencia, desapareció en Australia otro avión en circunstancias extrañas.

Por último, es de notar que quienquiera que sea el que se dedica a hacer desaparecer aviones, da la impresión de tenerle cierta inquina a las escuadrillas o formaciones de aviones militares. En 1952, una escuadrilla de *jets* norteamericanos efectuaba en Corea un vuelo de reconocimiento. Uno de los aviones penetró en una nube y ya nunca salió de ella.

En 1950 se estrellaron simultáneamente, cerca de Washington, tres cazas norteamericanos. El 8 de junio de 1951, nada menos que ocho *thunderjets* de la misma nacionalidad, que acababan de despegar, cayeron uno tras otro cerca de Richmonden, en el estado de Indiana (EE. UU.), y dos años más tarde otros cuatro *thunderjets* cayeron envueltos en llamas desde 3.000 metros en el estado de Georgia, también en Estados Unidos.

En 1955 cayeron a tierra en Lisboa los ocho aviones de una escuadrilla militar portuguesa. El año siguiente les ocurrió lo mismo en Norfolk (Inglaterra) a seis cazas, a cinco cerca de Estocolmo y a tres cazas holandeses en Alemania.

En julio de 1962 cuatro F-104 alemanes se estrellaron en las proximidades de Colonia y el año siguiente tres aparatos norteamericanos cayeron simultáneamente en el noroeste de Francia.

El 25 de mayo de 1966, seis Mystère IV se precipitaron sobre los límites de las provincias de Sevilla y Huelva, que es precisamente el lugar de más avistamientos de ovnis en toda España. En la primavera de 1987 los periódicos de todo el mundo dieron la noticia de que tres aviones de reacción de los más modernos que tenía Francia se estrellaron simultáneamente. Y así podríamos seguir.

Como no podría ser menos, los «técnicos» siempre tienen explicaciones para estos accidentes en grupo, pero cuando se habla con ellos extraoficialmente reconocen que es muy raro que la totalidad de una escuadrilla se vaya a tierra y más aún sin haber dado ninguno de ellos por la radio la señal de alarma, tal como ha ocurrido en la mayoría de los casos[5].

Muchos hechos como estos, repartidos por todo el planeta, van a ir poco a poco haciéndonos despertar y ayudándonos para que en el futuro estemos más atentos a acontecimientos que en otros tiempos quedaban sin explicación y eran pronto olvidados. Los teletipos y los ordenadores nos están ayudando a conocer y a recordar todos estos hechos, y sobre todo a relacionarlos entre sí, al mismo tiempo que nos hacen caer en la cuenta de que este planeta no es tan nuestro como habíamos pensado y de que alguien anda por ahí gastando bromas muy pesadas, haciéndonos creer, por otra parte, que todo ha sido producto de causas naturales.

Caso 7.
Vampirismo sideral

Páginas atrás hemos visto cómo el fenómeno ovni se relaciona con los apagones inexplicables de ciudades y regiones enteras. Ahora le presentaremos al lector otra extraña relación del fenómeno —es decir, de las inteligencias que están detrás de

---

[5] Para todo este tema es muy interesante el libro *Desapariciones misteriosas*, de Patrice Gastón, del que se han tomado algunos de los datos para este capítulo.

él— con la muerte de animales y de personas, y con su desangramiento. Es una relación en grado sumo desconcertante y por ello muchos investigadores se resisten a aceptarla. Pero para el autor no hay duda alguna, aunque todavía no haya llegado a descubrir con certeza el trasfondo de tan extraños hechos.

Lo cierto es que determinadas entidades no humanas buscan la sangre, tanto de los animales como del hombre, y en ocasiones algunas de sus vísceras. A veces lo hacen de una manera indirecta, encubriendo su búsqueda con otros hechos concomitantes y sin hacerse visibles de una forma notoria, pero en otras ocasiones la procuran de un modo descarado que no deja lugar a dudas.

Como ya escribí bastante sobre este tema en mi libro *Defendámonos de los dioses*, me limitaré a recuperar algunas informaciones expuestas allí.

El hecho desnudo e irrefutable es este: los ovnis acostumbran con cierta periodicidad a llevarse determinadas vísceras y sobre todo grandes cantidades de sangre que extraen de animales —preferentemente vacas y toros— que previamente han sacrificado en granjas. Estas carnicerías, que suceden durante la noche, han ocurrido prácticamente en todas partes del mundo y las autoridades de unos cuantos países, avisadas por los ganaderos perjudicados, han intervenido activamente para dar con el causante de las matanzas, sin haber llegado nunca a dar una explicación convincente.

El hecho de que nosotros relacionemos estas muertes con los ovnis no proviene de deducciones, sino de haber investigado personalmente gran cantidad de sucesos de esta índole y de haber oído innumerables testimonios de testigos presenciales.

El lector que por primera vez tenga noticia ahora acerca de esta extraña cualidad de los ovnis pensará que se trata de una leyenda más. Pero en este caso no se trata de hechos para cuya investigación haya que acudir a tradiciones orales o a viejos libros, sino que lo único que hay que hacer es tomarse el trabajo de leer los comunicados que las modernas agencias de noticias publican de vez en cuando en los periódicos. Y el que ante un hecho tan extraño quiera convencerse, tiene que hacer lo que hizo el autor, que en cuanto apareció la primera noticia en el periódico acerca de misteriosas muertes de animales —que eran encontrados con extrañas heridas en el pescuezo y en la cabeza y totalmente desangrados— salió para aquella región montañosa a investigar los hechos personalmente. Y no solo logró recabar testimonios, sino que fue capaz de fotografiar vacas que habían sido matadas aquella misma noche por los ovnis, y que tenían las heridas características de esta clase de muertes.

En Estados Unidos cobraron tanta notoriedad estos extraños hechos, en la década de los 70, que hasta llegó a publicarse una revista, *Mutilations*, que exclusivamente se dedicaba a reseñar y catalogar estos fenómenos. En dicha revista prácticamente solo hablaban de hechos ocurridos en Estados Unidos, pero es de sobra conocido que tales matanzas han ocurrido y siguen ocurriendo en todos los países de los cinco continentes; y de algunas naciones como Francia, Brasil y Sudáfrica, entre otras, hay informes muy detallados fruto de largas investigaciones.

En España, el año 1986, los principales periódicos publicaron noticias acerca de las muertes masivas e inexplicables de animales en Aragón y Navarra, que pasaron inadvertidas entre el torrente de noticias desagradables y sensacionalistas que diariamente genera nuestra desquiciada sociedad. Transcribo del diario *El País* un pequeño artículo firmado por Javier Ortega:

«Centenares de cabezas de ganado, muertas por un animal desconocido en Aragón y Navarra».

Un animal desconocido ha matado ya entre 700 y 1.000 ovejas de diversos rebaños en la comarca de Las Cinco Villas, provincia de Zaragoza, y desde hace más de un mes ha sembrado la inquietud y el miedo entre los ganaderos y vecinos de la zona. Por el momento, la misteriosa fiera ha atacado ya en al menos seis municipios de Zaragoza y en algunos de Las Bárdenas, en Navarra.

El hecho de que el animal no haya sido visto a ciencia cierta por nadie ha dado pie a todo tipo de especulaciones y se habla ya de *la fiera* de Las Cinco Villas…

El artículo continúa conjeturando cuál puede ser la causa, pero por supuesto no llega a conclusión alguna. No dice nada de si se les hizo a las ovejas algún análisis después de muertas, pero de habérselo hecho no sería nada extraño que las hubiesen encontrado a todas sin una gota de sangre. Algún periódico de Pamplona dedicó también páginas enteras a reseñar este, para ellos, inexplicable suceso.

Y si las matanzas de animales no son admitidas de buena gana, mucho menos lo es que los ovnis en ocasiones se atrevan a desangrar a personas. Y no es admitido o reconocido porque en general los hechos de esta índole son menos abundantes en nuestros días, y cuando se dan suelen ser realizados de una manera muy discreta y en regiones apartadas, por lo que llegan muy difícilmente al conocimiento del gran público.

En 1977, cuando me encontraba en la ciudad de San Luis Potosí, a unos 300 kilómetros de México, llegó a mis oídos el primer caso de esta naturaleza: un recién nacido había sido encontrado muerto, totalmente desangrado. Las extrañas circunstancias del suceso me incitaron a una investigación más a fondo, hasta que enseguida descubrí que no se trataba de un caso aislado, sino que era uno entre muchos otros parecidos.

Las circunstancias generales eran estas: ordinariamente se trataba de recién nacidos o con muy poco tiempo de vida; solían presentar hematomas o magulladuras en la piel, como si a través de ella les hubiese sido succionada la sangre; porque el común denominador de todos era que estaban completamente vacíos de sangre. En algunos casos daba la impresión de que la sangre les había sido succionada a través de la boca, ya que no había heridas ni marcas de ninguna clase en la piel. Es también corriente que las madres de estos niños fueran descubiertas sumidas en un estado letárgico al lado de sus bebés muertos, como si hubiesen sido drogadas por alguien mientras realizaba la tarea de desangrar a su hijo. Algunas de estas madres tardaron días en volver en sí y cuando lo hacían se sentían extremadamente débiles. Había también adultos que decían —o suponían— que habían sido atacados por alguien durante el sueño, porque descubrían mataduras y golpes en la piel por todo el cuerpo y sentían también una gran debilidad.

Todos estos casos sucedieron en el municipio de Landa de Matamoros, en el estado de Querétaro, en diferentes localidades. Naturalmente, la gente comenzó a hablar de vampiros y otras cosas, y cundió el pánico entre los humildes habitantes de la zona. Los casos fueron remitidos a las autoridades, las cuales hicieron algunas averiguaciones para ver cuál había sido la causa de las muertes, pero no se llegó a ninguna conclusión definitiva y las mismas autoridades trataron de que se olvidase todo.

Naturalmente, uno puede atribuir todos estos hechos a causas naturales, sin embargo hay unas cuantas circunstancias que los asemejan mucho a las mutilaciones de animales. Una de esas extrañas circunstancias, que a uno que conozca bien el fenómeno ovni le dirá mucho, es el hecho de que por esos mismos días los habitantes de la región veían constantemente luces que se movían lentamente en el cielo nocturno; algunas de ellas se detenían encima de los cerros cercanos, y hasta encima de las copas de los árboles, y hacían movimientos muy raros. La humilde gente del lugar llama a estas luces —que se aparecen de tiempo en tiempo— «brujas», y de hecho les tienen bastante temor, hasta el punto de que practican, para defenderse de ellas, ciertos ritos mágicos que me describieron.

Todos estos hechos fueron reseñados más de una vez en la prensa. De hecho, conservo un recorte del periódico de la región, *El Heraldo de San Luis Potosí*, en el que se lee:

> Los casos más recientes tuvieron lugar en Tres Lagunas y Valle de Guadalupe. En el primer lugar una niña de 7 años descubrió por la mañana que su madre, Josefa Jasso de Martínez, dormía profundamente abrazada a su bebé de solo dos días. Como no acababa de despertarse la niña corrió a avisar a su tía. Cuando llegaron encontraron que el bebé estaba muerto y la madre no recobró totalmente el conocimiento hasta dos días más tarde.

El periódico cita otro caso en el pueblo de Valle, muy parecido al que acabamos de transcribir: la madre, llamada María Nieves Márquez, fue encontrada inconsciente al lado de su bebé muerto. En ambos casos las madres estaban muy débiles y los bebés no tenían heridas o señales en la piel.

Algo por el estilo se podría decir de tres cazadores canadienses hallados el 17 de noviembre de 1977 con sendas heridas en el cuello y sin una gota de sangre, en una solitaria isla del lago Winnipeg, en Manitoba (Canadá). Las noches anteriores se había producido una gran actividad de ovnis en toda la región.

Al leer esto, a algunos «ufólogos» les pasa lo que les pasó a las autoridades de San Luis Potosí: se enfadaron conmigo y me llamaron la atención porque investigaba estos hechos y «alarmaba a la población». Los «ufólogos» se disgustan y me critican porque los relaciono con sus amados ovnis, a los que en el fondo siguen considerando como los salvadores de la humanidad.

Para mí fue muy desagradable convencerme de la realidad de los hechos, pero no sería sincero si no le comunicase al lector cuál ha sido el resultado de mis averiguaciones, aunque estas sean inquietantes.

Caso 8.
Bomberos celestiales

Terminaré esta serie de casos con uno altamente positivo para borrar el mal sabor de boca que nos pueda haber dejado el anterior y para que se vea que las actividades de estas entidades de las que estamos tratando son variadísimas y en cierta manera impredecibles.

El hecho tuvo lugar en Colombia, en 1976, y me fue relatado por la misma señora a la que le sucedió, que era una persona muy conocida en su país por escribir en uno de los diarios de la capital y tener a su cargo una página entera cada semana dedicada a temas culturales. Esta periodista, Inés de Montaña, no hizo de su experiencia, como tantas otras personas, un secreto.

El lugar del suceso fue una hacienda llamada Honda, en el departamento de Tolima, situado hacia el centro de la república de Colombia. Inés de Montaña se hallaba con su amiga Jovita Caicedo, hacia la madrugada, en la vieja casa de la hacienda de sus antepasados, cuando se despertaron sofocadas por el humo y aterradas ante el resplandor siniestro de un gran incendio que avanzaba hacia la casa arrasando árboles y cosechas. Los peones de la hacienda corrían aterrados por todas partes en busca de hachas y ramas, ya que no había agua para apagar las llamas. A los pocos minutos, desde la galería, comenzaron a verse en la cresta de la colina unas enormes llamaradas que levantaban hacia el cielo una espesa humareda.

Los peones habían luchado desesperadamente para que el fuego no se propagase, pero habían desistido ya ante el rápido avance de las llamas y el enorme calor que producían. La abundante hojarasca seca hacía que ganasen rápidamente intensidad y altura y que avanzasen cada vez más deprisa en dirección a la vieja casa de la hacienda, que por ser en buena parte de madera sería devorada en pocos minutos.

Inés me lo contaba de la siguiente manera:

De repente apareció por Occidente algo inimaginable. Era como un helicóptero de luz. Venía lentamente y su fulgor no era como el del diamante, sino con tonalidades azulosas, y se podía mirar fijamente. Todo mi ser se volvió solo ojos para contemplarlo.

—Señora Inesita, ¡mire, mire! —gritaba Jovita.

—Estoy viendo —fue lo único que pude decir.

Entonces ella, impulsada por la angustia, comenzó a exclamar levantando los brazos hacia el cielo:

—¡Señores marcianos, ayúdennos! ¡Esta tierra de la señora Inesita no se puede quemar! ¡Salven a los animalitos, que son benditos!

Yo escuchaba sus súplicas como si vinieran de lejos, mientras aquello —no sé cómo llamarlo— avanzaba opacando las estrellas de aquel cielo de verano. Tuve la impresión de que iba a aterrizar sobre nosotros, pero a la altura de las palmas de coco volvió a elevarse. Se alejó despacio dejando una estela luminosa semejante a la cola de un cometa que se movía armoniosamente, como al compás de un vals de Strauss.

Desde entonces, cuando cierro los ojos para recordar lo vuelvo a ver como algo jamás sospechado ni soñado en mi vida.

¿Qué había pasado? Había pasado lo inexplicable: el ovni había lanzado una ola de frío intensísimo —cuando la temperatura era de unos 40 grados— que no solo apagó casi instantáneamente las llamas sino que puso a temblar a todos los atónitos espectadores. Doña Inés tuvo que ir corriendo a buscar «la gabardina de viajar a Bogotá» y con ella puesta pudo ver cómo las llamas cedían rápidamente. El ovni se había detenido primero unos segundos y enseguida empezó a moverse muy lentamente a lo largo de todo el frente de las llamas. A medida que avanzaba, estas se extinguían, como si arrojasen sobre ellas toneladas de agua.

Cuando llegaron Luis, Chepe y Julio, los peones que habían estado en el otro lado de la colina luchando para contener el fuego y que por esta razón no habían visto al ovni, comentaron maravillados cómo el frío repentino había acabado con las llamas.

Doña Inés, en su artículo en *El Espectador* de Bogotá, recordaba las palabras de Luis:

> Fue que el frío estuvo muy macho. Fue un frío tan *templao* que se la pudo a las llamas. Yo lo único que pude hacer fue bajarme las mangas de la camisa.

Cuando el ovni llegó al extremo de la línea de fuego, esta se había extinguido por completo y únicamente salía un humo mortecino de donde momentos antes brotaban unas llamaradas de veinte metros de altura.

Termina doña Inés su escrito:

> Lo anterior es mi verdad respaldada por el testimonio de cuatro personas que sintieron conmigo el efecto de un extraño fenómeno, y porque en más de treinta años nadie ha podido decir que en los centenares de cuartillas por mí escritas haya existido fantasía, ficción o mentira.

Hasta aquí lo que me narró y escribió doña Inés de Montaña.

Como el lector puede ver, de este hecho soy solo testigo secundario y tengo que fiarme de la persona que me lo contó. Pero esta testigo directa me dio toda clase de pormenores y nombres de personas con las que yo podría verificar la veracidad de todo lo sucedido, aparte de que en el diario en el que trabajó durante muchos años pude comprobar que gozaba de toda credibilidad y era tenida en muy buena reputación por sus jefes. De no ser así, no le hubiesen permitido publicar la historia en una página completa.

EL MISTERIO DE UMMO

Puesto que a lo largo del libro haremos referencia al caso UMMO en varias ocasiones, creemos oportuno dedicarle unas cuantas páginas, ya que consideramos que es uno de los casos más extraños en toda la fenomenología ovnística.[6]

Aunque la presencia de los extraterrestres ha sido detectada en unas cuantas naciones, y por las décadas de los 60 y los 70 la jefa de los catorce ummitas que residían en nuestro planeta estaba en Australia, fue en España donde sus actividades y sus comunicaciones adquirieron mayor notoriedad, no sabemos si por haberse ellos manifestado más abiertamente entre nosotros o por la mayor locuacidad de

---

[6] Hay que tener presente que *La granja humana* se escribió hace más de veinte años, y algunos aspectos, como el de UMMO, han cambiado sustancialmente desde entonces. En el momento en el que se escribió, el asunto de UMMO gozaba de popularidad (y más credibilidad) entre los círculos ufológicos. [*Nota del editor a la actual edición*].

sus contactados ibéricos. Lo cierto es que por aquellas fechas circularon por España muchos informes con una temática muy diversa que supuestamente procedían de los exploradores que desde el planeta UMMO habían enviado a la Tierra.

De ser esto cierto, nos encontramos ante un caso que cae de lleno en el tema de este libro. Se trataría de unos seres inteligentes no humanos —unos auténticos extraterrestres— que no pertenecen a otra dimensión sino que son poco más o menos como nosotros pero con mil años de adelanto en todos los sentidos.

Según ellos, su planeta gira alrededor de la estrella Wolf 424, de la constelación Virgo, a unos 14 años luz de nuestro sistema solar. Llegaron a nuestro planeta el año 1950, haciendo su primer contacto con el suelo en el sur de Francia. Sus primeras impresiones e incidentes en su trato con los humanos son de un interés que supera al de cualquier novela de aventuras. Son más bien altos y rubios, y su aspecto en general no se diferencia mucho del de los nórdicos, por lo que no les es difícil pasar inadvertidos entre los humanos, presentándose ordinariamente como «noruegos» que están realizando algún trabajo de investigación.

Así por lo menos fue como se comportaron en España el tiempo que estuvieron entre nosotros.

Tenían en Madrid dos secretarios humanos, que eran quienes les escribían las cartas e informes que ellos dictaban para sus amigos españoles. Estos dos secretarios eran los únicos que conocían su verdadera identidad, y, a ruego suyo, nunca se comunicaron personalmente con las personas a las que iban dirigidas las cartas.

Poco a poco han ido explorando los cinco continentes de nuestro planeta. Según ellos, en las computadoras de

UMMO hay en estos momentos más datos sobre la Tierra que en todas nuestras bibliotecas.

Pero no solo se han dedicado a estudiarnos, sino que también nos han dado abundante información sobre su planeta y sobre los vehículos en los que viajan, así como sobre el espacio sideral y sobre la constitución básica de la materia. En este particular nos dicen que estamos bastante perdidos en cuanto a las ideas que tenemos sobre su composición en niveles subatómicos.

Sus explicaciones acerca de cómo realizan el viaje, valiéndose para ello de la curvatura del espacio y de una especie de «latir» del Cosmos, son realmente fascinantes. Pero como no encaja con lo que los astrónomos saben, estos no le prestan mucha atención.

La documentación ya es en la actualidad bastante abundante, muy variada y en muchos aspectos interesantísima. Ha sido recopilada y parcialmente publicada por varios autores, entre los que destacan el doctor Juan Aguirre, que fue el primero que la organizó, y los escritores Antonio Ribera, Rafael Farriols y el padre López Guerrero.

Todos estos informes se han ido recibiendo a lo largo de unos veinte años, de ordinario en forma de cartas que llegan por correo normal y escritas no solo por los dos secretarios de Madrid sino por otros que tienen en otras naciones, ya que en muchas ocasiones el original del informe está en otra lengua.

Yo mismo, cuando residía en San Juan de Puerto Rico, y estando totalmente ajeno al asunto, recibí un buen día una carta. En su parte superior izquierda tenía el conocido emblema de UMMO que consiste en una «H» mayúscula cuyo travesaño horizontal está cruzado por un trazo vertical.

El texto de la carta es el siguiente:

Isla de Puerto Rico
X-IV-MCMLXXXI

Señor Salvador Freixedo
Colegio Católico Aurora
Calle Wilson 1366
Santurce, Puerto Rico

Señor: Nuestro UMMOAELEWE Superior de UMMO nos ha enviado su nombre y señas junto a los de otros dos OEMII *[hombres]* de esa OYALII *[sociedad]* para nosotros iniciar y mantener en lo posible comunicación con ustedes en una sola dirección.

Sabemos su interés en nosotros a raíz de uno de sus viajes a Barcelona, en España. Entonces nos limitamos a estudiarlo a través de nuestras UULEWA *[especie de pantallas que ellos tienen aquí]* pasando el informe a las XANMMO ISOO en UMMO *[las grandes computadoras centrales que ellos tienen en su planeta]*. Su análisis resultó favorable y por tal ha sido incluido como uno de nuestros posibles contactos aquí, sujeto a su aceptación.

Cada contacto tendrá una misión distinta y la de usted, como hombre de letras, será la de divulgar el contenido de toda la información científica que le suministremos, sin necesariamente descubrir la fuente de donde emana, nosotros no nos oponemos a que así lo haga si así lo desea, aunque tampoco lo recomendamos, ya que podría afectar negativamente su imagen (en sí ya bastante controversial) pasando a formar parte de los mal llamados «chiflados de UMMO», por lo que lo dejamos a su mejor discreción.

Como esta relación ha de ser puramente voluntaria de parte de cada una de las partes destinatarias, es por lo que de encontrarse satisfecho de su elección, deberá publicar en el clasificado dominical, de su periódico local en inglés, la siguiente frase: OEMII-2 O.K.

Esperaremos un plazo de cuatro tirajes del citado dominical contando desde el próximo domingo, para conocer su respuesta. En el caso de no producirse el anuncio en el tiempo prefijado consideraremos su silencio como una negativa de su parte y no insistiremos más en ello.

Una vez aceptada su contactación, tiene plena libertad para cancelar la misma cuando así lo desee, volviendo a publicar en el ya citado dominical: OEMII-2 K.O.

Nuestra presencia aquí, no programada en principio por nuestros mayores, data ya de un lustro, e inicialmente fue motivada por un extraño fenómeno de carácter psíquico que emanaba de esta isla, causando graves perturbaciones a varios de nuestros hermanos, sobre lo cual le informaremos más adelante. Una vez logramos la motivación de nuestro inesperado viaje a Puerto Rico, nos fue encomendado el estudio geológico de su OYALII y muy especial la inspección in situ de la fosa abisal marítima existente al norte de la misma, lo cual estamos todavía realizando.

Sin más por ahora, le saluda

AUX 17

Por un lado me extrañó recibir esta carta, porque yo nunca había hecho nada por entrar en comunicación con ellos —aunque confieso que sí con otros—, pero por otro lado no me pareció demasiado raro, ya que ellos acostumbraban a comunicarse con gente que se distinguía por su estudio del fenómeno ovni, y principalmente lo han hecho con dos grupos de personas, uno en Madrid y otro en Barcelona, la mayoría amigos míos.

Como no me disgustaba nada entrar en contacto con ellos, y por otro lado sabía que suministraban informaciones muy interesantes, hice lo que ellos proponían. Me fui al periódico *The San Juan Star* y redacté para los anuncios clasificados un breve texto que decía así: «*Buy Radionics Machine OEMII-2 OK new or used. Interested also in Machine WOAI. Call 722-1366*».

El encargado de los clasificados no me lo quería admitir porque no entendía lo que aquello significaba y pensaba que podrían ser claves para los traficantes de drogas. Tuve que recurrir a mi amistad personal con el director y el jefe de redacción del periódico para lograr que me lo admitiese, aunque antes tuve que hacerle alguna modificación y «explicarle» que OEMII —que en realidad significa «hombre» o «varón»— era una clase de máquina de radiónica. Como tantas veces en la vida, con la mentira logré lo que no hubiera logrado con la verdad.

Sin embargo, a la semana exacta de la publicación del segundo anuncio, tomé un avión para Madrid, tal como hacía tiempo tenía planeado. Me imagino que ante una cosa tan importante otros hubiesen preferido quedarse y esperar a ver si ocurría algo. Pero yo siempre he pensado que si estos «señores» u otros por el estilo son tan superiores a nosotros y quieren de veras ayudarnos, tienen que atenerse a nuestro modo de vida y acomodarse a nuestras costumbres, en lugar de hacer que nosotros nos pongamos a bailar al son de su pandero.

A mi vuelta a Puerto Rico, tras cuatro meses de ausencia, pensé que hallaría en medio de los dos sacos de correspondencia que me esperaban alguna comunicación de los ummitas, pero no había absolutamente nada. Jamás volví a recibir cosa alguna de ellos. No sé si se enfadarían por mi desconsideración al no suspender mi viaje o si se trataría de una broma de alguien, aunque esto lo dudo mucho.

Las opiniones en cuanto a la veracidad de todo el caso UMMO varían mucho. Algunos juzgan que todo es real; y piensan así, entre otras cosas, por el gran impacto que las comunicaciones ummitas han causado en sus vidas. Otros piensan que se trata de un gran montaje humano hecho por algún gobierno o por alguna gran sociedad o institución con el fin de estudiar ciertas reacciones de la psicología humana o de boicotear o promover misteriosas causas. Y, por fin, otros suspenden el juicio ante datos tan confusos. Yo me encuentro entre estos.

El sentimiento me inclina a creer que es verdad, y no se puede negar que es fascinante la idea de que desde las lejanías del Universo vengan unos seres, casi como nosotros, a visitarnos y a levantarnos la moral aunque solo sea indirectamente, viendo hasta dónde podemos llegar en nuestra evolución.

La razón, sin embargo, no acaba de dar su asentimiento total, a pesar de que hay aspectos en todo el fenómeno que me dicen que se trata de algo real y que no es un montaje humano. Sería demasiado largo ponerme ahora a detallar cuáles son esos aspectos, pero mi larga búsqueda en el terreno de lo paranormal me ha preparado para admitir cosas que de otra manera habría rechazado. Si creo en la existencia de otras entidades mucho más sutiles e «irreales», lógicamente estoy obligado a admitir la existencia de unos seres que son casi como nosotros aunque vengan desde un astro muy lejano.

Las distancias siderales, que para nuestros científicos suponen una dificultad insalvable, para los ummitas no lo son, y nos explican con todo género de detalles cómo logran vencerlas. Yo no sé si sus explicaciones son, a fin de cuentas, verídicas o no, ya que superan con mucho los límites de nuestra tecnología y ciencia actuales, pero lo que no se puede negar es que son fascinantes.

Nuestros científicos, sin embargo, no se dignan ni siquiera a leer sus informes y siguen pensando que nuestra tecnología —en la que se incluyen reumáticos cohetes que estallan en pleno vuelo y que caminan a paso de carreta en las infinitas distancias del Universo— es lo más avanzado del Cosmos.

De modo que una parte de mi mente se inclina a creer en la realidad objetiva de la visita de los ummitas y en su presencia física entre nosotros. Pero por otra parte, me asaltan dudas. A veces los veo muy parecidos a nosotros. Da la impresión de que los hipotéticos autores del montaje cargaron demasiado las tintas en cuanto a sus rasgos «humanos» para hacernos tragar mejor el anzuelo. Pero es eso mismo lo que nos pone en guardia.

Sospechamos por ejemplo de sus ideas religiosas. Su tinglado teológico se parece demasiado al nuestro, y su UMMO-WOA o Redentor da la impresión de ser una copia descarada de Jesucristo. Si la idea de un Dios encarnado dando la vida para «salvar» a su pueblo nos resulta aquí difícil de admitir, el verla repetida en UMMO se nos hace todavía mucho más cuesta arriba. Además, ciertos rasgos psicológicos de ellos —por ejemplo, su gran amor propio cuando no les creemos— nos recuerdan demasiado a los humanos.

Por otro lado, cabe la gran posibilidad de que todo el caso UMMO sea un montaje perfectamente concebido y realizado, aunque no por humanos sino por jinas, tal como veremos en el capítulo que dedicamos a estas entidades. Es decir, un caso de seres que proceden con una lógica muy similar a la nuestra y por lo tanto perfectamente inteligible por los humanos, cosa que no suele suceder con la mayor parte de las entidades que se comunican con los contactados; estos, a la larga no entienden cómo y por qué los «hermanos del espacio» actúan de manera tan errática como suelen hacerlo. En cambio, en el caso UMMO sus acciones son bastante lógicas y comprensibles.

En la primavera de 1987, cuando escribo estas líneas, después de un silencio de varios años, se ha producido un reavivamiento de todo el caso, porque de nuevo las personas que años atrás recibieron cartas de los ummitas han vuelto a tener comunicaciones de ellos, por correo ordinario. Estaremos atentos a cómo se desenvuelven los acontecimientos[7].

Para todos aquellos lectores que no hayan tenido ocasión de conocer los documentos enviados por los ummitas o relacionados con ellos, he seleccionado a modo de ejemplo dos de muy diversa índole. El primero, más bien anecdótico, es una carta enviada al señor Enrique Villagrasa, en 1967, en la que se cuenta cómo fue la visita a Madrid de la joven jefa de todos los ummitas que por aquel entonces estaban en nuestro planeta, y que residía de manera habitual en Australia.

La carta fue escrita por el secretario español que tenían en Madrid y que, por deseo expreso de ellos, nunca tomó contacto con los destinatarios de las misivas. Su autor permanece aún en el anonimato.

---

[7] Mi larga ausencia de España me hizo desconectarme del caso UMMO. Con el tiempo se ha ido apagando, y tiene muchos detractores, aunque también no pocos defensores, entre los que me cuento. [*Nota del autor a la actual edición*].

La carta dice así:

Muy señor mío:

Hace unos meses le escribí una carta con motivo de una reunión que habíamos proyectado, reunión que, como le diré más adelante, no pudo hacerse. Yo soy el señor que hasta ahora ha venido escribiendo a máquina lo que estos señores procedentes del planeta UMMO me han ido dictando. Quiero recordar que en mi última carta le conté toda mi historia, que si se la contase a muchos creerían que estaba loco, pero usted ya los conoce y puede comprenderme. Incluso mi mujer, que hasta hace pocos días era bastante escéptica y creía que eran agentes de espionaje (ya sabe que cuando a una mujer se le mete algo en la cabeza no razona y no hay quien la convenza con argumentos), a la vista de lo ocurrido ha tenido que rendirse ante la evidencia, pues ahora los que no conozcan este asunto harán bien en no creerlo, pues los que lo hemos vivido, y yo creo que lo he vivido más que usted, tendríamos que estar locos para no admitir los hechos. Desde hace unos meses, y después que yo le escribí a usted, han sucedido más cosas.

Vinieron a casa otros señores de UMMO. Conocí a uno que no hablaba y a otro que parecía más viejo y que ha estado mucho tiempo en Sudamérica. Estos días hemos tenido mucho trabajo y eso que sé que ellos también dictan cartas a otro señor. *[Se refiere al otro secretario que los de UMMO tenían en Madrid].* Escribí bajo dictado a otros señores a los que antes no habíamos escrito, todos en Madrid excepto uno en Valencia, este último médico también, y los otros son un ingeniero del ICAI, un escritor, un profesor de la universidad que es profesor en exactas y otros dos que no sé su profesión. Hablé por teléfono con el profesor de ciencias exactas y estaba muy intrigado; me hizo muchas preguntas y al final me dijo que creía que era yo el que escribía los informes que tratan sobre una pregunta que hizo sobre una cosa que se llama «Teoría de retículos». (Si usted viera lo asombrado que estaba con la respuesta que le dieron. Costó trabajo hacerle creer que yo no había estudiado matemáticas ni era catedrático como él decía). En cambio ellos han dejado de escribir a señores que antes les conocían, por ejemplo al ingeniero industrial.

A todo esto mi cuñado, ya informado, tuvo un disgusto conmigo, pues opinaba que este asunto podría traernos serios inconvenientes. Pero como a mí si no me dan razones no acepto consejos, le contesté que me dijera qué clase de disgustos podrían ocurrirme, pues yo escribiéndoles a máquina unas cosas que me dictan no hago nada contra la ley. La verdad es que él estaba más asustado que yo puesto que llegó a convencerme de que ellos decían la verdad al asegurar su procedencia de UMMO.

Pero yo, a fuerza de tratarlos, me he convencido de que son las mejores personas que he visto en mi vida. Ya quisiéramos los de la Tierra ir con esa falta de malicia que van ellos y tan comprensivos e imparciales para comprender las más íntimas cosas. Solo la dulzura y seriedad con que reprenden y dicen las cosas los retratan. Y no vaya a creerse que son ingenuos; nada más mirarte parece que te penetran.

Pero a finales del año pasado me dictaron unas cosas en que le decían a uno de los corresponsales que una de sus naves interplanetarias iba a venir entre enero y mayo.

Efectivamente, en una visita que me hicieron dos de ellos el domingo 14 de mayo yo noté que algo ocurría, pues me dictaron una carta que me dejó asombrado, pues era una carta comercial, dirigida a Australia, pidiendo información sobre unos paneles aislantes termoacústicos.

Nunca me habían dictado nada semejante. Lo más curioso era que ellos me traían unas hojas y sobre timbrado con el nombre de una firma comercial madrileña especializada en decoración de locales comerciales. (Por cierto, que por curiosidad fui a esa dirección y sé que se trata de un arquitecto a quien nunca habíamos escrito).

Además comenzaron a venir a casa con más asiduidad a dictarme cosas de tipo científico, pero en cambio se desentendían más de este asunto pues antes, recién escrito un informe, era repasado por el superior de ellos que se llama DEI 98 y me mandaba que lo enviase por correo inmediatamente. Ahora en cambio dictaban más cosas y me daban una especie de agenda con instrucciones para que los fuese mandando más espaciados en fechas distintas a cada persona. Por ejemplo, una cosa que le envío a usted sobre un esquema de los *ibozoo uu* (física atómica) la he tenido guardada un tiempo esperando la fecha marcada por ellos.

El día del Corpus por la mañana me llamaron a las once. Yo no estaba y se puso mi señora. Dijeron que volverían a llamar a las dos. Se puso al teléfono el señor que es superior de ellos, DEI 98, y me preguntó si podía hablar con mi *yie* (ellos llaman a las esposas *yie*) y conmigo a las seis de la tarde para un asunto muy importante para ellos. Le dije que sí y lo comenté con mi señora muy preocupado, pues él insistió en que no hubiera nadie en casa a esa hora, aparte de nosotros.

A esa hora llegó DEI 98 con otro que yo conocía y al que me presentó como IAUDU 3. Este no habló una palabra. Nos reunimos en el comedor y DEI 98 nos dijo a mi señora y a mí que esperaban a partir del 31 de mayo, o quizá un poco antes, una de sus naves, que aterrizaría en Madrid y que con ese motivo habían venido muchos hermanos suyos (ellos se llaman hermanos entre sí aunque no lo sean de sangre) a Madrid.

Deseaban de nosotros lo que él llamaba un gran favor. Nos dijo que al día siguiente llegaría a Madrid la que es superiora jefe de todos los que están aquí en la Tierra. Dijo que venía desde Singapur, vía Londres, y que habían empezado a estudiar su alojamiento y preferían que pernoctase en un domicilio particular antes que en un hotel, subordinando tal plan a que mi señora y yo aceptásemos, pero suplicándonos que no nos sintiésemos obligados en absoluto y que si preveíamos algún inconveniente o sentíamos temor que lo dijéramos con plena libertad.

Mi señora se apresuró a decir que sí, pero que ella se sentía apurada pues nuestra casa carece de las comodidades de un hotel, pero que dormiría en nuestra cama de matrimonio y nosotros nos arreglaríamos en el sofá cama o incluso si era preciso nos iríamos a casa de mi madre política. Yo por mi parte dije que la única preocupación era buscar una explicación por si se enteraban los porteros, aunque en realidad no era gran problema diciendo, por ejemplo, que eran amigos que conocimos en nuestras vacaciones de Málaga, de nacionalidad sueca.

DEI 98 advirtió que las que pernoctarían serían dos mujeres, YU 1, hija de AIN 368, y otra «hermana», que por lo que le diré luego, debe ser al mismo tiempo su secretaria y su doncella (luego le contaré, pues tuvimos tiempo de hablar con ella) y nos dijo además algo que nos asombró: que de ninguna manera dormiría en nuestra cama echándonos de allí. Que eligiésemos nosotros una habitación libre y que su hermana dormiría ¡en el suelo! y la otra hermana no podía estar durmiendo mientras ella, la superiora, lo hiciese.

El día 26 de mayo a las siete de la tarde vinieron ASOO 3, hijo de AGU 28, que yo ya conocía, pues me había dictado cosas para varias personas, con el mismo señor silencioso del día anterior. Llevaban una maleta corriente de cuero, muy moderna y de tamaño mediano, que creíamos sería el equipaje de las dos señoras o señoritas que viniesen. Estuvieron charlando con nosotros después de pedirnos examinar todas las habitaciones. Nos dijeron que esperaban hasta el anochecer para hacer una cosa. La superiora llegaría a las diez y media. Nos enteramos también de que en la calle esperaban «varios hermanos más» y no quisieron aceptar nada más que agua.

Estaba ya oscureciendo cuando nos rogaron que apagásemos la luz del comedor y abriésemos de par en par el balcón. El que no hablaba español se quedó sentado con los ojos cerrados e inmóvil, como si estuviese hipnotizado, y el otro sacó una pluma estilográfica y esta empezó a emitir como un zumbido continuo con altibajos, pues les estaban comunicando algo. Mientras, el otro se despertaba de vez en cuando y le hablaba en su lenguaje.

Ya había anochecido. Serían las diez menos veinte y pusieron delante del balcón la maleta y la abrieron. Mi mujer y yo estábamos sentados sin decir palabra y muy impresionados. Como frente a nosotros hay un anuncio de neón de una tienda de electricidad y electrodomésticos, se veía bien lo que estaba haciendo aunque estaban apagadas las luces. Primero miraron bien si había alguien en los balcones que, aunque no caen frente a nosotros, en la otra fachada, no están lejos. Luego empezaron a sacar de la maleta unas bolitas como metálicas del tamaño de una pelota de tenis y otras más pequeñas. Yo ya había visto una meses atrás. Es algo extraordinario. Se mantienen en el aire y se dirigen a todas las alturas como dirigidas por radio. Además sacaron otras dos que aunque no se veían bien eran de una forma parecida a las de la figura n.º 2. *[Ver la ilustración al final de la transcripción de la carta, en la página 142].*

En total sacarían cerca de veintitantas de distintas clases. Una a una las sacaban al balcón y como si fuesen burbujas o globos pequeñitos desaparecían hacia la calle. Por lo menos cuatro pasaron cerca del techo bordeando la lámpara y se metieron en el pasillo de la casa. Luego nos pidieron permiso y se fueron pasillo adentro y oímos abrir la puerta de la calle. Cuando volvieron, la maleta estaba vacía. A todo esto el que no sabía español manipulaba una varilla metálica con un disco en el centro. *[Ver la tercera figura de la ilustración al final de la transcripción de la carta].*

A las once menos cuarto llamaron a la puerta. Lo más asombroso es que estando charlando con nosotros ASOO 3 nos dijo que ya habían llegado a la puerta de la calle, y aunque yo sé que el portal no se cierra hasta más tarde me dijeron que no era prudente que bajase a recibirla.

Salimos a abrir muy nerviosos. Acompañadas de DEI 98 venían dos señoritas. Una de ellas más alta y otra más joven y menudita. Llevaban abrigos de ante muy modernos, de color marrón la chica mayor y verde pajizo la joven que nosotros sabíamos ya que era la jefa. Por cierto, que ella misma llevaba un bolso maletín de *skay* o plástico en el que ponía BEA, de las aerolíneas inglesas. No llevaban otro equipaje. Las dos eran rubias y llevaban el pelo suelto. Iban vestidas muy modernas pero discretas.

La menudita (que era la jefa), con acento inglés y hablando muy mal el español, aunque se le entendía, se dirigió a mi señora y le dijo algo así como que agradecía de corazón la hospitalidad del país España; pasamos todos al comedor, pero después de haberse despedido los dos señores de antes. En mi vida me he sentido más molesto, pues cuando la señorita YU 1, mi señora y yo nos sentamos, la chica mayor que se llamaba algo así como UU00 ciento veintitantos y DEI 98, que es el hombre que más me ha impresionado en mi vida por su inteligencia infinita, permanecieron de pie, lo cual fue muy violento; y en eso sí hago una crítica, pues aunque se acostumbre entre ellos hacia su superiora, por respeto, debieron darse cuenta que mi mujer y yo estábamos muy violentos.

Por ejemplo a mí, que no se me escapa nada, noté que cada vez que ella les preguntaba algo, ellos contestaban bajando los ojos y como si no se atrevieran a mirarla. Ella es casi una niña. No tendría ni 19 años por lo que sabemos, pero aparentaba 16. La otra aparentaba entre los 23 y los 25. Desde luego lo que más asombraba a mi mujer es que fuese ella, siendo de los más jóvenes de los que estaban aquí (en la Tierra), la que mandase, y no se le ocurrió otra cosa que decírselo. Los tres se rieron y ella nos dijo que no creyésemos que en UMMO mandan las jovencitas; que eso dependía de muchos factores.

Hablamos mucho de las costumbres españolas. Lo único que le repugnó eran los toros. No se habló nada del planeta UMMO. Nos hizo muchas preguntas sobre el régimen español; estaba enterada de muchas cosas, del referéndum y hasta de las Cortes. Yo le dije que nosotros no queríamos entender de política desde que en la guerra me mataron a mi padre los rojos.

Me quedé asombrado de lo que sabía. Mi mujer la escuchaba con timidez, sin atreverse a hablar. Ella se dio cuenta y con mucha dulzura comenzó a hablar de la cocina española y de que le entristecía mucho saber que las mujeres españolas leen poco y que no se las forma intelectualmente como a los hombres y que ella estaba segura que la feminidad no se perdía jamás con una educación mayor. Luego miró sonriendo a la otra y esta abrió la bolsa de viaje y entregó a mi mujer una enciclopedia del hogar maravillosa, con láminas en color y en español.

Cenamos allí. Mi mujer se quedó asombrada pues la forzaron a dejarse ayudar por ellas. Lo que nos asombró más es que comiesen con nosotros; se negaron a tomar vino. Ya nos habían dicho que querían una cena sobria y mi mujer había preparado de antemano patatas cocidas, huevos pasados por agua y para ellos frutas (naranjas y plátanos). Otra cosa violenta que pasó fue que suplicó tanto que al final de la cena se empeñó en lavar ella misma (la superiora) los cacharros y su secretaria se quedó de pie sin ayudar, según me dijo luego mi mujer, que por cierto le pasó la timidez y mientras secaban los platos charlaron mucho.

Yo quedé hablando en la sobremesa con DEI 98. Otra cosa que nos chocó es que antes de ponerse a cenar nos pidieron permiso para descalzarse. La señorita mayor se arrodilló y con naturalidad le quitó los zapatos a su jefa y luego se descalzaron ellos. Durante la cena se sentaron pero no hablaron mientras mi mujer no les hacía preguntas.

Lo más violento fue luego, pues muy discretamente nos pidieron permiso para retirarse. Volvimos a suplicar que se acostasen en nuestra cama o al menos en un sillón que es sofá cama, pero fue inútil.

DEI 98 se marchó a la calle. Me enteré de que iba a un hotel cercano donde había instalado una especie de centro oficial de ellos provisionalmente. Creo que con la sola misión de proteger a la señorita YU 1. Además creo que estuvieron varios dando vueltas por los alrededores toda la noche.

Digo que fue muy violento pues ni siquiera admitió que mi señora le diese una manta. Nos dijo sonriendo que iba a dormir simplemente en el suelo, en el mismo comedor. Nosotros estábamos sin saber qué hacer ni qué decir. La señorita mayor, que hablaba mucho mejor el español que su superiora, nos pidió permiso para «echar una cosa en el suelo» diciéndonos que no nos preocupásemos porque al día siguiente no se notaría nada ni estropearía las baldosas. Sacó un cilindro como niquelado y salió una cantidad increíble de espuma amarilla que dejó una mancha grande en el suelo como si fuese barniz. No nos atrevimos ni a preguntar. La señora YU se quedó dentro y salimos nosotros tres. La otra dijo que no se acostaría; que se quedaría toda la noche de pie en el pasillo. Cuando entramos en el dormitorio estábamos tan nerviosos y preocupados que no nos atrevíamos ni a desvestirnos. No sé por qué a mi mujer se le ocurrió ponerme más nervioso diciendo que a lo mejor venía la policía, como si estuviésemos haciendo un crimen o algo malo.

Sentados en la cama y sin hablar, a los veinte minutos va y dice que quería llamar por si necesitaban algo. Luego me lo contó. La chica mayor paseaba a oscuras por el pasillo con los brazos cruzados. En voz baja le preguntó que si era prudente despedirse de ella y preguntarle si quería algo. Le dijo que en efecto era una cortesía y que entrase sin llamar; mi mujer quería llamar con los nudillos pero la otra amablemente le dijo que no, que entrase, pues seguro que no dormía todavía. Entraron las dos; el comedor nuestro tiene una mesa larga y hay otra mesita de camilla en un rincón cerca del balcón. Estaba el balcón entreabierto y la luz apagada, pero mi mujer dice que en el suelo, al lado de ella y de la mesa de camilla, había como un disco algo mayor que una moneda de 50 pesetas que fosforescía mucho y se le veía bastante bien. Ella se incorporó y mi mujer le preguntó que si quería algo, pues estaba nerviosa pensando si estaría incómoda. Dice mi mujer que llevaba una especie de bañador. Como la luz era tenue no distinguió de qué. Estaba en el santo suelo sobre la mancha amarilla. Hablaron unas palabras y salieron de nuevo.

En el pasillo habló con la otra. Estuvieron largo rato hablando bajo. Esta «señorita» resultó que estaba casada y que su marido estaba en UMMO y ella vino seleccionada a nuestro planeta. Allí en UMMO era como si dijéramos profesora de una especialidad de matemáticas y su misión en la Tierra no me la supo explicar bien mi mujer, pero parece que estaba relacionada con el estudio de la historia de los físicos que hubo aquí antiguamente. Estando en México cometió una desobediencia y parece que estaba algo así como castigada a servir de doncella a su jefe. En fin, una historia larga.

Nos levantamos temprano. Ellas estaban charlando ya en el comedor. Nos pidieron permiso para entrar en el cuarto de baño. Primero se bañó la mayor y YU quedó fuera hablando con nosotros. Luego entraron las dos. Lo más curioso es que mi mujer observó que no habían usado las toallas ni el jabón pese a que el baño había sido utilizado. La mancha amarilla del suelo ya no estaba. ¡Ni con lupa quedaba nada! No quisieron desayunar aunque insistieron en que lo hiciésemos nosotros.

Ocurrió otra cosa. Mientras YU 1 hablaba con nosotros, la otra, que estaba de pie, se puso a mirar y curiosear, volviendo la cabeza, los muebles del comedor. La jovencita se dio cuenta y esta vez en su idioma le dijo algo en un tono que a nosotros nos pareció dulce, pero la mayor, UUOO, se puso colorada, le temblaron los labios y se le humedecieron los ojos. Nosotros aparentamos no darnos cuenta y seguimos hablando.

Se marcharon temprano y regresaron por la noche. No olvidaremos nunca las conversaciones que tuvimos con aquella joven. Mi mujer estaba tan impresionada que me confesó que ahora creía de verdad que fuese de UMMO. Además, el mismo día 27, DEI 98 vino a dictarme varias cosas, entre ellas unas cartas que usted recibiría. Una en la que daba la noticia de la llegada a Brasil, Bolivia y España de unas naves interplanetarias de ellos.

Me dictó más informes y dijo que seguiría haciéndolo el domingo y el martes, pues no sabía si su superiora les daría a todos la orden de marcharse y él sospechaba que sí, pues le constaba que nadie más descendería de la nave y que todos sus hermanos habían recibido órdenes de concentrarse (abandonando los demás países en los que estaban) en Brasil, Bolivia y España. Le pregunté si volverían y me dijo que ni siquiera sabía seguro si partían. Le pregunté si ella lo sabría o esperaban órdenes al llegar las naves y me dijo que no era preciso esperar las naves para conocer las órdenes (ellos llaman a las naves *Oauelea ueba oemm*). Y que ella lo sabía, pero que no acostumbraba a dar explicaciones a los que estaban sumisos a ella. Pero que por si acaso, me dictaría él mismo algunos informes más para que en el caso de marcha los enviase a ciertas personas en determinadas fechas (por cierto, me entregó a máquina otros tres informes para tres personas que residen en París y Lyon, escritos en francés).

Al día siguiente, domingo por la tarde, regresó YU sin su hermana pero acompañada de ASOO 3 y de otro que no conocía, muy joven y que tampoco hablaba español (o no quería hablarlo). Me dieron unos paquetitos para enviarlos y un sobre para mí, pidiendo que no lo abriera aún. ASOO 3 me pidió que pasase lo que pasase guardase reserva sobre mi identidad, puesto que si regresaban a la Tierra, yo y otro señor éramos los únicos enlaces en España. YU 1 se despidió de nosotros el martes por la mañana, diciendo que no dormiría más en nuestra casa y que pasaría la noche en los alrededores de Madrid. Vino DEI 98 a recogerla y subieron a un taxi cuya matrícula he apuntado. Estábamos impresionados al despedirlos. Ya no he vuelto a verlos.

Por los periódicos me he enterado de que llegó la nave. En uno de ellos vienen hasta las fotografías. Toda la noche del miércoles estuvimos mi mujer y yo paseando por la Casa de Campo y Arguelles, pues nos dijeron que era más probable la llegada el mismo miércoles que el jueves. El jueves estuvimos hasta las once de la noche por la Ciudad Universitaria y, viendo que no veíamos nada, muertos de sueño nos retiramos. A la tarde siguiente nos enteramos en el diario *Pueblo* y compramos todos los periódicos de la tarde para saber las noticias.

Yo ya no dudaba hace tiempo pero esto, por si quedaba alguna duda, acabó por convencerme y lo mismo a mi esposa. Yo ya no sé si estoy soñando; si no fuese porque están ustedes, los que reciben mis cartas, y mi mujer que los ha conocido y mi cuñado y las noticias de los periódicos, creería que estoy loco. Esto es lo más grande que he conocido en mi vida y si no fuese porque ellos me han suplicado discreción no me importaría ya que me tomasen por loco y decirlo a los cuatro vientos.

Lo único que me preocupa ahora es una cosa: ¿por qué se han ido así tan de repente y además todos? El domingo 28 por la noche tuvimos mi mujer y yo con ella otra larga charla. Ella nos dio consejos maravillosos sobre las comidas, sobre cómo educar a los hijos; hablamos de los viajes espaciales de los norteamericanos a la Luna y nos contó cosas de astronomía que nos dejaron con la boca abierta, hasta el punto de que yo al principio me sentía acomplejado porque ella era casi una chavala; me sentí dominado por ella y no sé cómo salió a relucir todo el lío de Egipto y los judíos. Yo le pregunté qué opinaba y nos dijo que nos tranquilizásemos, que no habría guerra mundial, pero luego se quedó como pensativa y se miraron ellas dos muy significativamente. Luego, como si se diesen cuenta de que habíamos cogido esa mirada, repitió con voz segura que nos tranquilizásemos; que no habría tal guerra.

Pero yo le he dado vueltas a este asunto. ¿Por qué se marcharon todos así tan de repente? Dicen que las ratas abandonan los barcos que luego acaban por naufragar… Ellos han estado haciendo sus estudios, me estaban dictando informes científicos y otras cosas y de repente. ¿Nos dirían eso de que no habrá guerra por tranquilizarnos, como a los niños se les mentía en tiempo de guerra, antes de un bombardeo? Ellos están muy enterados de política y de armamento. A mí, antes de la explosión de la bomba atómica china, me lo anunció DEI 98 con la hora exacta que luego dijeron los periódicos.

En fin, me he desahogado con usted, pues lo necesitaba.

Pienso escribir esta noche otra carta más a otro señor de los que reciben informes.

Deseo expresarle mi amistad pues usted y yo hemos sido testigos de esto. Perdóneme si no firmo.

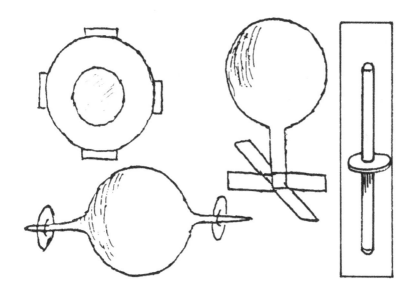

Pequeños artefactos circulares utilizados por los ummitas.

Hasta aquí la carta del secretario de los ummitas en Madrid.

Este documento, como dije, es puramente anecdótico y dista mucho de otros en los que nuestros misteriosos visitantes descienden a profundidades técnicas o filosóficas que rebasan los pensamientos de nuestros científicos y pensadores.

Como segundo ejemplo reproduciré un dibujo enviado por ellos (y publicado por el padre Enrique López Guerrero en su libro *Mirando a la lejanía del Universo*) en el que detallan cuáles son sus sistemas para almacenar información, comparándolos con los nuestros.

LA ESTRUCTURA BÁSICA DE LAS MEMORIAS DE TITANIO (XANWAABUASII DIIO)

Los computadores digitales de TIERRA utilizan generalmente una memoria central de núcleos magnéticos de ferrita y diversas unidades de memoria periféricas de cinta magnética, discos, tambores o varitas con banda helicoidal. Todas ellas son capaces de acumular, codificadas magnéticamente, un número muy limitado de «bits» (aunque las cifras sean de varios millones). Los tiempos de acceso son en cambio muy aceptables.

Veamos ahora de un modo elemental la base técnica de nuestros XANWAABUASII (acumuladores de datos en titanio).

El problema se planteó cuando las antiguas memorias de tipo fotoeléctrico (grandes superficies de selenio donde las cifras eran memorizadas en forma de impulsos luminosos que proyectados sobre esas láminas quedaban registrados en forma de puntos cargados electrostáticamente) fueron insuficientes, por el gran volumen exigido para su ubicación, para acumular los miles de trillones de cifras que requerían los millones de OB-XANWAII (puede traducirse por «rutinas») y datos numéricos de un programa de cálculo. (Nosotros no hemos utilizado nunca memorización magnetostática).

DAOO 6, hijo de DAOO 4, proyecta por primera vez codificar microfísicamente (ni ópticos ni magnéticos) los datos numéricos o «caracteres» con una base IBOAAYANOA (podría traducirse por «cuántica»).

Sabemos que la corteza electrónica de un átomo puede excitarse alcanzando los electrones diversos niveles energéticos, que TIERRA denomina cuánticos. El paso de un estado a otro lo realiza liberando o absorbiendo energía cuantificada que lleva asociada una frecuencia característica. Así, un electrón de átomo de titanio puede cambiar de estado en la corteza, liberando un IBOAAYA ODU (fotón), pero en el átomo de DIIO (titanio), como en otros elementos químicos, los electrones pueden pasar a varios estados emitiendo diversos tipos de IBOAAYA ODU (fotones o «cuantos») de diversas frecuencias. A este fenómeno lo denominan ustedes «espectro de emisión característico de este elemento químico» y que permite identificarlo por valoración espectroscópica.

Pues bien, si logramos alterar a voluntad el estado cuántico de la corteza electrónica del titanio, podemos convertirlo en portador, almacenador o acumulador de un mensaje elemental, un «número».

Si el átomo es susceptible, por ejemplo, de alcanzar 12 o más estados, cada uno de esos niveles simbolizará o «codificará» un guarismo del 0 al 12. Y como una simple pastilla de titanio consta de billones de átomos, podemos imaginar la información codificada que será capaz de acumular. Ninguna otra base macrofísica de memoria puede comparársele.

Los bloques de titanio que utilizamos han de tener una estructura perfecta y un grado de pureza química de rendimiento 100%. Bastaría la inclusión de unos átomos de impureza (hierro, molibdeno, silicio, etc.) para hacer inutilizable el bloque de titanio.

Ustedes pueden preguntarse: ¿cómo es posible el acceso a uno por uno de esos átomos del bloque para codificarlos excitándolos, o extraer la información (decodificación) acumulada?

Un esquema o dibujo elemental aclarará las ideas. *[Ver la ilustración al final de la transcripción, en la página 147].*

Sobre un bloque de titanio inciden tres haces *[simbolizados en el dibujo original con los colores carmín, azul y verde]* de sección infinitesimal y frecuencia elevadísima, capaces por tanto de atravesar el bloque sin afectar los núcleos de sus átomos, pero sí las cortezas electrónicas respectivas; se utilizan por ejemplo frecuencias del orden de 8,35.1021 ciclos por segundo y distintas para cada haz. A, B y C son los generadores de frecuencia.

Estas elevadas frecuencias caen fuera del espectro característico del titanio, por lo que estos haces independientemente considerados no son capaces de excitar uno a uno sus electrones corticales.

Mas no ocurre así cuando los tres rayos inciden simultáneamente sobre un átomo específico (la «H» del dibujo). Entonces la superposición o mezcla de las tres frecuencias provoca un efecto de antiguo conocido por ustedes como «batido» o «heterodinaje», que da como resultado una frecuencia mucho más baja y que coincide con cualquiera de las rayas espectrales del titanio.

El átomo es así excitado, y como los tres haces ortogonales pueden desplazarse en el espacio con gran precisión, localizan uno a uno todos los átomos del bloque.

El proceso decodificador, obligando a la corteza electrónica a regresar a su estado cuántico inicial, se realiza a la inversa.

Hemos de hacer las aclaraciones complementarias siguientes, puesto que en un afán sintetizador hemos esquematizado infantilmente el sistema.

1.º En la práctica se utilizan para cada átomo de titanio solo diez estados cuánticos que corresponden a las rayas espectrales siguientes:

323452		399864
334902	expresadas en	430591
334940	unidades Tierra	453324
336122		453478
337280		453558

Esto significa que para cada cifra codificada cuántica-
mente (base 12) necesitamos excitar no uno sino dos átomos (10 + 2).

2.º Como una vez codificado el átomo queda reducido
a su estado inicial, al contrario que un núcleo toroidal de
ferrita que brinda su información, sin perder su excitación
magnética, un número indefinido de veces, cada cifra codificada se repite unos cientos de miles de veces para poseer acumulada suficiente información.

3.º Es muy importante que los átomos posean una gran
estabilidad espacial en el cristal de titanio, pues cualquier
oscilación térmica haría impracticable su localización por
los tres haces de alta frecuencia. El cristal de titanio traba-
ja a temperatura prácticamente igualada al cero absoluto.

Como el lector puede ver, no se trata solo de «mensajes»
místicos exhortándonos a la paz y al amor, sino de escritos
de alta tecnología.

El que he reproducido es uno de entre docenas, siendo
algunos de ellos bastante más complejos e ininteligibles para
alguien que no haya estudiado a fondo la física moderna. Y
en muchas ocasiones, como por ejemplo cuando describen
la construcción y funcionamiento de sus naves y cómo logran vencer las enormes distancias siderales, los conocedores
más profundos de la física universitaria no son capaces de seguir sus fórmulas y explicaciones.

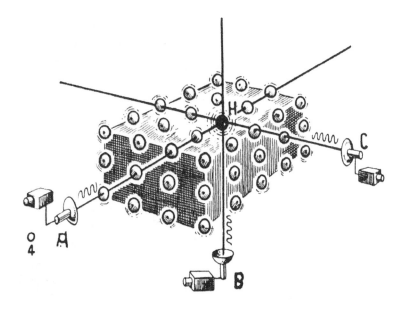

Es una gran lástima que solo un muy reducido grupo de científicos en el mundo entero se haya preocupado por investigar algunas de las técnicas que los ummitas nos han comunicado[8]. Los prejuicios y la soberbia son males muy enraizados en el psiquismo humano.

Pero a algunos que lo han hecho les ha servido muy bien para fabricar instrumentos con los que no solo se han adelantado enormemente a su época sino que se han beneficiado económicamente.

[8] Una excepción la constituye entre nosotros el ingeniero Juan Domínguez Montes, que en su libro *El Pluricosmos* (Ágora, 1983) se ha adentrado sin prejuicios en el estudio de las fórmulas ummitas y de su profunda filosofía, llegando a conclusiones que tanto en el orden tecnológico como en el filosófico son capaces de enriquecer grandemente los conocimientos y el espíritu humano.

Los últimos mensajes que se han recibido versan sobre cosas tan actuales y tan discutidas como el machismo, algunos aspectos del dogma católico, el aborto, etc. Sobre este último tema, por ejemplo, acusan a los humanos de tratarlo de una manera totalmente superficial y apasionada y en su análisis descienden a profundidades ético-filosóficas que se hacen difíciles de comprender para una mente humana que no esté muy evolucionada.

Nos dicen que en temas así hay que adoptar un punto de vista cósmico, mucho más abarcador, que no solo tenga en cuenta las circunstancias humanas actuales de este planeta sino las de toda la creación, y por eso introducen frecuentemente en la discusión del tema términos como «involución» y «neguentropía», que a la mayor parte de los ardientes defensores o acusadores del aborto ni siquiera les sonarán.

Con gusto reproduciríamos alguno de estos documentos, pero en las últimas comunicaciones los ummitas nos han dejado saber que prefieren que estos mensajes se hagan circular únicamente y con discreción entre los grupos de personas más preparadas, y que no verían con agrado que se publicasen en los grandes medios de comunicación. Respetaremos sus deseos; y a los que estén más interesados no les será difícil ponerse en contacto con alguna de las muchas personas que desde hace tiempo están más o menos relacionadas con el asunto UMMO.

Para agrado del lector, narraré otro caso que tiene cierta analogía con el tema de UMMO. Nos lo cuenta Carl van Vlierden en su libro *UFO contact from planet Koldas. A cosmic dialogue* (Pinetown, república de Sudáfrica, 1986).

Un sudafricano llamado F. Edwin W., del pueblo de Pinetown, cerca de la ciudad de Durban, convivió durante

F. Edwin W., quien tuvo como compañero de trabajo
a un individuo que según él procedía del planeta Koldas.

dos años como compañero de trabajo, en una empresa dedicada a la fabricación de aparatos de radio, con un individuo
llamado George que provenía del planeta Koldas, uno de los
doce que componen una federación de planetas situada en
un universo paralelo.

Aunque el caso suena en muchos detalles a pura ciencia ficción y nos recuerda a otros que hemos escuchado a diversos contactados, la verdad es que la persona física del tal
George ha sido perfectamente comprobada no solo por el
autor del libro sino por otros investigadores sudafricanos y
sobre todo por sus excompañeros de trabajo.

George, aparte de medir casi dos metros de estatura, de
poseer una inteligencia fuera de lo común y una fuerza des-

comunal, era en todo como un ser humano corriente y en nada se podía ver en él a un ser de otro mundo. Pescando con Edwin, una noche de 1960, le preguntó si él creía que la Tierra era el único planeta habitado donde había seres inteligentes. Edwin le contestó que era lógico que hubiese más planetas habitados, pero que en aquel momento él no estaba muy interesado en eso sino en conseguir que los peces picasen.

Unos días más tarde George volvió a insistir en el tema y le dijo:

—¿Te convencerías de que hay más planetas habitados si yo te enseñase una de sus naves?

—Si la veo claramente y compruebo que no es de este mundo, claro que me convencería.

—Muy bien. Esta noche vamos a pescar otra vez. Me vienes a buscar.

Llegados al solitario lugar donde solían pescar durante toda la noche, George sacó de su mochila un pequeño aparato de radio de los que se fabricaban en la empresa en que ambos trabajaban. Estiró unas extrañas antenas que él había modificado y enseguida comenzó a escucharse una voz hablando en una lengua que Edwin no entendía. George, que escuchaba con gran atención, le dijo entonces a Edwin:

—Dentro de unos quince minutos tendremos un ovni encima de nuestra cabeza.

Apenas habían pasado diez minutos cuando apareció en el horizonte una luz que avanzó hacia ellos rápidamente, haciéndose cada vez mayor. En pocos instantes estaba sobre sus cabezas, aunque no a muy baja altura. El aparato de radio seguía transmitiendo, aunque de una manera mucho más potente. En cuando el ovni se detuvo encima de ellos comenzó a transmitir en inglés. Unos segundos antes, George le había dicho a Edwin que escuchase con atención.

—Edwin, te habla Wy-Ora, el comandante de esta nave. El que está a tu lado, a quien tú llamas George, no se llama así, sino que su verdadero nombre es Valdar y es uno de nosotros que está en vuestro planeta cumpliendo una labor de investigación.

Wy-Ora siguió hablando durante un buen rato sobre diversos temas relacionados con la venida de ellos y la estancia de Valdar en la Tierra, y terminó preguntándole si quería dirigir un centro de apoyo a sus actividades, similar a otros trescientos que ya tenían en distintos puntos del planeta.

Edwin aceptó, y desde entonces dirigió lo que ellos llaman una «Base Q», cuyas actividades fueron ampliamente estudiadas por muchos investigadores del fenómeno ovni. En el libro que he mencionado antes se narra solamente una pequeña parte de ellas y se transcribe una mínima selección de los miles de horas de conversaciones con los seres de Koldas que tienen grabadas.

Estas conversaciones con las naves se hacían primeramente en un pequeño aparato de radio —que se encendía él solo en el momento oportuno— que Valdar le dejó a Edwin cuando cierto día un ovni lo recogió en una playa para devolverlo a su planeta. Posteriormente, cuando las autoridades —o ciertos «hombres de negro»— se llevaron el aparato, la comunicación se hacía mediante telepatía, estando Edwin en un estado de trance que Valdar le había enseñado a practicar.

Como dije, las instrucciones y mensajes grabados en cintas que la «Base Q» tiene de los koldasianos son abundantísimas y versan sobre muchos temas, aunque no descienden a tantos detalles técnicos y científicos como los informes de UMMO.

Según ellas, los koldasianos están viniendo a la Tierra desde los tiempos de la Atlántida. Además de las «Bases Q», dirigidas por humanos, tuvieron hasta no hace mucho tiem-

George-Valdar vestido con el uniforme azul claro que usan dentro de las naves. Este dibujo fue pintado de memoria por Edwin después de que Valdar regresara a su planeta tras una estancia en la Tierra de dos años en los que por un tiempo trabajó en la misma fábrica que Edwin y fue su mejor amigo. (Imagen tomada del libro *UFO contact from Koldas*).

po alrededor de una docena de «Bases A» repartidas por todo el planeta y dirigidas por koldasianos. Estas bases eran subterráneas, y en ellas había individuos como Valdar al cuidado de las pequeñas naves que allí tenían para sus desplazamientos y misiones en la Tierra. Una de estas bases, situada en el estado de Nevada (EE. UU.), fue atacada por el ejército del país en la década de los 70, y los koldasianos se vieron obligados a repeler el ataque. Desde entonces abandonaron todas sus «Bases A» y se limitaron a patrullar con sus ingentes naves a gran altura por encima de nuestra atmósfera.

Una de las cosas más interesantes que Valdar le contó a Edwin fue que cierto día una de sus naves había interceptado a otra de un planeta que no era de su «Confederación» y que siempre les había mostrado gran hostilidad. Entre los documentos que en ella descubrieron había ciertos planes muy siniestros para los habitantes de la Tierra. Su objetivo era, desde hacía mucho tiempo, crear un clima de violencia entre los habitantes de nuestro planeta, destruir los principios morales y lograr un estado de pesimismo y caos en el que ellos podrían alcanzar mejor sus últimos fines.

Valdar añadió que, según los mismos documentos, sus enemigos se mostraban muy satisfechos porque en los últimos años habían avanzado mucho en su trabajo.

La idea fundamental que se trasluce de todas las grabaciones es que los líderes de la «Confederación» de planetas quieren convencer a las autoridades de la Tierra para que entren a formar parte ella, porque a la larga traería muchas ventajas para ambas partes, ya que, en lo que a nosotros se refiere, ellos compartirían desinteresada y gradualmente sus muchos conocimientos y adelantos.

Sin embargo, las autoridades de nuestro planeta, cuando en secreto han sido consultadas, no han dado crédito a la proposición o bien la han rechazado. La última de estas tentativas tuvo lugar en septiembre de 1974.

Los líderes de Koldas reconocen que el hecho de haber tantas naciones y tantas discordias en el planeta dificulta mucho su plan. Valdar se quejaba a Edwin: «¿Por qué los dirigentes de la Tierra son tan diferentes de otros? En otros planetas nos han recibido con los brazos abiertos… Nosotros estamos dispuestos a darles toda nuestra tecnología y a comunicarles los secretos del Universo… Sí; los gran-

Dibujo de una de las «extraterrestres» que secuestraron en Mirassol (Brasil) a una mujer y la sometieron a un experimento biogenético del que, al parecer, resultó una criatura híbrida.

des líderes de la Tierra saben de nuestra existencia..., pero no se ponen de acuerdo...».

Como dije, todo el asunto parece una novela de ciencia ficción, pero sin embargo está respaldado por hechos innegables que una vez más nos dejan llenos de dudas.

El gran paralelo con el asunto UMMO es que estos seres se presentan con una apariencia física muy parecida a la nuestra. Según dicen, tienen la capacidad de variar algo de modo que no infunden sospechas, pero fundamentalmente son como nosotros. De hecho alguno de ellos, que al igual que Valdar estuvo destinado en Australia, se casó con una australiana y se la llevó con él cuando le llegó el momento de volverse a Koldas.

Un caso totalmente similar lo veremos en uno de los últimos capítulos de este libro, pero adelanto que en él tuve la ocasión de conocer a la mujer casada con el «extraterrestre».

Y digo «totalmente similar» porque en ambos casos sus físicos, incluida su exagerada estatura, eran muy parecidos. No se trataba de los típicos personajes adamskianos de largas melenas rubias y de piel muy blanca, sino de individuos con facciones ligeramente aindiadas y de piel no demasiado clara.

Todavía podría poner varios ejemplos más de contactos extraterrestres, pero por más que los datos que tenemos de planetas como Iarga, Itibi-Ra, etc. y de abducciones y experiencias biogenéticas como las de Mirassol (Brasil) sean impresionantes y en cierta manera convincentes, no podemos menos de confesar que tenemos serias dudas sobre ellos; no de la realidad de los contactos en sí ni de la veracidad de los contactados, sino de la credibilidad de los contactantes, por muy avanzados que sean.

Nos da la impresión de que todas sus comunicaciones, explicaciones y mensajes son solo pantallas detrás de las cuales se esconden los verdaderos motivos de nuestros visitantes. La explicación a estas dudas la iremos mostrando en los capítulos siguientes.

PRESENCIA EN LA HISTORIA:
CASOS PÚBLICOS

Hasta aquí hemos presentado diversos casos que atañen a particulares y que apenas han sido conocidos, excepto por un reducido número de personas. Estas los conservarán en su memoria durante toda la vida y los contarán en tertulias familiares o de amigos, suscitando la admiración de algunos, la sonrisa burlona de los más cerrados de mollera —aunque tengan títulos universitarios— y la incertidumbre en las mentes de todos. Finalmente, el caso morirá cuando muera su protagonista o pasará a formar parte del folclore popular, con sus infinitas leyendas. Y los dioses seguirán tras sus bambalinas riéndose impunemente de los ingenuos mortales y dispuestos a repetir el truco o la broma con otro ser humano que nunca habrá oído hablar de semejantes cosas o que las creerá pura fantasía y que se llenará de asombro cuando de repente se encuentre ante acontecimientos inexplicables.

Pero aparte de estos hechos individuales, en la historia tenemos muchísimos casos en los que la intromisión de estos seres ha sido evidente y hasta descarada y, sin embargo, la humanidad no se ha percatado o lo ha achacado a causas puramente naturales. Los dioses son expertos en este arte de encubrir sus actividades bajo la capa de «acontecimientos debidos a la naturaleza o al azar».

En las siguientes páginas haremos algunas consideraciones sobre varios de estos acontecimientos históricos y públicos que no tienen explicación si no se miran desde el punto de vista que hemos considerado como la tesis fundamental de este libro.

El pueblo judío

El pueblo judío es un anacronismo histórico. Por un lado lo vemos aferrado a unas tradiciones antiquísimas y en buena parte absurdas —dietas, circuncisión, vestimentas, etc.— y por otro lo consideramos en la vanguardia del mundo de las ciencias y de la tecnología. El hecho de que el estado de Israel posea un arsenal de bombas atómicas, junto al fanatismo repetidamente demostrado por muchos de sus líderes, es algo que lógicamente debe llenar de inquietud a los otros pueblos del mundo. Y si a esto añadimos el increíble pero real hecho de que la nación más poderosa del mundo (EE. UU.) está en buena parte en manos de judíos nacidos o nacionalizados en Estados Unidos, el peligro se hace aún mayor.

El pueblo judío, perseguido y masacrado injustamente en infinitas ocasiones, ha sabido sobrevivir siempre de una manera admirable y en la actualidad es en gran parte el que domina o por lo menos influye enormemente en algo tan importante como es la gran banca mundial.

Pues bien, el «fenómeno judío», totalmente inexplicable desde otros puntos de vista, tiene una clara explicación si lo miramos teniendo en mente la tesis de este libro. El personaje que se les presentaba como el Dios Único es simplemente uno de estos seres extrahumanos de los que nos venimos ocupando.

No abundaré en detalles, porque todo este tema lo desarrollé ampliamente en mi libro *Israel, pueblo-contacto*. El resumen de todo es que Yahvé —un dios con minúscula y no el Dios Universal como él se presentaba— se aparecía en una nube a Moisés a la vista de todo el pueblo. Desde aquella nube, y valiéndose de un pequeño «cajón» o instrumento llamado «arca de la alianza» —que había que manejar con determinadas cautelas y colocar en un lugar apartado del pueblo al que solo tenían acceso Moisés y su hermano Aarón— le comunicaba cuál era su voluntad, al mismo tiempo que le confería «poderes».

Este fue el origen de la religión judeocristiana y de las cualidades tan peculiares que el pueblo judío ha poseído a lo largo de su historia y posee todavía en la actualidad.

He aquí un ejemplo claro e innegablemente histórico de la intromisión a lo grande de una de estas misteriosas entidades en las vidas de los humanos.

Naturalmente, tanto judíos como cristianos absolutizan el hecho y lo convierten en algo único, negando que sea solo un hecho más de esta naturaleza. Para ellos, «Dios» se ha comunicado solo una vez oficial y personalmente con la humanidad y fue a través de las manifestaciones de Yahvé en la nube, y más tarde, para los cristianos, cuando envió a su hijo Jesucristo.

Eso piensan los judeocristianos, y ni siquiera en esto están demasiado de acuerdo. Pero para un ser pensante que analice fríamente los hechos, en el judeocristianismo, junto con verdades y valores muy elevados, hay aspectos en los que se pueden vislumbrar intentos de estas malignas entidades para engañarnos.[9]

Lo que ahora nos interesa a nosotros considerar es el hecho en sí, prescindiendo de todo su contenido ideológico y de todo lo que en torno a él han fabulado cuatro mil años de fanatismo.

Los no cristianos —les guste o no— tienen que reconocer que el judeocristianismo ha marcado profundamente el curso de la historia del planeta, para bien o para mal, dependiendo del punto de vista desde el que se mire. Pero es un hecho indiscutible. Ahora bien, estamos ante un claro hecho de interferencia de entidades no humanas en la vida de un pueblo y, a través de él, en las vidas de cientos de millones de seres humanos que hoy practican el cristianismo.

Es cierto que gran parte de la humanidad, incluidos millones de judeocristianos, nunca ha creído que Yahvé sea el «Dios Universal», a la vista de las barbaridades que le mandaba hacer a Moisés y a la vista de su ciego apasionamiento por el pueblo de Israel y de su ignorancia o desprecio de los otros pueblos. La sana razón dice que un «Dios Universal» no puede comportarse de una manera tan injusta y tan absurda.

Y ante esto surge de nuevo la pregunta: ¿quién era entonces aquel ser que se presentaba en una nube, visible para todo el pueblo de Israel?

Es muy fácil decir que todas las manifestaciones de Yahvé no son sino una leyenda tejida a lo largo de los siglos.

---

[9] Con el paso de los años he ido madurando estas ideas y en mi nuevo libro *Teovnilogía. El origen del mal en el mundo*, editado por Diversa Ediciones, expongo cuál es en la actualidad mi pensamiento sobre este tema tan fundamental. [*Nota del autor a la actual edición*].

Al igual que es muy fácil decir que toda la vida de Cristo con todos sus hechos extraordinarios fue una pura invención de sus biógrafos. Es muy fácil decirlo pero es muy poco inteligente y muy difícil de probar.

Si estos dos hechos fuesen los únicos en la historia de la humanidad, no tendríamos inconveniente en desecharlos por falsos. Pero resulta que en otras religiones y culturas nos encontramos con otros semejantes. Nos encontramos con «Dioses Universales» y con «Creadores del cielo y de la Tierra» que les han hablado a sus elegidos desde nubes, desde montañas o desde dentro de sus cabezas, y nos encontramos también con múltiples «Hijos de Dios» y «Redentores» que vinieron a este mundo para *salvarlo*. Y que incluso *murieron en la cruz* y hasta *resucitaron*, según la creencia de sus fieles.

Por muy fanatizados que estén los seguidores de todos estos dioses y por mucho que nosotros menospreciemos sus creencias, los hechos que las motivaron, es decir, las apariciones de «espíritus» y de «dioses» a los fundadores de las diversas religiones, siguen ahí en todas las páginas de la larga historia de la humanidad. En las miles de tablillas de arcilla de Sumeria, Akadia o Babilonia sus dioses están completamente mezclados con las vidas de estos pueblos.

Un hecho se puede negar; pero tantos y tan testimoniados, no solo por documentos escritos sino por monumentos pétreos que han desafiado el paso de los tiempos, no pueden negarse y necesitan una explicación.

Y de nuevo tendremos que volver a preguntarnos: ¿quién o qué era lo que se presentaba ante el pueblo judío, que lo incitó y lo condicionó para que su historia sea la que es?

Hitler

Presentemos otro ejemplo contemporáneo y público totalmente inexplicable si lo analizamos racionalmente: la Alemania dominada por el nazismo.

¿Cómo es posible que un pueblo tan avanzado como el alemán se dejara engañar y subyugar por un alucinado como Hitler? ¿Cómo es posible que millones de hombres tan ingeniosos y tan emprendedores se dejaran llevar como borregos al matadero de la Segunda Guerra Mundial? Y ¿cómo es posible que los políticos de la sociedad occidental, que se cree la más desarrollada del mundo, no fueran capaces de evitar aquella matanza espantosa en la que los científicos pusieron al servicio de la paranoia política y militar sus mejores inventos?

Los historiadores y sociólogos nos dan mil razones para explicar lo inexplicable. Pero los dieciséis millones de muertos en los campos de batalla, los dos millones y medio de polacos, los seis millones de judíos y los quinientos veinte mil gitanos asesinados, los veintinueve millones de heridos y enfermos, los tres millones de civiles muertos en los bombardeos y los veinticuatro millones de damnificados por las bombas, los quince millones de evacuados y deportados y los once millones de recluidos en campos de concentración… son demasiado para aquel hombrecito esmirriado e imponente por añadidura.

La única explicación para tamaña monstruosidad es la que estamos diciendo: Hitler era solo una marioneta. Él recibía los poderes de otros y solo ejecutaba órdenes.

De ello se convence uno leyendo muchos de los libros que sobre él se han escrito. Y a pesar de que la mayor parte de sus biógrafos no creen en estas inteligencias extrahumanas, sin embargo no dejan de apuntarlas, como una figura literaria o, en ocasiones, de una manera explícita, haciéndose eco de lo que el mismo Hitler decía.

Él, anticristiano y ateo confeso, se creía un instrumento de la «Providencia», entendiéndola como todo un conjunto de fuerzas misteriosas del «más allá», con las que había aprendido a ponerse en contacto en sus largos años de aprendizaje en la secta Thule y en las muchas sociedades secretas e iniciáticas a las que perteneció. Y estas fuerzas del «más allá» eran las que lo dominaban y lo engañaban. Y al mismo tiempo eran las que le daban el poder.

«¡Soy un enviado de la Providencia —decía en sus frecuentes arrebatos de frenesí— y seguiré con la precisión de un sonámbulo el camino que la Providencia me ha señalado! Creo haber sido llamado por la Providencia para servir a mi pueblo».

Para que el lector vea hasta qué punto esta idea de que Hitler era manejado por fuerzas extrañas está presente en sus biógrafos, le transcribiré breves citas de diversos autores. Walter Stein, compañero de estudios de Hitler en Viena, escribió: «En él había entrado una entidad extraña: como si el propio Hitler oyera dentro de sí a la entidad que había tomado posesión de su alma». Y cuando esta dejaba de dominarlo, «se derrumbaba en su asiento, agotado, como una figura solitaria, caído de las alturas de un éxtasis orgiástico y bruscamente abandonado por aquella fuerza carismática que un momento antes le había dado el dominio sobre sí mismo y sobre su auditorio».

Kubizek aseguró que «era presa de furiosos demonios».

Paul Le Cour, en su libro *Le drame de l'Europe*, dijo que cuando hablaba «era como si recibiese una corriente magnética que lo inflamase».

El doctor Otto Dietrich, el médico que lo atendió en el búnker, dijo de él que «su voluntad se hallaba habitada por un demonio que al fin también poseía su cuerpo».

Werner Masser escribió: «Hitler nunca emprendía una acción sin haber sido invitado a ello por una orden o por una indicación de la providencia. Sus voces interiores le ordenaban marchar».

Según André Brissaud: «Con frecuencia daba la impresión de hallarse alucinado y de ser manejado desde fuera por un ser temible. ¿Qué pacto había firmado con el "más allá"?». Y a esto, André Rivaud añadió: «En sus momentos de furia este pelele cínico es terrible... De pronto, de un ser informe se cambia en una criatura aulladora y terrorífica que asusta a los más valientes y se convierte en una especie de poseso dispuesto a matar inmediatamente a quien se atreva a resistirle. Un poseso sin lugar a dudas».

A todas estas apreciaciones se pueden añadir las que François Ribadeau-Dumas escribe en su libro *El Diario secreto de los brujos de Hitler*. Destacamos las siguientes:

Entonces estaba en su segundo estado, el de trance. En ese momento ya no dependía de sí mismo. Para llegar a tal desdoblamiento de la persona se había ejercitado en dominarlo. Sus ejercicios se basaban en el juego de una energía diez veces superior procedente de la voluntad, y del concurso de fuerzas supraterrestres. Se trataba de ritos procedentes de sociedades mágicas anteriores, así como la herencia de civilizaciones nórdicas desaparecidas... Seres extraterrestres enviaban a los iniciados energías irracionales, casi siempre de un terrible poder, destinadas a llevar a cabo la liberación de la humanidad incluso mediante la violencia.

Absorto en sus voces interiores más oscuras e inquietantes, parecía desplazado a otro mundo en que una voluntad infernal le dictaba órdenes... Permanecía horas enteras absorto en una extraña contemplación, más allá de la medianoche, en su chalet, interrogando a sus voces interiores o a las estrellas acerca de las decisiones que tomaría... Él mismo dejó entrever que padecía la influencia de una energía cósmica. Se comparaba a un imán, pero se negaba a identificar la energía que movía el imán.

Sin embargo, al fin de su vida «tuvo clara conciencia de que había sido engañado por un genio malo».

Y es el mismo Ribadeau-Dumas el que nos dice que hasta Himmler decía de él que «estaba poseído por una fuerza oculta que escapaba por completo a su control. Era el demonio que lo tenía en su poder el que le obligaba a cometer sus horribles crímenes, porque —según decía— había tomado posesión de su cuerpo desde hace mucho tiempo».

Algunas citas más:

El poder mágico que ejercía sobre las masas ha sido comparado con las prácticas ocultas de los brujos de África o con los chamanes de Asia... Asistimos a la metamorfosis de un hombre insignificante en un hombre importante. (Otto Strasser).

Se ha planteado con frecuencia el origen de la fuerza de persuasión extraordinaria que permitió a Hitler conquistar el poder por medios legales. (André Brissaud).

Los poderes del hombre se detienen en un límite infranqueable; aquel donde comienza el orden espiritual con sus fuerzas universales. Otras fuerzas no humanas pueden entonces deteriorar la naturaleza del hombre… (Rene Alleau, a propósito de estas metamorfosis de Hitler).

André Francois Poncet, embajador de Francia en Alemania, tuvo ocasión de observar a Hitler de cerca cuando fue a visitarlo a su refugio de los Alpes, en Berchtesgaden, después del acuerdo de Múnich. Escribió: «Hubo días en que ante un mapamundi pone patas arriba naciones y continentes, la geografía y la historia, como un demiurgo enloquecido. […] Tan extraño, que parece que nunca se llegará a esclarecer completamente el enigma de su vida. *La clave de su energía está en otra parte*».

Elisabeth Ebertin, la famosa vidente de Múnich, amiga de Hitler, escribió sobre él: «En el estrado tiene todo el aspecto de un poseso, de un médium, el instrumento inconsciente de potencias superiores».

El historiador Trevor Ravenscroft se extraña de que en el juicio de Nuremberg nadie haya hablado de las prácticas de brujería y de pactos satánicos de todos los que allí eran juzgados: «Citar al diablo que ellos invocaban en la secta Thule hubiera sido cómico para aquellos jueces, y sin embargo la mayoría eran anglicanos, católicos, israelitas y masones, convencidos todos ellos en mayor o menor grado de la existencia del diablo».

Lo mismo que les pasaba a los jueces de Nuremberg, que no querían oír hablar del demonio, le pasa a nuestra sociedad tecnificada y «científica»: no quiere oír hablar de «entidades no humanas», a pesar de que los primeros tenían delante de sí, sentados en el banquillo, a las víctimas de tales «diablos» y nuestra sociedad está convertida en un infierno debido a las estrategias de estos mismos «diablos» que en la actualidad reciben otros nombres.

Édouard Calic dice que Karl Ernst Krafft, uno de los muchos brujos que tuvo a su lado Hitler, aseguraba que «al Führer le producía un gran placer cuando Krafft le declaraba que había leído en el cielo que aterrorizar a las gentes por medio de la matanza y la destrucción era una distracción de los dioses». A lo que Hitler solía añadir: «Los dioses son malos y les gusta la guerra».

Otro aspecto importante de la vida de Hitler, que nos reafirma más en nuestra idea de su dependencia de estas entidades, es su manía por la sangre. No quiero entrar aquí en este profundo tema ni abrumar al lector con otra lista de citas acerca de este interesantísimo aspecto de su vida, pero lo cierto es que la idea de la sangre lo obsesionaba y en los himnos, discursos, reglamentos y emblemas, con gran frecuencia, siguiendo las normas del mismo Führer y de los «iluminados» que lo rodeaban, se hacía mención explícita de ella:

Somos la SS que marcha por tierra roja
entonando un himno del demonio.
¡Que nos maldiga todo el mundo!
¡O que se bendiga nuestra sangre!

Así cantaban los temibles jóvenes de las SS, cuya divisa era «Sangre y honor». Y por su parte, Ribadeau-Dumas escribe:

El rito de la sangre, viejo como el mundo, fue inculcado por Hitler a las SS con misticismo. Los Caballeros de la Orden Negra debían saber realizar el sacrificio de la sangre, el rito atroz de las poblaciones primitivas por el cual la vida exigía la muerte. Para Hitler, tal rito procede de su magia negra y de sus invocaciones satánicas.

Esta obsesión por la sangre entronca perfectamente con lo que nos encontramos en todas las religiones, que son la obra maestra de todas estas inteligencias maléficas que se entrometen en las vidas de los humanos. En todas ellas —si excluimos al budismo— la sangre desempeña un papel principal y en el cristianismo la encontramos, sublimada, en el centro de su dogma y de su liturgia: la sangre de Cristo, sangre verdadera vertida por él en la cruz, es la que redime al género humano.

He aquí, pues, otro ejemplo insigne de intromisión de estas inteligencias en la marcha de la historia humana. Como grandes directores de un «guiñol», alzaron a aquel pobre muñeco de trapo austríaco, lo hicieron aullar como a un energúmeno, le dieron unos poderes paranormales de convicción y enloquecieron a media humanidad poniéndola a pelear hasta destrozarse.

¿Cuántos «Hitler» han existido a lo largo de la historia? Los «Carlomagnos», «Atilas», «Napoleones», «Gengiscanes» y demás caudillos megalómanos glorificados por los historiadores patrioteros y por la papanatería del vulgo ¿no habrán sido otros «Hitler»? Si a los cristianos hispánicos se les aparecía en el aire Santiago Matamoros, dándoles ardor para la lucha contra los sarracenos, a estos —tal como sucedió en la batalla de Alarcos en el año 1195— se les aparecía también otro misterioso jinete celeste —que ellos naturalmente identificaban con el Profeta—, animándolos a luchar contra los cristianos. Son los macabros juegos de los dioses. Son las «ayudas» que estas misteriosas entidades de otros planos otorgan a sus «elegidos» para que siembren la discordia entre los hombres.

¿Cómo es posible que cerca ya del año 2000, cuando por sus adelantos técnicos la humanidad podría vivir tranquila y feliz y con alimentos suficientes para que nadie pasase hambre, tengamos que regirnos por ideologías tan antihumanas como el capitalismo y el comunismo, y tengamos que tolerar a líderes tan ciegos como Reagan o Gorbachov, que como chulos de barrio se amenazan mutuamente con destruirse y destruir al planeta, teniéndoles sin cuidado que cada año mueran de hambre millones de personas, cuando podrían evitarlo con una ínfima parte del dinero que dedican a armamentos?

¿Por qué tanta ceguera, tanta violencia, tanto odio, tanto dolor, tantas guerras y tanta sangre en la historia humana? ¿No será porque, como decía Hitler, «los dioses son malos y les gusta la guerra»?

Y si de los líderes políticos y militares nos vamos a los religiosos, nos encontraremos con idéntico fenómeno, aunque arropado con palabras místicas y apuntalado con imponentes tinglados doctrinales. Rama, Krishna, Buda, Confucio, Zoroastro, Quetzalcoatl, Huizilopochtli y muchos otros famosos personajes de la historia fueron solo marionetas de estas entidades suprahumanas que nos dominan desde las sombras.[10]

Todos oyeron «voces» que ellos pensaban que venían directamente de Dios. Pero eran solo las voces de estos «dioses» pequeños y entrometidos —«los espíritus de las alturas»—, engañando cada uno con una «revelación» diferente.

---

[10] En la primera edición de este libro cometí la audacia de unir el nombre de Jesucristo al de esos hombres-dioses orientales. La edad me ha hecho reconocer mi error y en la actualidad creo que las enseñanzas de Jesucristo, despojadas de cierta hojarasca que le han añadido, son la tabla de salvación para este mundo suicida. [*Nota del autor a la actual edición*].

La doncella de Orleans

Otro meridiano ejemplo histórico de la intromisión de estas entidades engañadoras y malévolas en la marcha de la historia de la humanidad es Juana de Arco.

Los historiadores materialistas han investigado a fondo todos los pormenores de la increíble vida y hazañas de esta jovencita. Pero no van más allá de los meros hechos. Es cierto que se quedan asombrados ante ellos, pero no nos explican cómo una joven de 17 años que no sabía leer, nacida en un villorrio de la Lorena y que lo único que había hecho hasta entonces en su vida era ayudar a sus padres en el cuidado de los animales y en el cultivo de los campos, pudo realizar una tarea tan ingente en tan breve tiempo.

Por supuesto que la mayor parte de ellos —a los que habría que añadir médicos y psicólogos—, que han hecho un profundo estudio de su personalidad basado en los abundantes documentos de los procesos a que la sometió la Inquisición, creen que Juana era una psicótica y se fundamentan precisamente en las «voces» que ella oía constantemente y que decía que eran de san Miguel, santa Catalina y santa Margarita, además de sus «espíritus protectores». Los historiadores creyentes piensan que estas voces eran en realidad de san Miguel y de sus santas protectoras y que Dios era el que la enviaba y la guiaba para que salvase a Francia. Aunque estoy seguro de que se me llamará pedante, creo que ambos estaban equivocados.

Sea cual fuere la interpretación del origen de sus voces y de sus visiones, lo cierto es que en el proceso que se le siguió por hereje, los jueces y las autoridades estaban convencidos de que la joven tenía poderes sobrenaturales y que mediante ellos había logrado las proezas que se le atribuían. Pero el problema que más les interesaba a los eclesiásticos era diluci-dar si aquellos poderes venían de Dios o del Diablo.

Por envidias, celos e intrigas políticas se sentenció que venían del Diablo, y la pobre Juana fue condenada a la ho-guera, en la que pereció el día 30 de mayo de 1431. ¡Qué sal-vajada tan fanática!

¿Cuáles son las razones en que me baso para afirmar que Juana de Arco es un ejemplo de la intervención de los «dio-ses» en la historia humana? Son muchas e intentaré resumir-las en breves líneas.

En primer lugar señalaré solo de paso el paralelo entre la vida de Juana y la vida de Jesucristo:

❖ Ambos tenían como misión redimir y salvar al pueblo; ella a Francia y él al mundo entero.
❖ Ambos estaban en comunicación con entidades extra-humanas para realizar la gran tarea que les había sido asignada.
❖ Ambos realizaron cosas asombrosas imposibles para una persona normal.
❖ Ambos estaban dotados de poderes suprahumanos.
❖ Ambos fueron traicionados, entregados y muertos en el suplicio.
❖ Ambos fueron glorificados después de su muerte.

Como ya hemos dicho, este paralelo podría extenderse a muchos otros héroes y fundadores de religiones.

El lector estará preguntándose, con todo derecho, cuál fue la gran hazaña que realizó Juana de Arco. Para darse entera cuenta de ella tendría que conocer a fondo el lamen-table estado en que se encontraba la Francia de entonces, pero ello nos llevaría demasiado espacio. Bastará saber que por aquellas fechas Inglaterra dominaba buena parte del territorio francés. Muchos de sus nobles eran partidarios descubiertos del rey inglés y otros habían pactado con él en secreto, mientras que los restantes se negaban a obedecer al rey de Francia, huido y acobardado, en sus tímidos intentos por expulsar a los ingleses de sus territorios. Este estado caótico duraba ya casi cien años y el débil y semiimbécil Carlos VII, angustiado por tantos males, se desentendía del gobierno y se refugiaba en las francachelas palaciegas que sus degenerados y truculentos «consejeros» le organizaban con frecuencia.

Por todas partes reinaba el desaliento y la desorganización. Los nobles rivalizaban entre sí y con sus ejércitos privados peleaban entre ellos. Y como fruto de todo esto, el hambre y la miseria campaban por todo el reino. Agobiado por tantas calamidades y viéndose completamente impotente y lleno de deudas, el propio rey había pensado en huir a Escocia o a Castilla. Esta era la Francia que aquella pobre adolescente campesina quería salvar.

Si solo hubiese dicho que oía «voces», probablemente nadie le hubiese hecho caso, porque «oír voces» es una vieja enfermedad de la mente con la que los médicos de todos los tiempos han estado muy familiarizados. Pero Juana no solo oía y veía, sino que también hacía.

Le sucedía lo que a muchos otros «iluminados» y «escogidos»: tenía «poderes» y ante estos las multitudes se rendían. No importa que algunos privilegiados se sintiesen humillados por los hechos de una niña campesina e intrigasen contra ella; sus hazañas eran patentes y la gente sin maldad se rendía ante ellas.

A causa precisamente de estas intrigas de las que el débil Carlos VII estaba rodeado por todas partes, Juana tuvo que esperar varios días para ser recibida por él. Los nobles cortesanos no querían que él la viese porque presuponían la gran impresión que iba a causar en su carácter pusilánime. Cuando no pudieron impedirlo por más tiempo, prepararon una trampa para desacreditarla ante toda la corte. Organizaron una gran fiesta palaciega en medio de la cual Juana debería presentarse por primera vez ante el rey, a quien no había visto nunca. Este, a modo de broma y débil siempre ante las peticiones de sus consejeros, accedió contra su voluntad a esconderse en medio de la multitud de asistentes y permitió que otro ocupase su lugar en el trono.

Cuando apareció la doncella se hizo un gran silencio; unos por la gran admiración que hacia ella sentían y otros esperando el gran momento en que se hincaría ante el falso rey, para celebrarlo inmediatamente con una gran carcajada. El silencio era tenso y solemne. Juana avanzó unos pasos y se detuvo. Miró al trono donde estaba el impostor e inmediatamente sus ojos se apartaron de allí y se dirigieron al lugar exacto en que el rey estaba semiescondido. Avanzó entonces resueltamente hacia él mientras la multitud cortesana le abría paso en silencio. Se hincó ante él y cuando el rey se inclinó hacia ella para hacerla levantar, Juana aprovechó para decirle casi al oído varias cosas que lo conmovieron visiblemente, pues hacía tiempo que le atormentaban la conciencia.

Cuando Juana acabó de hablarle, al rey se le había cambiado por completo el semblante. Su ánimo, siempre deprimido e indeciso, se había llenado de valor y decisión. Había sentido que estaba ante un ser extraordinario que no solo conocía todos sus pensamientos secretos sino que era capaz de ayudarlo en la difícil tarea de unir a los franceses y de expulsar a los invasores ingleses de sus dominios.

A partir de este momento comenzaron una serie de hechos que no tienen explicación humana: la organización de un ejército que hasta entonces había estado profundamente dividido por el gran odio que se profesaban sus diversos jefes, la serie de batallas y triunfos sobre el ejército inglés, mucho más fuerte y mejor organizado, y sobre todo el gran dominio que Juana logra tener sobre una soldadesca brutal y anárquica que hasta entonces se había negado a combatir y a obedecer a sus propios jefes.

Las voces le decían a Juana cómo tenía que distribuir los diversos batallones, dónde tenían que ponerse las ballestas y las piezas de artillería, por qué flanco tenían que atacar, cuál era el lado débil del enemigo...

Cuando alguno de los generales iba a ser herido, ella se lo anunciaba. Y la víspera de ser herida ella misma por primera vez, dijo: «Mañana saldrá sangre de mi cuerpo».

En pleno combate, se ponía con el estandarte en la mano en el borde del foso, en un lugar bien visible, y desde allí, rodeada de una nube de saetas y proyectiles disparados contra ella, arengaba a las tropas y daba órdenes. Sus «amigos del cielo» la defendían.

En un año, a partir de su entrada en escena, el panorama político de Francia cambió por completo. Los ingleses estaban en retirada y el deseo de recobrar la independencia de la patria estaba vivo en todos los rincones de Francia. Todo esto se logró en apenas unos meses gracias a una pobre muchachita campesina llena de simplicidad e ignorancia.

La segunda parte de su vida, es decir, su prisión, juicio y ejecución en la hoguera por las autoridades eclesiásticas, es otra confirmación más de que Juana era solo un instrumento de los «dueños de este mundo» o, si se prefiere, un juguete con el que «los dioses» se divirtieron durante un tiempo.

A pesar de toda la falta de lógica que hay en su derrumbamiento repentino tras una ascensión fulgurante, hay sin embargo un gran paralelo con lo que les ha sucedido a tantos otros «salvadores», empezando por el mismo Cristo, tal como ya indicamos.

El abandono a última hora por parte de los «guías» es una cosa muy frecuente entre los «escogidos». El porqué de este abandono es algo que se nos escapa a los mortales, pero es algo que vemos repetido hasta la saciedad, especialmente entre los «redentores» y fundadores de religiones —que terminan muriendo en la cruz o fusilados, tal como sucedió con el fundador de los mormones o el de los bahaís— y entre los místicos cristianos y muchos «contactados» que acaban sus días enfermos o locos y sin saber qué pensar de todas sus experiencias, al ver que la mayoría de las promesas que les hicieron no se han cumplido.

Juana, a causa de las envidias de los generales y de los nobles, fue traicionada y vendida por dinero a los ingleses —un paralelo más con Cristo—, que se valieron de los tribunales eclesiásticos para hacerla desaparecer en la hoguera.

Durante su cautiverio fue golpeada innumerables veces y otras tantas pretendieron violarla, no solo los soldados que la custodiaban, sino varios generales y nobles. Con una argolla de hierro al cuello, semidesnuda, hambrienta y aterida, encerrada en una estrechísima jaula, fue paseada de ciudad en ciudad.

Durante todos estos meses «las voces» seguían hablándole. Le daban ánimos para seguir aguantando las vejaciones y sufrimientos y para contestar a los interminables interrogatorios a los que fue sometida por los tribunales eclesiásticos. Pero no la liberaron de los tormentos; al contrario, la engañaron diciéndole que «sería liberada en una gran batalla» que nunca se produjo.

Aquellas voces que la habían dirigido hasta en los detalles más insignificantes y le habían advertido de los peligros que la acechaban, en los momentos cruciales no la previnieron de la celada que le habían tendido para hacerla prisionera. Ingenua hasta el fin, no se quejó cuando se vio enjaulada y sujeta con hierros, entregada como estaba totalmente a sus «espíritus protectores».

Sócrates, otro «iluminado», a última hora fue también abandonado por su *daimon*, que tan fiel le había sido durante toda su vida. He aquí sus palabras, tal como nos las narra Platón en su *Apología de Sócrates*:

> Mi *daimon*, el espíritu divino que me asiste, me permitía hasta hoy oírle muy frecuentemente, aun a propósito de cosas de muy poca importancia, en todo momento en que iba a hacer algo que no me convenía. Sin embargo hoy, cuando me sucede, como veis, algo que podría considerarse como la mayor de las desgracias —al menos como tal se la considera— *[se refería a su condena de muerte]* no solo no se ha dejado oír al salir yo de mi casa ni cuando estaba ante el tribunal, sino que ni tan siquiera para prevenirme cuando he tenido que hablar. Sin embargo en otras ocasiones mucho menos graves me ha obligado a callarme aun en contra de mis intenciones. Hoy en cambio ni en un solo instante, mientras estaba ante el tribunal, me ha impedido hacer o decir lo que quisiese. ¿A qué debo atribuir esto?…

Los modernos sabios que estudian el funcionamiento de la mente humana —y que tan poco saben de ella— no tienen reparo en catalogar como histérica a una pobre adolescente analfabeta; sin embargo, no se atreven a hacer lo mismo con el sesudo Sócrates, al que curiosamente le sucedía un fenómeno semejante, que tuvo incluso el mismo trágico final.

Siguiendo una pauta que es muy común en la manera de actuar de estas entidades extrahumanas, «las voces» la animaban a que siguiera sufriendo: «Sufre con paciencia, no te inquietes por tu martirio —le dicen repetidamente—; sufrir es progresar, es elevarse». Y la pobre niña, abandonada por todos, va firme hacia la pira en que la van a quemar.

En lo alto del cadalso, contra frailes y obispos que le instan a que se retracte de todo y que confiese que todo ha sido obra de su invención, grita con las pocas fuerzas que le quedan que todo ha sido verdadero; que las voces eran de sus ángeles amigos y que ella solo ha obedecido a Dios. ¡Pobre muchachita, víctima de los terribles juegos de los «espíritus de las alturas»!

Juana de Arco es como el símbolo personalizado de la humanidad entera que por siglos ha seguido ciegamente «las voces divinas» que le han ido llegando a través de todas las religiones, y a fin de cuentas ha sido defraudada por estas, al no dejarnos evolucionar con libertad y al ponernos a pelear por la diversidad de creencias.

A los pocos meses Juana era reivindicada y glorificada por los mismos tribunales eclesiásticos y por la misma Iglesia que la había quemado viva. Pero esto pertenece ya a la farsa humana que los hombres sabemos representar tan bien sin ayuda alguna de los dioses. Estos se limitan a reír «desde las alturas», viendo las bufonadas históricas que tan seriamente practicamos y que en muchas ocasiones son solo consecuencias de sus disimuladas y perversas intrigas.

El islam

La religión islámica es otro gran ejemplo histórico de la intromisión de estas inteligencias en la vida de los hombres y en la marcha del planeta.

A un insignificante hombre llamado Mahoma se le aparece un misterioso joven que dice ser nada menos que el arcángel Gabriel y le dicta un libro «sagrado» —el Corán— que enseguida se convierte en la regla de vida para millones de hombres. Este libro es en gran parte el responsable del fanatismo en que viven muchos millones de seres humanos, aparte de haber causado y de seguir causando infinidad de muertos.

Pues bien, uno se pregunta: ¿cómo es posible que una religión y en concreto un libro en el que lo provechoso se mezcla con lo ridículo y lo ameno con lo plúmbeo hayan podido extenderse por el mundo con el ímpetu avasallador con que en muy pocos años se extendieron, llegando hasta los confines de Asia y Oceanía, donde no había llegado el cristianismo nacido cinco siglos antes?

La razón es la de siempre: la aparición de seres misteriosos de otro mundo —y específicamente de seres malévolos— que le dan capacidades especiales al humano que escogen para que pueda extender el mensaje o la orden que le dan.

En el siguiente capítulo nos asomaremos a la cultura y a la literatura islámicas, ya que en ellas se describen de una manera muy concreta estas inteligencias suprahumanas de las que estamos hablando.

LOS JINAS ISLÁMICOS

Entre los hombres cultos de nuestra sociedad se da esta paradoja: la mayor parte de ellos, cuando se les habla de «espíritus», de «entidades no humanas», de «extraterrestres», etc., fruncen el ceño y consideran todo el asunto como alucinaciones o como relatos de ciencia ficción. Pero, por otro lado, vemos a esas personas profesarse católicos o cristianos, si no fervientes, al menos sinceros. O lo que es igual, se dicen seguidores de una religión en la que la existencia de espíritus no humanos no solo es admitida sino de obligada creencia. Según la doctrina oficial, no se puede ser buen católico sin admitir la existencia de los ángeles y de los demonios, tal como ha sido definido en varios concilios y tal como la autoridad «infalible» del Papa lo ha enseñado en muchas ocasiones y muy recientemente.

Lo cierto es que estas escuelas de pensamiento universales y milenarias llamadas religiones, que han creado culturas y que han configurado a lo largo de los milenios la historia de la humanidad, admiten sin ninguna duda la existencia de inteligencias no humanas que se entrometen en las vidas de los hombres. Y según algunas de ellas, los mismos hombres, cuando mueren o «desencarnan» —como se dice en el espiritismo—, se convierten en espíritus incorpóreos que tienen mucho que ver con las vidas de los humanos vivientes. No hay religión que no tenga nombres, y en abundancia, para designar a estos seres, lo cual quiere decir que no solo creen en ellos sino que hacen distinción entre sus diversas clases y rangos.

En el mismo cristianismo no se les llama simplemente ángeles, sino que se hace distinción entre «tronos», «dominaciones», «potestades», «querubines», «serafines», «ángeles» y «arcángeles». Y lo mismo sucede con los demonios, que tienen un escalafón muy ordenado, hasta llegar a Luzbel o Satanás, que es el jefe de todos. En esto está muy clara desde hace siglos la teología clásica cristiana, y el Papa actual[11] se ha encargado de recordárselo a los fieles olvidadizos, que por cierto son bastantes y no le hacen mucho caso.

Pues bien, de entre todas las religiones, el islam es la que más ha profundizado en el conocimiento de estas entidades extrahumanas, o por lo menos la que mejor ha descrito sus manifestaciones.

Cuando nos asomamos a la vastísima literatura de la cultura islámica, escrita en su mayoría en árabe y de carácter eminentemente religioso, nos encontramos con unos personajes no humanos que coinciden en todo con otros que también nos salen al paso en la moderna literatura ovnística.

---

[11] Especialmente en 1986, el papa Juan Pablo II habló en varias de sus catequesis sobre ángeles y demonios, abarcando temas como la caída de los ángeles malos, la misión y naturaleza de los ángeles o el pecado y la acción de Satanás. [*Nota del editor a la actual edición*].

Ni los teólogos y ascetas del islam que describieron estas entidades tenían idea de lo que siglos después se llamaría en ovnilogía «extraterrestres», ni, hablando en general, los investigadores del fenómeno ovni conocen lo que ascetas y teólogos mahometanos dijeron de sus jinas. Y sin embargo, las acciones que ambos describen son fundamentalmente las mismas.

La palabra árabe «*jin*» —o «*djinn*»— proviene, según Mario Roso de Luna, de la misma raíz de la que proviene la palabra «genio», que encontramos en todas las lenguas arias con el significado de «divinidad menor» o «espíritu de la naturaleza», que puede ser benévolo o malévolo y que con mucha frecuencia tiene un gran sentido del humor, aunque no siempre de buen gusto.

Roso de Luna, que por supuesto admitía su existencia y al que tanto le gustaba hablar de ellos en sus interesantísimas obras, les llamaba siempre con la palabra castellana «jina», que será la que nosotros usaremos en adelante.

Antes de proseguir tengo que decirle al lector que casi todo lo que en este capítulo diré acerca de la idea que en el islam se tiene de estas entidades lo he tomado del profundo estudio que sobre ello hizo mi querido amigo Gordon Creighton, editor de la más importante revista del mundo sobre el fenómeno ovni, la *Flying Saucer Review* de Londres.

La autoridad de Gordon Creighton sobre este particular es incuestionable y sus años al frente de dicha revista lo avalan. Hombre de vastísima cultura, lector infatigable en diez idiomas, ha sido capaz de recopilar un acervo de información acerca del fenómeno ovni y de todo lo que él conlleva como probablemente ninguna otra persona en el mundo. Cuando hace ya años le hice mi primera visita en Londres, lo encontré a la puerta de su casa leyendo un periódico en chino.

Pues bien, Creighton, después de haber leído miles de páginas en árabe a lo largo de su ya extensa vida, logró compilar valiosísimos textos que resumen lo que en el islam se cree de estas misteriosas entidades.

Los teólogos mahometanos creen que hay dos clases de espíritus inteligentes: los ángeles y los jinas.

Los ángeles, según ellos, son espíritus puros que intervienen menos en las vidas de los hombres. Los jinas son inferiores en rango a los ángeles, están más cerca de nosotros y son capaces de materializarse en nuestro mundo de mil maneras diferentes, desde como formas vivientes animalescas hasta como objetos aparentemente inanimados. Pero su manera preferida es la forma humana. Y, a diferencia de los ángeles, les gusta mucho entrometerse en las vidas de los hombres y lo hacen con unas características y preferencias muy concretas, tal como veremos enseguida. En los cuentos de *Las mil y una noches* encontramos ejemplos de estas interferencias y poderes de los jinas.

Hasta aquí la teología islámica no nos dice nada fundamentalmente nuevo o diferente de lo que nos dice la teología de otras religiones, incluida la cristiana, donde al demonio se le llama «el imitador» o «el tentador», y lo vemos a todo lo largo de la historia eclesiástica no solo incitando a los hombres a rebelarse contra Dios sino apareciéndose bajo formas grotescas para presidir aquelarres y misas negras. Estas, a pesar de que a las autoridades —tanto civiles como eclesiásticas— nunca les han gustado nada y las han castigado muy severamente con leyes y cánones, y a pesar de que han tratado lo más posible de disimularlas o encubrirlas, han existido siempre, no solo en la Edad Media. Y siguen existiendo; cada poco tiempo los periódicos y revistas —no las del corazón, porque esas tratan de las brujas y aquelarres de los platós y de las pantallas— se encargan de recordárnoslo.

Y no solo el demonio se presenta bajo formas grotescas, sino que, según la misma teología, se puede transfigurar en «ángel de luz», tay y como nos dice san Pablo, para engañar a los creyentes.

En otras religiones, esta capacidad que tienen los espíritus de convertirse en animales es algo fundamental en sus creencias. El nahualismo de los pueblos centroamericanos es un ejemplo bien estudiado, pues a pesar de los siglos transcurridos tras su «conversión» al cristianismo, todavía sigue vivo entre los descendientes de aztecas y mayas entre otros.

En el islam —mil millones de personas— rebasa el ámbito religioso y toma cuerpo en la vida social. En los tribunales de casi todos los países de mayoría islámica, si una mujer acusada de infidelidad conyugal dice que el padre del niño es un jina, el tribunal lo tomará en consideración y se limitará a decirle que tiene que probarlo. Pero los jueces no pondrán en duda la existencia de semejantes seres ni de que estos sean capaces de violar o seducir a una mujer.

En un tribunal occidental, semejante defensa solo serviría para que los asistentes soltasen una carcajada o para que el juez le llamase la atención a la mujer y a su abogado por faltar al respeto al tribunal. En la jurisprudencia mahometana la violación de una mujer por un jina —y lo mismo se puede decir de la seducción de un varón por un jina femenino— es algo perfectamente posible, aunque no sea una cosa ordinaria, al igual que para la mentalidad de algunos Padres de la Iglesia, de la Edad Media y de los principios del cristianismo no era ordinario pero era perfectamente posible que un íncubo tuviese trato carnal con una mujer. La Inquisición alemana llevó a la hoguera a miles de mujeres por semejante delito. Y san Agustín creía que el anticristo nacería de la unión de un íncubo y una mujer.

No solo en este particular la creencia en los jinas tiene cabida en la vida civil entre los mahometanos, sino también en asuntos relacionados con el derecho de propiedad. Los juristas mahometanos hace ya siglos que estudiaron este tema a fondo y tienen toda una jurisprudencia en la que estas entidades no humanas aparecen como sujetos de derecho o como posibles causantes de acciones sobre las que los tribunales se sienten con jurisdicción.

He aquí cómo Gordon Creighton resumió lo que en el islam se cree de los jinas:

1) En su estado normal, no son visibles para la vista humana común.
2) Sin embargo, son capaces de materializarse y de presentarse en nuestro mundo físico, y se pueden hacer visibles o invisibles alternativamente.
3) Pueden cambiar de forma y aparecer con cualquier disfraz grande o pequeño.
4) También pueden presentarse como animales.

Creighton añadió sus comentarios a cada una de estas capacidades de los jinas, relacionando lo que dice la teología y la literatura islámicas con casos concretos y bien documentados publicados por la revista *Flying Saucer Review* en sus más de treinta años de existencia. En concreto, tras el punto número 4, él añadió entre paréntesis: «(¿Yetis?, ¿pumas?, ¿monstruos de lago Ness?)».

En este particular, desde hace bastantes años he llegado a la convicción de que algunos de los animales «mitológicos», tanto de tiempos pasados como del presente, pertenecen a este tipo de manifestaciones. El monstruo del lago Ness, que Creighton ponía con interrogaciones, es uno de estos casos típicos a los que hay que quitarle el signo de duda. Ha sido investigado larga y repetidamente, en algunos casos con métodos científicos depurados, y jamás se ha podido llegar a ninguna conclusión. Pero ahí están las diversas fotografías del extrañísimo animal y los testimonios bien contrastados de testigos totalmente fidedignos, algunos de ellos con unas excelentes credenciales científicas. El testimonio personal y humano, es decir, el de sus sentidos y el de quien lo acompañaba, no pueden tener menos valor que el registro de un instrumento. Pero aun en este caso ahí está el repetido testimonio de los instrumentos, tal como lo atestiguan las fotos obtenidas.

El hecho de no llegar a ninguna convicción y que quede siempre alguna duda es algo muy corriente en la investigación de estos casos y de otros que pertenecen a otras áreas de la *paranormalogía*. No tenemos que olvidarnos nunca de que estamos tratando con entidades inteligentes —en algunos casos mucho más inteligentes que el hombre— que quieren positivamente disimular su presencia entre nosotros y que saben muy bien cómo sembrar entre los humanos la semilla de la duda y cómo desacreditar a aquellos que se atreven a tomar en serio la investigación de su posible existencia.

Los «científicos puros», que no creen en absoluto en la existencia de estas entidades y que son los mayores enemigos o despreciadores de semejantes investigaciones, achacándolas siempre a ignorancia, a habladurías, a alucinaciones, a errores de apreciación o a puras tretas de algunos para hacer dinero, son los primeros en dejarse engañar por la astucia de estos seres que deliberadamente mezclan, en sus injerencias en nuestro mundo, «elementos confusionógenos» —tal como ellos han dicho en alguna ocasión— para tener siempre en duda el alma de los humanos acerca de su existencia.

Esta es la razón de por qué, después de miles de años de historia, la humanidad no se ha percatado todavía de que es manejada como si fuese un rebaño de borregos por unos seres inteligentes que juegan con ella y la usan, lo mismo que nosotros hacemos con los animales. El amor propio colabora para que no podamos comprender esta tremenda verdad y para que nos neguemos a admitirla.

La misma forma animalesca —con frecuencia los animales son deformes o especies desconocidas por la zoología— contribuye a hacer más inverosímil todo el asunto. La mente humana se niega a admitir «animales inteligentes» y mucho menos «más inteligentes» que el hombre. Sin embargo, hay cientos de testimonios que nos hablan de «animales» actuando de manera inteligente.

La presencia de formas animalescas en el mundo paranormal es muy abundante. Yo he tenido siempre muchas dudas acerca de un gran perro negro que, aparecido inesperadamente, pasó ante mí sin mirar a un lado ni a otro, cuando me encontraba en un campo inspeccionando unos animales muertos de una manera muy extraña aquella misma noche, en la que se habían visto varios ovnis a muy baja altura. Todos los periódicos se hicieron eco de aquellas muertes achacándoselas, entre otras raras causas, a «perros negros» que algunos campesinos habían visto.

Es mucho lo que se podría escribir sobre la relación que hay entre los animales de este mundo o las formas animalescas que se nos presentan del «más allá» y la parapsicología trascendente —o mejor aún, la *paranormalogía*—, que estudia todo tipo de fenómenos anormales, incluidos aquellos que la parapsicología académica no quiere investigar.

Pero sigamos con el resumen que Gordon Creighton hizo de las manifestaciones de los jinas según la tradición del islam:

5) Son unos eternos mentirosos y engañadores; les encanta confundir y llenar de estupor a los humanos mediante toda suerte de invenciones y patrañas.

Creighton puso como ejemplo de estos extraños gustos de los jinas «buena parte de las sesiones espiritistas» —que él parece achacárselas a ellos— y la mayor parte de las comunicaciones que reciben los contactados.

Efectivamente, en ambos casos hay un porcentaje enorme de falsas informaciones, que en muchas ocasiones podrían considerarse como bromas muy pesadas. A veces estas comunicaciones, seguidas al pie de la letra por los humanos que las recibieron, les han acarreado serios inconvenientes e incluso en ocasiones han causado su muerte. De nuevo hay que decir que, al menos en el mundo de la ovnilogía, hay miles de casos para probarlo. Yo mismo he investigado personalmente docenas de ellos. Y no deja de ser curioso que en la teología hebraica y cristiana a Satanás se le llame repetidamente «el engañador».

6) Les gusta llevarse o raptar a los humanos.

Sobre este particular, todo lo que se pueda decir es poco, y en algunos países como Estados Unidos la desaparición de personas, y en concreto de niños, comienza a ser un problema preocupante.

En ovnilogía hay libros enteros sobre este tema. En muchos casos no han aparecido testigos directos e inmediatos de que el secuestro haya sido hecho por los tripulantes de un ovni, pero se ha podido llegar a esta segura conclusión basándose en hechos que no dejaban la menor duda, lo mismo que el juez llega a la conclusión de que alguien es culpable a pesar de que ni él ni nadie haya visto el crimen. Pero hay un conjunto de circunstancias que son capaces de engendrar la certeza en la mente de una persona inteligente y sin prejuicios. (A los prejuiciados y a los no inteligentes, aunque se llamen o se crean científicos, no hay prueba alguna capaz de hacerles cambiar de opinión).

Sin embargo, en otros casos no es necesario recurrir a las deducciones, porque existen testigos directos y abundantes. En un conocido caso en Brasil, todos los asistentes a un partido de fútbol vieron cómo los tripulantes de un ovni se llevaban a la fuerza a un humano: el árbitro del encuentro.

En el famoso caso de Cajamarca, en Perú, varios vecinos fueron testigos de cómo un ovni, bajando a toda velocidad del cielo, sorbió en un segundo a Isabel Tuctá, que tendía ropa recién lavada, y a su bebé, que estaba cerca de ella, y en pocos instantes se perdía en el espacio. Su marido, un modesto trabajador, esperó en vano a que se la devolviesen, junto con el bebé. Las autoridades de aquella ciudad, que hicieron una seria investigación, tienen todos los pormenores del caso.

Como he dicho antes, la desaparición de niños en Estados Unidos está preocupando a las autoridades. Las cifras reconocidas por las dos organizaciones que se encargan del asunto rondan los 80.000 niños desaparecidos por año, aunque el número debe ser bastante mayor, ya que muchos casos no llegan a su conocimiento dado que sus padres lo ocultan por diversas razones. Otros investigadores, en cambio, creen que los niños desaparecidos pasan de los 200.000, tal como me aseguró John Keel, uno de los hombres que más conoce estos temas en el país de los rascacielos.

Lo curioso del asunto es que a pesar de que ambas organizaciones cuentan con abundantes medios para rastrear la pista de los niños desaparecidos, el porcentaje de los que se encuentran es ínfimo, y la mayor parte de los casos queda en el mayor de los misterios.

Es cierto que se puede argumentar que existen varias causas naturales para explicar estas desapariciones. Entre ellas, dos son las más obvias: el rapto por maníacos sectarios o sexuales o traficantes de niños, y la huida del hogar paterno de muchos adolescentes, por influencias de malos amigos y las drogas.

Ambas posibilidades han sido estudiadas y son tenidas normalmente en cuenta por los que se dedican a la búsqueda de estos desaparecidos, y en algunos casos esa ha sido efectivamente la causa de la desaparición. Pero después de haber adquirido mucha experiencia reconocen que, si bien es cierto que esas razones existen, son solo la causa de una pequeña parte de las desapariciones. Reconocen asimismo que hay algo más profundo y misterioso que logra borrar todas las pistas y que ellos no pueden identificar ni explicarse cómo lo consigue en tantas ocasiones.

Aparte de esto está el hecho de que alrededor de la mitad de los desaparecidos no llega a los cinco años, por lo que se excluyen las causas que más podrían hacernos sospechar que se trata de una desaparición natural; es decir, el que se hubiesen ido por influencia de las malas compañías, por amores prematuros o simplemente por divergencias con sus padres. Ninguna de estas causas es aplicable a un niño menor de cinco años.

Como decía un exdirector de una de estas dos instituciones que reciben las denuncias de niños desaparecidos: «Después de diez años me pregunto a dónde ha ido a parar una cantidad tan enorme de personas. Si esto no es un monstruoso negocio muy bien organizado, ¿cómo es posible que no se hallen las pistas y se hagan más descubrimientos? Y si es un negocio muy bien organizado, se supone que de una manera general todas las personas tendrán un destino o un fin parecido; pero ¿dónde están tantas personas? ¿Cómo es posible que logren ocultarlas por tanto tiempo?».

Este es otro tema con el que podrían llenarse muchas páginas, pues lo he estudiado bastante a fondo y conozco muy de cerca casos de niños y personas desaparecidas en circunstancias muy extrañas que encajan perfectamente con todo lo que estamos diciendo. Pero como mi testimonio no dejaría de ser algo personal y el lector tendría que fiarse ciegamente de mí, prefiero apoyarme en hechos públicos en los que se puede comprobar que hay mucha otra gente cualificada que piensa como yo, aunque no atribuya a los hechos las mismas causas.

Esta preocupación por la desaparición de tantos niños ha calado tan hondo en algunos puntos de Estados Unidos que en ciertas ciudades los envases de cartón de leche fresca que cada mañana reparten los lecheros por las casas llevan impresas las fotos de las personas —casi siempre niños— que han desaparecido en los últimos dos meses. No solo eso, sino que con cierta frecuencia los diarios y revistas del país publican en páginas enteras las fotos de los niños desaparecidos últimamente. En las páginas siguientes el lector podrá ver la reproducción de dos de esas planas; una de un diario comprado accidentalmente por mí en Nueva York un día cualquiera, y otra de la revista que la compañía Eastern Airlines publicaba para distribuir entre sus pasajeros.

¿Es que solo en Estados Unidos desaparecen personas? Ni mucho menos. Lo que ocurre es que en aquel país han caído antes en la cuenta de tan extraño fenómeno y le están haciendo frente. En otros países, aunque sucede poco más o menos lo mismo, primero tardarán más en darse cuenta oficialmente de ello, y después lo negarán farisaicamente, porque a las dignísimas autoridades nunca les ha gustado que sucedan cosas que se escapan a su control o de las que no se puede dar explicación «científica».

Pero las desapariciones son un fenómeno que se ha dado siempre y que vemos reflejado no solo en el folclore, con hadas y duendes —una de cuyas diversiones consistía en llevarse a niños y doncellas—, sino en periódicos y revistas de nuestros días que de vez en cuando nos presentan casos de esta índole, aunque por supuesto disimulados bajo una gran parafernalia policíaca.

Y para poner un ejemplo, hace solo dos o tres meses de la fecha en que escribo esto hubo un choque de vehículos en la provincia de Burgos, con varios muertos como resultado; y un niño llamado Juan Pedro Martínez Gómez, de 10 años, que iba dentro de uno de los coches siniestrados, desapareció sin que hasta la fecha se haya sabido qué fue de él. Como no apareció entre las personas muertas, se organizaron batidas en toda la región aledaña al lugar del choque, no fuese que el pobre muchacho, aturdido, hubiese salido caminando sin rumbo hasta caer exhausto. Pero nada se ha hallado y la policía está no menos desorientada que sus propios padres, pues no se explican qué es lo que puede haber ocurrido, que en todo caso está fuera de lo imaginable.

CAN YOU HELP LOCATE THESE MISSING CHILDREN?

If you have any information on these children, please call the National Center for Missing & Exploited Children: 1-800-843-5678

Presented as a public service by Eastern Airlines.

EASTERN
We earn our wings every day®

Ilustración 11. Página de la revista que la «Eastern Air Lines» reparte en sus aviones. Esta corresponde al mes de abril de 1985. En sus titulares se puede leer: «¿PUEDE UD. AYUDAR A ENCONTRAR / ESTOS NIÑOS DESAPARECIDOS?»

Página de la revista que la Eastern Air Lines repartía en sus aviones. Esta corresponde al mes de abril de 1985, y en el titular pone: «¿PUEDE USTED AYUDAR A ENCONTRAR A ESTOS NIÑOS DESAPARECIDOS?».

Últimamente se ha lanzado la hipótesis de que Juan Pedro fue literalmente derretido por el ácido que transportaba el camión-cisterna en que viajaba, o que su desaparición está relacionada con el alijo de heroína descubierto en el camión. Todo es posible. Pero de todas maneras la solu-

Página de un periódico norteamericano con imágenes
e información de niños desaparecidos.

ción de un caso no borra la realidad de miles de otras desapariciones misteriosas.

Esto no quiere decir que yo crea, por el hecho de no
haber encontrado al muchacho, que se lo llevaran los ji-

nas. Únicamente quiero dejar constancia, para los que afirman que tales desapariciones no se dan entre nosotros, de que en todas partes ocurren cosas por el estilo para las que no hay explicación. En este caso no hay constancia alguna de que su desaparición se haya debido a causas extrahumanas o paranormales, pero en otros casos sí la hay y a veces testimoniada por escrito por los mismos desaparecidos, o presenciada por otros.

Aparte de este caso se han producido últimamente en España otros que han alcanzado notoriedad porque algunas revistas los han publicado con lujo de detalles. Entre ellos están el del niño asturiano, perdido en una excursión por los Picos de Europa, que culminó con la caída del helicóptero que lo buscaba, en la que perecieron sus siete ocupantes.

Muchas veces los casos que alcanzan mayor notoriedad no son los más importantes desde nuestro punto de vista. Hasta ahora ha sucedido que los más sospechosos han permanecido desconocidos, por ser sus padres pobres campesinos sin fácil acceso a los medios de comunicación.

Cuando un caso de estos salta al conocimiento público, lógicamente se hacen toda suerte de conjeturas, y más cuando en alguno de ellos —en concreto en el de David Badía, otro niño «desaparecido» que luego fue hallado ahogado en una acequia— una de sus amiguitas, de 5 años como él, dijo que «un señor se lo ha llevado en un coche para darle pasteles». Para muchos, esto es ya una solución total del caso y no dudan de que se trata de un secuestro aunque se desconozcan las intenciones finales del secuestrador. Y naturalmente se habla enseguida de «venta de órganos para trasplantes» y de «prostitución infantil», «tráfico de drogas» o «venta para adopción», como en la revista *Interviú*.

Cartel de búsqueda del niño Juan Pedro Martínez Gómez,
que desapareció sin dejar rastro.

El periodista y las autoridades tienen todo el derecho a
sospechar de tales causas e intenciones, pero muy probablemente desconocen —y aunque uno se lo diga no lo admiten— que en otros casos en los que los niños secuestrados
han sido devueltos después de varios días, tras haber sido
«llevados a pasear por el espacio» y haber sufrido profundos
cambios en su psiquismo, el rapto también fue realizado por

individuos que desde sus vehículos les ofrecieron a los niños golosinas o les prometieron dar un paseo muy bonito.

A veces, los individuos que realizaron los secuestros caían de lleno en la tópica caracterización de los famosos «hombres de negro», de los que en las décadas de los 50 y los 60 tanto se habló en la literatura ovnística.

Para que el lector vea que no hay nada nuevo bajo el sol, me permitiré la licencia de autocitarme nuevamente, porque no tengo que pedirle permiso a nadie para hacerlo.

En 1969 se produjeron en el pueblo de Vila Velha (Espíritu Santo, Brasil) varias desapariciones de niños, que si bien dieron alguna luz, no explicaron del todo el misterio.

En el mes de agosto, durante varios días, estuvieron desapareciendo aisladamente niños. Nadie sabía adónde iban a parar. Al cabo de un mes y medio, cuando ya los daban por desaparecidos, comenzaron a reaparecer, también aisladamente, deambulando por el pueblo como si fueran autómatas. Preguntados por sus padres y por las autoridades dónde habían estado, no recordaban nada de lo que les había pasado en todo ese tiempo. Sin embargo, hubo varios casos en los que alguno de los niños dijo que un señor vestido de negro lo había invitado a dar un paseo en un automóvil muy elegante y que le había dado un cigarrillo para fumar. A partir de ese momento ya no se acordaba de más. Una niña dijo que un señor, también vestido de negro, la había llevado a las afueras del pueblo hasta un aparato raro y brillante que él dijo que era su «avión»; la había invitado a dar un paseo en él, y cuando ella cogió miedo y le dijo que no quería ir, entonces él le dio unos caramelos y le dijo que regresara a su casa.

Pero el lector tiene que saber que si bien las personas que desaparecen son preferentemente niños, también de vez en cuando los jóvenes de ambos sexos se esfuman sin dejar rastro. En cambio, de personas adultas y sobre todo de ancianos hay muchas menos noticias, aunque tampoco faltan.

En España se han dado varios casos de jóvenes desaparecidos misteriosamente en los últimos meses, descollando entre ellos el del soldado José María Carnero, de 26 años y con la carrera de Medicina terminada. Se esfumó el 8 de abril de 1978, cuando realizaba unas maniobras con otros soldados en el campamento de Montelarreina, en la provincia de Zamora.

Comenzó a llover y sus compañeros se cobijaron bajo unos árboles; José María se alejó un poco del grupo y nunca más se le vio. El Ejército, tras haber buscado intensamente por toda la zona, lo consideró desertor, mientras sus familiares negaron rotundamente esa posibilidad y acusaron al Ejército por no suministrarles noticia alguna.

Ante hechos así, por una parte tan extraños y por otra tan aterradores y tan humillantes para la raza humana, no deja de causar estupor el comprobar que hace siglos que gentes, pueblos y culturas habían caído ya en la cuenta de ello y así lo dejaron consignado por escrito. No importa cómo ellos lo enjuiciaban o qué nombre le daban a los causantes de tales desapariciones; lo importante es que se habían percatado de ello, mientras que nuestra sociedad tecnificada —y atontada e hipnotizada con la televisión— todavía no se ha percatado de tan preocupante fenómeno.

Y bien mirado, la explicación que aquellos pueblos le daban es en el fondo la misma que nosotros pretendemos darle: unas entidades no humanas que se dedican a llevarse a seres humanos, en especial niños, a no se sabe dónde ni para qué.

Como dije anteriormente, podría extenderme sobre este tema de las abducciones, pero como ya lo he tratado más a fondo en otros libros —como en *Visionarios, místicos y contactos extraterrestres*— no me alargaré más.

Sigamos ahora con las cualidades que los teólogos y escritores del islam atribuyen a los jinas según Creighton.

7) Les encanta tentar a tos humanos en asuntos sexuales y para que tengan relaciones de este tipo con ellos. La literatura árabe está llena de tales relatos en los que vemos a los jinas «buenos» y a los «malos» teniendo relaciones sexuales con los seres humanos. También hay un considerable número de historias acerca de encuentros de jinas «buenos» y santos mahometanos famosos; por ejemplo, el libro *Manaquib al-Ara-fin* tiene muchas referencias del trato de estas entidades con Jalalpal-Din Rumi, el mayor poeta místico del islam, que vivió desde 1207 hasta 1273.

Las historias referentes al comercio carnal entre los jinas y los humanos han atraído siempre grandemente la atención de los lectores árabes y es importante decir aquí que en la literatura china —y los chinos, salvo una pequeñísima minoría, no son musulmanes— también existe con relación a estos mismos hechos una gran tradición que está esperando que alguien la investigue.

El gran catálogo de literatura árabe conocido como *Fihrist*, compilado el año 373 del calendario árabe (año 995 d. de C.) por Muhamad ben Ishaq ben Abi Yaqub al Warraq, numera no menos de dieciséis obras que tratan sobre este tema.

De nuevo en este particular las creencias del islam están de acuerdo no solo con lo que leemos en el Génesis (6, 2-4) de «los hijos de Dios uniéndose a las hijas de los hombres» —y los exégetas tienen que reconocer que esta ha sido una «palabra de Dios» muy difícil de explicar—, sino con las tradiciones de íncubos y súcubos a las que ya nos hemos referido de pasada y las de silfos, nereidas, hadas y faunos de tiempos antiguos y de la Edad Media, que también se enamoraban, raptaban y copulaban con los hijos y las hijas de los hombres.

Aunque no tuviésemos otras maneras de corroborar la realidad de tales «leyendas», su sola presencia constante en todas las culturas y a lo largo de los milenios tendría que hacernos sospechar que algo hay de verdadero en ellas.

Pero resulta que en nuestros días nos encontramos con los mismos hechos, aunque esta vez no se los tengamos que atribuir a jinas ni a silfos o faunos ni a «dioses» mitológicos ni a íncubos. En nuestros días, a los tripulantes de los ovnis —que son sucedáneos de todos aquellos personajes «mitológicos», o mejor dicho sus modernos disfraces— les gusta hacer exactamente lo mismo.

Aunque los desconocedores del fenómeno ovni piensen que afirmar esto es forzar ya demasiado el paralelo, los que lo conocen bien saben que este es un tema, dentro de la ovnilogía, que ha intrigado siempre grandemente, aunque a algunos investigadores «puristas» —pero despistados— les resulte tabú. En páginas anteriores narré mis conversaciones con alguna de las víctimas de tales contactos.

Y ya fuera del terreno de la ovnilogía y por más que los espíritus críticos se sonrían, el fenómeno se da con cierta frecuencia en nuestra sociedad sin que de ordinario salga a la superficie y sin que en muchas ocasiones se enteren los miembros de la propia familia.

Ciertas vírgenes, y también mujeres casadas, siguen siendo visitadas por extraños personajes cuya existencia desconoce la ciencia pero que, como antaño, siguen poseyendo la capacidad de aparecer y desaparecer a voluntad, teniendo siempre en vilo y en duda el alma de los humanos. Estos seres —auténticos «ángeles» o «demonios»— son capaces de hacer que una virgen conciba. Pero sus motivaciones y sus últimos designios siguen siendo hoy tan confusos y misteriosos como lo eran en tiempos pasados.

A veces las víctimas de tales ataques, sobre todo si son adolescentes, acuden al psiquiatra obligadas por sus padres, pero aquel casi con certeza no creerá en absoluto en la objetividad de los hechos y más bien sospechará del funcionamiento del cerebro de la adolescente. Pero la mayor parte de las veces la adolescente no dice nada, o, si lo hace, todo se queda en el secreto de la familia, que como mucho se lo comunica a algún sacerdote de confianza que por supuesto lo achacará a tentaciones del demonio en esa edad y dará como único remedio invocaciones a la Virgen María y la práctica frecuente de los sacramentos.

En el caso de mujeres casadas que se sienten violadas —normalmente por entidades invisibles, aunque en ocasiones también por entidades visibles—, es mucho más corriente que tal violación no sea comunicada a nadie y si acaso a alguna amiga que le inspire mucha confianza, pero a la que se le exigirá un sigilo total. Es triste que psiquiatras y sacerdotes no crean en esto y no sepan nada de ello y por lo tanto sean completamente ineptos para ayudar a las víctimas de este y otros fenómenos parecidos, dejándolas sumidas en su desesperación al no saber a quién acudir.

En páginas anteriores citamos muy de pasada el caso de Mirassol, en Brasil, en el que una mujer fue sometida a experimentos biogenéticos. Como este tema es de una enorme y creciente importancia, al lector que quiera profundizar más en él le recomendamos la lectura del libro *Intrusos*, de Budd Hopkins (Edaf, 1988). Por él se puede ver que el fenómeno ovni tiene unas profundidades insospechadas por todos aquellos que todavía andan buscando pruebas de su objetividad. En relación al tema que tratamos en estos últimos párrafos, el lector podrá encontrar en dicho libro casos como el de Kathie, una joven casada a quien los «extraterrestres» le extrajeron del útero un feto de unos cuatro meses, causándole con ello un tremendo trauma psíquico.

La impresión general que uno recibe de la lectura del libro de Hopkins es deprimente y en cierta manera aterradora. Y lo mismo se puede decir del libro *Comunión*, de Whitley Strieber (Plaza & Janés, 1988). Por ambos libros se puede ver que el fenómeno ovni, lejos de perder importancia o de haberse estancado, se mantiene completamente vivo y se avanza sin cesar en su conocimiento cuando se lo estudia sin prejuicios y con cabeza.

Estos dos autores no son tercermundistas en busca de notoriedad. Son dos neoyorquinos que nos narran hechos, sucedidos la mayor parte de ellos en la misma ciudad de Nueva York; porque contra lo que los «ufólogos» de primera enseñanza creen, la gran actividad del fenómeno ovni no se desarrolla en las montañas o en parajes solitarios. Esa es su actividad física, visible y rudimentaria. La gran actividad del fenómeno ovni y de sus tripulantes se desarrolla principalmente dentro de las viviendas de los humanos y sobre todo en el interior de sus cerebros.

Prosigamos en el resumen de Gordon Creighton:

8) Los jinas son muy aficionados a arrebatar a los humanos y transportarlos por el aire, poniéndolos de nuevo
en tierra —aunque no siempre los devuelven— a muchas millas del lugar en que se los llevaron. Y todo lo
hacen en un abrir y cerrar de ojos.

A continuación Creighton dice que una confirmación
de esto fue el caso de un soldado español que el 25 de octubre de 1593 fue arrebatado en Manila (Filipinas) y llevado «en un abrir y cerrar de ojos» a través de todo el Pacífico
hasta la ciudad de México. Efectivamente, este es un caso
histórico, de cuando nadie hablaba de «teleportaciones» de
ovnis, que, documentado por los historiadores de la época,
frailes en su mayoría, ha permanecido siempre envuelto en
el misterio sin que nadie haya logrado darle una explicación
satisfactoria.

Si solo existiese este caso no merecería la pena tomarlo
en consideración. Pero sucede que en nuestros mismos días
y atestiguados por todas las agencias de noticias del mundo
siguen sucediendo casos parecidos y tan espectaculares en
distancia como el del soldado español del siglo XVI.

En la década de los 70 se dieron en Sudamérica alrededor de media docena de casos en los que las personas, con
sus vehículos, eran arrebatadas por los aires. Ocurrió en varios países del Cono Sur, pero con frecuencia las personas
eran devueltas en México; aunque también hubo otros casos en los que las distancias se limitaban a unos cientos de
kilómetros. De entre ellos se hizo clásica la teleportación de
la familia Vidal, que mientras iba en coche fue llevada dentro de su Peugeot desde Chascomús, en Argentina, hasta
México, en cuestión de horas.

Aquí estamos de nuevo ante casos concretos y bien atestiguados que para los «científicos» y racionalistas a ultranza no tienen ningún valor; no porque no lo tengan en sí, sino porque ellos se empeñan en ignorarlos, demostrando una cerrazón de mente lamentable y muy poco inteligente.

Aunque tengo la tentación de poner una lista de nombres de personas y de lugares concretos en donde han sucedido estos fenómenos, creo sería un poco redundante, ya que otros lo han hecho con más detenimiento y yo mismo he escrito sobre ello en mi libro *Parapsicología y religión*. Y el que esté interesado en el tema puede leer los libros clásicos sobre ovnis o acudir a las colecciones de revistas de este tema, sobre todo a las de las décadas de los 60 y los 70, donde encontrará una buena cantidad de relatos sobre teleportaciones.

Yo he estado con dos amigos diferentes en los lugares exactos donde, después de haber visto una gran luz que venía detrás de ellos por la noche en la carretera, sintieron que su coche dejaba de estar en contacto con el suelo y era depositado varios cientos de metros más adelante. A los dos los dejaron en la misma estrecha carretera por la que iban, pero a uno de ellos le dieron en el aire la vuelta al coche y lo dejaron mirando en la dirección contraria a la que llevaba. Recordaba muy bien que, pasado el susto, tuvo mucho trabajo para dar la vuelta allí mismo, porque era una carretera muy estrecha.

En España, según me contó el gran investigador del fenómeno ovni don Manuel Osuna, se habían dado varios casos de este tipo en el Aljarafe sevillano y en el colindante condado onubense, de los que él tenía datos concretos. Desgraciadamente, su muerte, además de arrebatarnos a un entrañable amigo, nos privó de conocer hechos interesantísimos acaecidos en aquellas regiones que él conocía tan bien y que tan fecundas son en manifestaciones de este tipo.

En Costa Rica, un campesino que acudió a mí en busca de consejo para las cosas extrañas que constantemente le pasaban me llevó a un lugar en el campo donde estando él solo cierto día, sentado en el suelo, vio encima de sí, a poca altura, una gran bola, y cuando la estaba mirando con curiosidad, sin saber de qué se trataba —nunca había oído hablar de ovnis— comenzó a sentir que se elevaba como atraído por una fuerza desde arriba. Muerto de miedo, empezó a gritar con todas sus fuerzas, de modo que lo oyeron otras personas que estaban a cierta distancia y que también observaban la bola, y a protestar que no quería que se lo llevasen. Cuando estaba como a metro y medio de altura sintió que repentinamente lo soltaban y cayó violentamente. Naturalmente él, a pesar de su desconocimiento del tema, relacionaba su levantamiento con la bola que estaba en el aire encima de él.

Dejemos aquí el tema porque no quiero hacer de este capítulo una recopilación de casos de teleportación. Solo quiero que quede claro que aunque no salga todos los días en los periódicos, y aunque en las universidades no se enseñe, lo cierto es que hay alguien o algo que en determinadas ocasiones levanta tanto los cuerpos humanos como los de animales y los transporta por el aire sin que sepamos quién, cómo, por qué ni para qué. Y muchas veces ni para dónde, ya que no vuelve a saberse de ellos.

La siguiente creencia islámica acerca de los jinas, tal como la resumió Creighton, es de gran importancia y tiene un aspecto predominantemente positivo si la comparamos con la mayor parte de lo que hasta ahora hemos reseñado:

9) La tradición arábiga atestigua, a través de toda su historia, que se han dado casos en los que algunos humanos han vivido, gracias a un extraño favor, en muy buena armonía con los jinas o han tenido con ellos algún pacto gracias al cual recibieron «poderes preternaturales» o, lo que es lo mismo, «poderes psíquicos». Estos humanos se convirtieron, lógicamente, en grandes taumaturgos, profetas o magos.

A continuación Creighton nos dice que recordemos a los personajes de la tradición europea que fueron famosos porque descubrieron cómo colaborar con el «reino de los silfos» o de las hadas. Y cita el caso, de hace alrededor de unos setenta años, de un librero de París especializado en libros raros y agotados, que tenía una especial amistad con un silfo. Este le decía dónde estaban los libros que él quería, de modo que el librero no tenía más que ir a donde él le indicaba y ofrecerle un precio a su propietario. Cagliostro, el conde de Saint Germain, etc. son personajes de este estilo que ciertamente no escasean en la reciente historia europea.

El lector recordará la historia del doctor Torralba, que podría muy bien ser adscrito a estos personajes famosos en la tradición europea a la que se refería Creighton. En páginas posteriores narraremos las historias de tres individuos diferentes con los que me une una verdadera amistad —en uno de los casos podría hablarse de una verdadera fraternidad— que por una razón u otra han logrado tener una íntima colaboración con su jina, con el que se ven físicamente. A veces ha ocurrido a pocos pasos de donde yo estaba. Estos no son hechos de la Edad Media que tenemos que aceptar «por fe»; son personas actuales, conocidas nuestras, cuyas vidas y testimonios podemos investigar. Negarse a admitir casos cuya autenticidad está en nuestras manos verificar es pecar de una tozudez indigna de una mente inteligente.

Puede parecer que el punto 9 es importante porque con frecuencia da la impresión de que estos jinas son siempre perjudiciales para el hombre. No es así. Es cierto que su interferencia en nuestras vidas es un poco incierta y con frecuencia ilógica e inesperada, pero al lado de muchos casos donde el trato ha resultado negativo y aun mortal, hay otros en los que el humano ha salido grandemente beneficiado.

Da la impresión de que estos seres son muy temperamentales y cuando se encaprichan con un humano hacen cualquier cosa por ayudarlo. Algo así como los humanos hacemos con los animales: con frecuencia nos encaprichamos con un perro y hasta nos sacrificamos por él, pagando veterinarios y hasta dándole un sitio en la casa, mientras que a otros perros de la misma raza y hasta de la misma camada los espantamos si se acercan a nuestra puerta.

Sin embargo, no sería sincero si no dijese que hay más casos en los que el humano ha resultado perjudicado que beneficiado. Por eso, a quien por la razón que sea se vea envuelto en una amistad o en un trato de este tipo, le recomiendo mucha prudencia y que no caiga en la fácil tentación de sentirse «elegido» y se entregue ciegamente en manos de su «amigo» o «protector». Hablaremos más sobre esto en la conclusión final.

10) Estas características y gustos de los jinas van unidos a un tremendo «poder telepático» y a una capacidad de «encantamiento», por usar un término clásico, sobre sus víctimas humanas. Los modernos relatos de ovnis están llenos de ejemplos de esto.

Efectivamente, la mayor parte de los contactados que he conocido y conozco —que no son pocos— pierden la capacidad de juicio ante sus «hermanos mayores» y dejan de usar su propia cabeza. Si la usaran, verían que algunos de los consejos que de ellos reciben son funestos para sus vidas como hombres de este planeta y para su propia sociedad o familia.

Comúnmente se desarrolla en el humano un apego y un amor desmesurado hacia el no-humano que hace que las cosas de este mundo le parezcan ya pequeñas y despreciables, incluidas las personas y los intereses de su propia familia. Este es el «encantamiento» al que se refería Gordon Creighton y que se refleja en toda la literatura árabe sobre el trato de los humanos con estas misteriosas entidades.

Creighton terminaba su artículo en la *Flying Saucer Review* saltando de la tradición islámica a la cristiana y a la religión de Zoroastro. Y nos dice que a pesar de que los cristianos de hoy han perdido todo interés por estos temas, tanto Jesús como Pablo conocían muy bien la existencia de estos seres, tal como se puede ver en los textos griegos del Nuevo Testamento.

Efectivamente, san Pablo, en el texto que copiamos en la introducción, demuestra que conocía muy bien la existencia de toda una serie de «espíritus malignos que viven en las alturas». Sin embargo, aquel texto tan intrigante es comentado con esta ingenuidad y desparpajo por los teólogos y comentaristas modernos de la Biblia de Jerusalén como si ya todo quedase explicado y como si con el comentario no surgiesen todavía más dudas:

> Se trata de los espíritus que en opinión de los antiguos gobernaban los astros y por medio de ellos todo el Universo. Residen «en las alturas» o «en el aire» entre la Tierra y la

morada divina. Coinciden en parte con lo que Pablo llama en otro lugar «los elementos del mundo». Fueron infieles a Dios y quisieron hacer a los hombres esclavos suyos...

En cuanto al mazdeísmo, la religión de Zoroastro, toda ella está llena de la presencia de estos «espíritus», que tienen por una parte unos gustos muy parecidos a los de los jinas, aunque por otro lado sean bastante más crueles en sus relaciones con los hombres.

No me resisto a reproducir el comentario final de Creighton:

> ¡Cuánto de lo que hoy está sucediendo en nuestro mundo a los más altos niveles de la política internacional y en los acontecimientos de cada día se puede atribuir a este sutil control e interferencia en nuestras vidas que llevan a cabo estas fuerzas invisibles e insidiosas! Ciertamente es una de las principales razones del lamentable estado en que hoy se encuentra la humanidad.

En las conclusiones finales profundizaremos en estas ideas en las que hace tiempo coincido con el amigo Gordon Creighton.

Ahora solo me resta decirles a los «ufólogos» de primera enseñanza que todavía se dedican a llevar estadísticas de las horas de los avistamientos y a recopilar «pruebas científicas» de que el fenómeno existe que acaben de convencerse de que los ovnis o la mayoría de ellos no son exclusivamente unas simples naves tripuladas por habitantes de otros planetas, sino que en general son una de las manifestaciones de estos variadísimos mundos extradimensionales e invisibles que nos rodean.

Y quisiera decirles también que estas no son invenciones mías, sino que hace ya miles de años ciertos humanos las han descubierto y han tratado de comunicárselas a sus congéneres, pero siempre hay «algo» que impide que estos las tomen en serio y caigan en la cuenta de la importancia de tan grandes realidades.

Podría, siguiendo a la insigne H. P. Blavatsky, citar cantidad de autores de la antigüedad que tratan este mismo tema, coincidiendo en el fondo con lo que decimos. Pero como sería demasiado largo, me limitaré a citar a Porfirio, un filósofo del siglo III cuyas obras fueron ferozmente perseguidas y en gran parte destruidas por los censores de la Iglesia, por los certeros ataques que este autor hacía a los dogmas cristianos.

He aquí lo que nos dice el discípulo del gran Plotino en su libro *De los sacrificios a los dioses y a los demonios*, en el capítulo II:

Los *daimones* son invisibles pero saben revestirse de variadísimas formas y figuras a causa de que su índole tiene mucho de corpórea. Moran cerca de la tierra y, cuando logran burlar la vigilancia de los *daimones* buenos, no hay maldad que no se atrevan a perpetrar, ya por fuerza ya por astucia… Es para ellos juego de niños excitar en nosotros las malas pasiones, imbuir en las gentes doctrinas perturbadoras y promover guerras, sediciones y revueltas de que solemos culpar a los dioses… Pasan el tiempo engañando a los mortales y burlándose de ellos con toda suerte de ilusorios prodigios, pues su mayor ambición es que se les tenga por dioses o por espíritus desencarnados.

Mayor coincidencia con todo lo que llevamos dicho no se puede dar. Y de una manera semejante pensaban autores tan importantes como Herodoto, Homero y hasta, como hemos visto antes, el mismo Sócrates.

LULA

Conozco a Lula desde 1973. Había sido invitado a hablar sobre mis experiencias en la investigación del fenómeno ovni a casa de un amigo inglés, ingeniero, en Caracas (Venezuela). Con ese motivo él había invitado además a un grupo de personas interesadas en el tema. Uno de los invitados fue Lula, que se suponía vendría con su esposo, quien, aunque no tan interesado como ella, de vez en cuando hablaba de cosas muy interesantes sobre estos mismos temas, por lo que se veía que conocía a fondo el asunto.

Lula vino, pero sin su esposo, y participó activamente en la conversación que tras mi charla se entabló entre todos los que habían asistido. Nos despedimos y en ningún momento pude sospechar que precisamente por aquellas fechas ella estaba siendo testigo directo —y en cierta manera actriz principal— de un interesantísimo drama en el que el otro actor era un «extraterrestre», con todas las reservas que esta palabra me produce.

Pasaron casi diez años antes de que volviese a ver a Lula, esta vez en Madrid, tras el programa *Medianoche*, de Antonio José Alés, en la Cadena SER. Lula me llamó por teléfono y me dijo que quería hablar conmigo el día siguiente. Durante los años que estuve sin verla había sabido de ella en muchas ocasiones gracias a amigos comunes que comenzaron a hablarme de su interesantísimo caso.

Todo había empezado a principios de la década de los 70 en el Museo de Carrozas que existe en el Palacio Real de Madrid. Lula estaba tomándose unas vacaciones para descansar un poco de las muchas tensiones a que últimamente se había visto sometida debido a las malas relaciones con su marido. Las disputas eran casi constantes y la gran diferencia de edad entre ellos agravaba aún más las cosas. Aunque tener que separarse por unos días de sus pequeños hijos era algo que le disgustaba, tomó la decisión de ausentarse para poder reflexionar mejor acerca de la situación y para poder serenarse.

Aquella tarde el museo estaba prácticamente vacío. Lula se había detenido ante un viejo landó cuando oyó las pisadas firmes de alguien que lentamente se acercaba hacia donde ella estaba. A medida que los pasos se aproximaban, sentía como si verticalmente le clavasen un puñal helado a lo largo de toda la columna vertebral.

Pero no se volvió. Únicamente miró de reojo hacia abajo para ver si podía darse cuenta de quién estaba situado detrás de ella. Solo pudo distinguir los lustrados zapatos de un hombre, pero no levantó la vista para verle la cara.

Conmocionada por la fuerte impresión física que había recibido y al mismo tiempo intrigada por quién podría ser aquel individuo que le había causado semejante conmoción interna, se alejó del lugar, salió al jardín y se sentó en el asiento de un viejo trenecito que por aquellas fechas aún hacía un breve recorrido para los turistas. Sacó un libro y se puso a leer.

Al poco rato, el desconocido se acercó y sin decir nada se sentó en el asiento de al lado, a pesar de que había muchos otros vacíos, ya que a aquella hora ellos eran prácticamente los únicos visitantes del museo.

Lula volvió a sentir la misma fuerte impresión a lo largo de toda su columna vertebral. Pero no levantó la vista del libro a pesar de que se hallaba francamente molesta por la falta de delicadeza de aquel desconocido. Para entonces ya había podido caer en la cuenta de que se trataba de un hombre joven, extraordinariamente alto y muy bien trajeado.

Tras unos instantes, el desconocido rompió el tenso silencio:

—Señorita, ¿de dónde es usted?

Lula tuvo la tentación de enviarlo al infierno, pero se contuvo y no dijo nada. Y de nuevo el desconocido insistió:

—¿Es usted española?

Se produjo un largo silencio. Lula estaba dispuesta a no intercambiar palabra alguna con aquel impertinente desconocido. Pero de nuevo se oyó su voz pausada:

—No. Usted no es española. Ni tampoco francesa…, ni italiana.

Hubo otro silencio.

—¡Usted es venezolana!

Lula saltó como un resorte al verse así descubierta por alguien a quien no había visto en su vida y que además le estaba resultando no solo inquietante sino hasta repulsivo, por lo atrevido y desconsiderado de su comportamiento. De una forma hostil, como si no creyese lo que le decía, Lula replicó:

—¿Cómo lo sabe usted? Y además, ¿quién es usted?

—No importa quién soy ni cómo lo sé. Lo cierto es que usted es venezolana.

—Sí, lo soy, pero no tengo intención de hablar con usted si no me dice quién es y sobre todo cómo ha logrado saber que soy venezolana.

El extraño —al que en el futuro llamaremos Jorge, aunque el nombre que él usaba no fuese ese— dijo cómo se llamaba, pero mantuvo su hermetismo en cuanto a sus orígenes, defendiéndose con evasivas a las preguntas de Lula referentes a muchos pormenores de su vida.

La conversación, que había comenzado tensa, acabó distendida y mucho más animada. Cuando al cabo de un buen rato llegó el momento de cerrar el museo salieron y, en la acera, se despidieron cortésmente. Al cabo de unos días Lula se volvió para su tierra y pasado un tiempo ya se había olvidado por completo del extraño incidente en el Museo de Carrozas.

Transcurrieron varios años. Lula daba una recepción en su gran casa de Caracas y se encontraba aquella tarde muy ajetreada ultimando los detalles de la fiesta, cuando le avisaron de que la llamaban por teléfono. Al otro lado había una voz desconocida:

—Hola Lula, ¿me recuerdas?

—Por la voz, no.

—Soy Jorge.

—¿Jorge? Conozco a varios *Jorges* y además hoy vienen muchas personas a la fiesta y no sé si serás una de ellas, pero no caigo... ¿Nos hemos visto alguna vez?

—Sí, nos hemos visto y somos viejos amigos. ¿Recuerdas la visita al Museo de Carrozas de Madrid?

Lula recordó de golpe el extraño episodio vivido en Madrid varios años atrás, pero preocupada como estaba con la fiesta de la noche le pareció que era mala suerte que precisamente ese día volviese a presentarse aquel raro hombre. Se le ocurrió algo:

—¿Por qué no vienes esta noche a la fiesta y así, aparte de vernos, tienes ocasión de conocer a mucha gente interesante? Porque me imagino que no te sobrarán amigos aquí en Caracas.

—Perfecto. Allí estaré puntual.

Cuando Lula colgó, se felicitó a sí misma por haber encontrado tan rápida y brillantemente solución al problema. A los cinco minutos, absorta en la preparación de los canapés y demás detalles de la recepción, ya se había olvidado de la llamada de Jorge.

Llegó la hora de la fiesta. Lula y su marido recibían uno a uno a los huéspedes a medida que iban llegando. Estaba saludando en la puerta a uno de ellos, cuando a sus espaldas sintió una especie de viento helado que se le metió como una daga por la columna vertebral. Instantáneamente recordó la experiencia que había tenido en Madrid. Se volvió, rápida, y allí estaba Jorge sonriéndole.

Terminó la fiesta sin nada de particular, como no fuese el extraordinario atractivo que Jorge demostró ejercer sobre todos los asistentes, y se despidieron. En la puerta le anunció que su estancia en Caracas no era pasajera, sino que intentaba quedarse a vivir allí.

A partir de aquel día comenzó a asediarla para que se divorciase del hombre hosco y viejo con quien estaba casada. Constantemente le repetía: «Salte de ese viejo inmueble», refiriéndose, en parte, a la gran casa en que vivía, situada en uno de los mejores barrios residenciales de la capital, y en parte a su marido, que como dijimos, le llevaba bastantes años.

Lula al principio no le prestaba oídos, pero como las disputas y las diferencias con su esposo eran cada vez mayores, acabó divorciándose, entablando posteriormente relaciones con Jorge, que culminaron en boda al cabo de algo más de un año.

Por todo lo dicho hasta aquí no tenemos derecho alguno a sospechar que Jorge no fuese un ser humano ordinario y a equipararlo con las extrañas entidades a las que nos estamos refiriendo en este libro. Pero de él sabemos muchas más cosas contadas no solamente por Lula sino por sus familiares y amigos. Y si bien es cierto que ninguno de ellos sospechó que pudiese ser un «no humano», sin embargo no dejaban de extrañarse mucho ante sus extrañas cualidades.

Ya dije antes que mi oportunidad de haberlo conocido personalmente se frustró, porque él no quiso asistir acompañando a Lula a una velada en casa de un amigo, en la que yo hablé sobre temas de los que seguramente él sabía mucho más que yo. No era partidario de frecuentar reuniones ni de hacer nuevas amistades. Pero si alguna vez acudía a una reunión, casi seguramente se convertía en el centro de atención y en el animador de la charla. Daba la impresión de que sabía de todo, y no con un conocimiento superficial sino profundizando en detalles propios de un profesional en la materia.

Las cosas por las que un estudioso de estos temas hubiese podido sospechar que se trataba de un «no humano» son muchas, y Lula las guarda muy bien en su memoria, tal como me las contó en una larga conversación que tengo grabada en varias cintas magnetofónicas.

Tras su boda con Jorge y en su trato íntimo con él, Lula comenzó a descubrir cosas que a diario la llenaban de asombro. Estas extrañas cualidades de su marido no impedían que estuviese muy unida a él; me confesó que llegó a estar completamente enamorada. Me dijo:

—Como marido era perfecto. Me trataba con gran cariño y al mismo tiempo con un gran respeto. A veces me miraba como si yo fuese una niña y en realidad yo así me sentía viendo su gran superioridad en todo.

En otro momento me contó:

—Con mis dos hijos [habidos en el primer matrimonio] era un padre ideal. Creo que los entendía mejor que yo. Ellos lo querían mucho y al mismo tiempo lo respetaban. Él les adivinaba por completo sus necesidades y sus deseos.

Llegó un momento en que ante tantas cosas extraordinarias que Lula veía hacer a su marido no sabía qué pensar. Nunca llegó a pensar que fuese «extraterrestre» —término que entonces estaba muy de moda en Venezuela—, pero en más de una ocasión le preguntó medio en broma medio en serio de dónde era o de dónde había venido. Él le decía siempre lo mismo: era un descendiente de italianos que habían venido a Sudamérica en busca de mejores oportunidades de vida. En efecto, él usaba un apellido italiano bastante corriente en Argentina. Y cuando Lula se ponía impertinente, instándole a que le dijese quiénes eran sus padres y dónde había adquirido tantos conocimientos y tantas facultades, él decía que no fuese tan curiosa, y con alguna broma salía del paso. Pero nunca dio a entender que él no fuese humano. Más bien trataba de hacer creer que lo era y en cierta manera procuraba adelantarse a las pequeñas dudas que ella pudiese tener ante actuaciones suyas que superaban todos los límites humanos.

Su vida era en ciertos aspectos normal, pero en otros distaba mucho de serlo. La fuente de sus ingresos era una compañía de importación y exportación de libros que tenía un local y unos cuantos empleados. Jorge la atendía como algo secundario en su vida y daba la impresión de que le importaba poco si le iba bien o mal, aunque a él nunca le faltaba dinero ni se quejaba de apuros financieros.

Sus cualidades extraordinarias lo eran tanto en lo psíquico como en lo físico. En cuanto a lo primero, usaba la precognición como algo normal. En muchas ocasiones preveía y predecía lo que iba a pasar y atenía a ello su conducta, dejando de hacer cosas que hubiese hecho o adelantándose a hacer algo que luego, a causa de los acontecimientos previstos, no iba a poder hacer.

Los hechos que podría narrar son muchos. Cierto día iban por la carretera, Jorge conducía y repentinamente comenzó a decirle a Lula de una manera apremiante y refiriéndose a un camión que iba a unos doscientos metros delante de ellos, en una gran bajada:

—¡Fíjate en aquel camión! ¡Fíjate bien!

Lula clavó los ojos en el camión. Pasaron unos largos instantes y al no ver en él nada de particular le preguntó intrigada:

—Yo no veo nada. ¿Qué es lo que pasa?

—¡Fíjate! ¡Va a chocar!

Todavía pasaron unos instantes más hasta que, de repente, saliendo de un costado de la carretera, apareció un coche contra el que el camión, a pesar de haber frenado violentamente, se dio un gran golpe que lo hizo volcar. Fue un serio accidente, en el que de haber continuado Jorge con la velocidad con la que iba se hubiese visto involucrado, pues estaría rebasándolo en aquellos momentos. ¿Cómo supo que el camión iba a chocar sin que hubiese signo alguno de que iba a aparecer el otro vehículo por el costado?

Lula puede contar un sinnúmero de incidentes como este.

—A veces, cuando íbamos a gran velocidad por la carretera —me contaba—, él paraba violentamente, y cuando yo le preguntaba asustada qué pasaba, me contestaba con gran tranquilidad: «Iba a romperse tal cosa». Se bajaba; levantaba la tapa del motor, lo arreglaba rápidamente y seguíamos el viaje.

Su manera de conducir el automóvil hubiese sido suicida en un ser humano normal. Más que correr, volaba. Lula, al principio, se resistía a viajar con él por el pánico que pasaba, temiendo que en cualquier momento se iban a estrellar. Le rogaba que fuese más despacio. Él obedecía por un tiempo y en parte, diciendo siempre que no tuviese miedo, que no pasaría nada. Pero al cabo de un rato el coche iba de nuevo lanzado a cerca de doscientos kilómetros por hora y por malas carreteras. Tan normal era esto que Lula llegó a acostumbrarse, sobre todo después de haber sido testigo repetidamente de cómo él sabía sortear las situaciones más difíciles y salía siempre indemne de donde otros conductores hubiesen muerto.

Daba la impresión de que las distancias se acortaban y Lula me ha asegurado que en varias ocasiones hicieron el viaje de Caracas a Barquisimeto en tres horas, cosa completamente imposible para un conductor normal. Además ella se asombraba de cómo un coche de tan poca potencia —un Valliant— era capaz de desarrollar tan tremendas velocidades y durante tanto tiempo seguido.

En cuanto a sus cualidades físicas, daba la impresión de haber sido criado en el agua y de pertenecer a este elemento.

—Cuando íbamos a la playa —recuerda Lula—, era un espectáculo verlo nadar. En los días de mayor marejada y cuando nadie se atrevía a entrar en el agua por la fuerte resaca y por la violencia de las olas, Jorge, con toda tranquilidad, se adentraba en el mar, desapareciendo debajo de las grandes olas y reapareciendo entre un mar de espuma cada vez más lejos de la costa.

»Al principio yo me asustaba mucho, pero ante la seguridad que él mostraba y viendo que siempre regresaba sin haber tenido ningún problema llegué a prescindir de sus entradas y salidas en el mar. En alguna ocasión, viéndolo uno de los salvavidas frente a la playa de un hotel introducirse en un mar muy agitado y adentrarse mucho, corrió hacia mí, sabiendo que yo era su esposa y me dijo que aquello era una locura y que le hiciese señas para que volviese inmediatamente porque estaba en un gran peligro. Yo lo tranquilicé y le dije que no se preocupase porque mi marido era un auténtico pez y había hecho eso mismo en muchas otras ocasiones. Él no lo podía creer y se alejó protestando que él no tendría ninguna responsabilidad si pasaba algo.

»A veces tardaba horas en volver sin que yo lo pudiese ver en ninguna parte, aun buscándolo con prismáticos. A veces lo veía a más de un kilómetro mar adentro regresando hacia la playa nadando a buena velocidad en sitios donde abundan los tiburones. Yo de ordinario tomaba mi baño y luego me sentaba tranquilamente a leer, para lo cual iba bien preparada, pues sabía que mi espera podía ser larga.

»Cuando llegaba, venía hacia mí, me hacía alguna caricia, me preguntaba mimosamente cómo lo había pasado y comenzaba la segunda parte del espectáculo, aún más extraordinaria que la primera y por lo menos mucho más visible. Con frecuencia, las personas que habían caído en la cuenta de que aquel hombre había desafiado por más de dos horas la furia de las olas en los días en que nadie bajaba a la playa, se acercaban para verlo de cerca, pero se quedaban aún más pasmadas cuando lo veían practicar rutinariamente su ejercicio que podríamos llamar "posnatatorio".

»Solía decirme: "Lulita, me voy a calentar un poco". Y comenzaba a correr a todo lo largo de la playa. Primero comenzaba trotando a grandes zancadas, pero paulatinamente su velocidad se iba incrementando hasta ser comparable a la de un caballo de carreras a todo galope. La gente, desde el malecón y desde la carretera que corría paralela a la playa, se quedaba pasmada ante "aquello" que veían pasar a toda velocidad y recorrer los dos o tres kilómetros de playa en menos de dos minutos. Al llegar a las rocas del extremo y sin detenerse absolutamente nada, volvía para atrás y hacía el mismo recorrido a la misma velocidad. Cruzaba la playa varias veces en ambas direcciones y era tan llamativo que los automóviles se detenían para verlo y la gente se bajaba y se acercaba a la arena para ver de cerca a quien corría a tal velocidad. Todo lo que le diga en este particular es menos que la realidad.

Lula sigue contando, y aunque han pasado unos cuantos años y Jorge ya no está en este mundo, se le nota todavía el entusiasmo cuando recuerda las hazañas del que fue su compañero perfecto.

—Y fíjese que esto lo hacía un hombre que acababa de estar dos horas o más en agua fría del océano nadando sin parar y además lo hacía alguien ¡que no tenía pulmones!

Esta afirmación de Lula me hizo arquear las cejas. Ella, dándose cuenta de mi extrañeza, me dijo que me explicaría un poco más tarde cómo supo semejante extraño detalle de su anatomía.

Me extrañó que me dijese que tenía una foto de Jorge. Como ya he dicho, a estos individuos venidos de otras dimensiones no les gusta que los fotografíen y se las ingenian para que nadie lo haga, y si alguien lo hace, para que no salgan las fotos.

Se ve que Jorge hizo una excepción, aunque creyó suficiente dejarle una a su mujer. En muchísimos otros casos en los que se ha producido una gran unión entre un «no-humano» y un humano, aquel, a pesar de la amistad, no ha querido dejar ni permitir foto alguna a su amigo o amiga. Aunque la verdad es que tener una sola fotografía de un marido tan querido es más bien algo extraño, cuando lo lógico es tener varias docenas de ellas en todas las posiciones y en diversas épocas.

Naturalmente le pedí que me la dejase ver. Jorge aparece en ella sentado, con sus largas piernas cruzadas y no completamente de frente, sino vuelto de medio lado, de modo que no se le ven los ojos. Da la impresión, una vez más, de que no quiso que la cámara fotográfica lo enfocase de frente y le mostrara los ojos. Por lo demás, sus facciones no tienen nada de extraordinario. Se diría de él, por el tono del color de su piel y por su pelo negro, que podría tener algo de sangre india. Lula, con toda razón, guarda su única foto como un tesoro.

El lector estará intrigado por saber cuál fue el fin de la unión de Jorge con Lula, una vez que hemos dicho en líneas anteriores que Jorge ya no estaba en este mundo.

Al poco tiempo de su matrimonio, Jorge empezó a quejarse de la gran contaminación del aire que respiraba. Decía que aquello perjudicaba mucho su salud. Lula le sugirió que comprasen una casa en las afueras de la ciudad, donde el aire era mucho más puro. Jorge, incomprensiblemente para Lula, replicaba: «No es el aire de la ciudad propiamente lo que me hace daño. Es la atmósfera». Lula no entendía la distinción por aquel entonces.

A causa de esta «contaminación de la atmósfera», Jorge a veces se sentía muy mal. Se ponía cianótico y se tumbaba en la cama, quedándose completamente inmóvil durante un buen rato. Entonces echaba mano de un frasquito que portaba siempre consigo, lo destapaba y se lo llevaba a la nariz, permaneciendo así por unos instantes. Cuando retiraba el frasquito y lo tapaba, se incorporaba en la cama y era como si hubiese resucitado; hablaba con toda normalidad y nadie hubiese dicho que un minuto antes había dado señales de estarse muriendo.

Antes de seguir adelante, diremos que este misterioso frasquito sirvió en más de una ocasión para que Lula probase la capacidad de clarividencia de su marido. Este le había dicho muy amablemente que si alguna vez veía el frasquito en algún sitio —cosa muy improbable porque Jorge lo llevaba siempre consigo— no cayese en la tentación de abrirlo, y menos aún de olerlo. Y esto sin ninguna excepción. Se lo hizo prometer y Lula se lo había prometido de todo corazón, y así lo cumplía las escasísimas veces que tenía ocasión de faltar a su palabra.

Pero como los humanos somos como somos y según dice el refrán «la tentación hace al ladrón», en cierta ocasión en que Jorge se hallaba tumbado en la cama de su habitación Lula entró en el cuarto de baño y vio encima del lavabo el intrigante y diminuto frasquito. Aunque el propósito de cumplir la promesa que le había hecho a su marido era firme, pensó en qué misteriosa sustancia podría haber en tan pequeño pomo que era capaz de realizar los milagros que ella había presenciado tantas veces. Lo tomó en sus manos y lo estaba observando con atención cuando oyó la voz de Jorge que decía:

—Lulita, ¿qué estás pensando? Tráeme el frasquito y déjate de pensar cosas.

Las dificultades respiratorias de Jorge fueron haciéndose cada vez más frecuentes y graves. Nunca siguió las sugerencias de Lula para que fuese a un especialista y jamás se dejó ver por un médico. Tenía «alergia» a los médicos y en casa era él mismo quien curaba las pequeñas dolencias de los niños y las suyas propias, excepto aquellas que tenían que ver con la respiración. Su afección no era precisamente asma o algo por el estilo; él se quejaba siempre de lo mismo: el aire de la atmósfera era malo para él aunque no estuviese contaminado por humos y gases.

Un buen día, tras varios ataques de los que salió de la manera acostumbrada, cayó en una especie de coma del que parecía que ya no iba a salir, pues pasaba el tiempo y no recobraba el conocimiento ni daba señales de vida, tal como en tantas ocasiones había hecho. Ante esto, Lula llamó a una ambulancia y lo trasladaron por primera vez a una clínica. Allí, ante los síntomas que Lula explicó a los doctores, le hicieron una radiografía pulmonar. Cuando la vio el médico, increpó al técnico de rayos X y le dijo que se fijase mejor en lo que hacía, pues aquella placa estaba muy deficientemente tomada y no servía para nada. El técnico se defendió y dijo que la había hecho con el mayor cuidado y que eso era lo que salía. Cuando le tomó la segunda fue el propio técnico el que se sorprendió al ver que la placa era completamente anormal. Le sacó otra y otra más hasta que el mismo doctor se convenció de que aquel sujeto no tenía pulmones. Lo único que se veía en la esquina inferior de la placa era un raro tejido que no tenía nada que ver con los pulmones humanos. Varios doctores, extrañadísimos ante lo que veían por primera vez en su vida, contemplaron con detenimiento las placas y con toda seguridad tomaron la determinación de asistir a la autopsia de aquel hombre en caso de que muriese, para ver cómo había podido oxigenar su sangre careciendo de pulmones. Pero aquel individuo estaba aún vivo.

En la habitación de la clínica, Lula no se separaba de él y a veces la ayudaban su madre y una enfermera particular.

Una vez ingresado allí nunca recobró el conocimiento. Su respiración se fue haciendo más fatigosa, hasta que en presencia de uno de los médicos que lo atendía dejó de respirar. El doctor, intrigadísimo ya por lo que había visto en las radiografías, le tomó todas las constantes vitales y se cercioró bien de que efectivamente el paciente había muerto.

Lula, siguiendo instrucciones que Jorge le había dado, no permitió que le hiciesen la autopsia, y los médicos se quedaron con el deseo de ver en directo la extrañísima anomalía que habían detectado en las placas.

Poco antes de que sucediese el desenlace, el lecho había sido separado un poco de la pared para que Lula pudiese estar al lado de la cabecera sin molestar al doctor y a la enfermera que lo atendían desde el otro lado. Cuando Jorge, según el médico, había expirado, Lula se abrazó a su cuello y estuvo así un buen rato. Aceptado ya el trance y repuesta de la primera emoción, se incorporó dispuesta a salir del estrecho pasillo en que estaba contra la pared y pasarse al otro lado. Al querer salir por el fondo de la cama, que distaba unos veinte centímetros de la pared, se enredó con las sábanas y colchas, y por más que lo intentaba no lograba desenredar el compacto nudo que habían formado. Cuando trató de apartarlas vio que lo que le impedía salir no eran las colchas y sábanas enredadas, sino los pies de su marido, que llegaban hasta la pared. Se fijó en la cabeza y esta daba contra la cabecera de la cama. ¡Jorge había crecido, a raíz de su muerte, en cinco o siete minutos, veinte centímetros! El cadáver tenía bastante más de dos metros de altura.[12]

---

[12] Este detalle del crecimiento repentino de Jorge es de gran importancia para los ovniólogos que investigan a fondo el fenómeno. Cuando Lula me lo contó yo desconocía la trascendencia de ese detalle. [*Nota del autor a la actual edición*].

En cuanto al misterioso frasquito, sucedió con él algo muy raro. Muerto ya Jorge, el frasquito estaba, como de costumbre, encima de la mesilla de noche al alcance de su mano. Pues bien, en un momento, sin que nadie lo tocase, como obedeciendo a una orden, comenzó él solo a elevarse lentamente, a la vista de todos los que allí estaban, que luego no tuvieron problema en dar testimonio de ello. Una vez en el aire, a una altura como de dos metros, se destapó por sí solo y todos vieron salir de dentro una especie de vapor que se disipó en el aire. A continuación, obedeciendo ya a la ley de la gravedad, cayó violentamente al suelo, donde se rompió en mil añicos. Cuando los presentes se inclinaron para ver qué había quedado del frasquito, por más que se arrodillaron para buscar los fragmentos no fueron capaces de hallar ni uno solo.

Tal como Lula cuenta, si nos pusiésemos a recordar anécdotas extrañas de la vida de Jorge no acabaríamos, pues en mil ocasiones sorprendía a los presentes haciendo con toda naturalidad cosas que a todas luces superaban las capacidades humanas. Muchas veces la gente, por educación o por falta de confianza, disimulaba, haciendo ver que no se daba por enterada. Pero Lula pudo ver en incontables ocasiones cómo los presentes, sin decir nada, ponían cara de asombro cuando Jorge les adivinaba el pensamiento o hacía ante ellos como cosa normal algo que era imposible.

Meses antes de su fallecimiento en la clínica, Jorge había comenzado a decirle a Lula que se «iría pronto». Nunca habló de morirse y cuando Lula, angustiada ante su frase cabalística de «irse pronto», le preguntaba qué quería decir con ello, él siempre contestaba repitiendo la misma frase y con evasivas.

Los últimos días, cuando él ya se encontraba muy mal por sus problemas «con el aire», había contratado a una enfermera, que fue la que lo atendió también en el hospital. A esta misma enfermera él le había dado instrucciones precisas «para cuando se fuera». La primera de todas fue mandarla a comprar unas vendas anchas y largas del estilo de las que vemos en las momias de los faraones. Además de esto había instruido muy bien a su esposa acerca de lo que tenía que hacer con su cuerpo cuando llegase el momento de irse. Le dijo que le cruzase los brazos plegados encima del pecho y que en cada mano cerrada le metiese siete monedas de plata. En esta posición tenían que envolverlo en las largas vendas que había mandado comprar a la enfermera y que en el momento de su muerte ya estaban en poder de Lula. Así fue cómo lo amortajaron, quedando todo envuelto con las vendas como un faraón egipcio.

Entre esto y la exagerada longitud del ataúd, el aspecto que ofrecía cuando estaba tendido en la funeraria era, al decir de los que lo visitaron, realmente impresionante.

Todos estos hechos sucedieron hace ocho años y Lula me dijo que tenía el deseo de exhumar los restos de Jorge una vez que ya ha pasado el tiempo que la ley exige para poder hacerlo. Pero hablando más propiamente, Lula cree que no se va a tratar de una exhumación normal porque tiene la certeza, parece ser que basada en algo que Jorge le dijo, de que cuando se abra el féretro no se va a encontrar absolutamente nada dentro.

Hace algo más de un año el autor tenía una cita con Lula para asistir a la exhumación de los restos de Jorge, pero Lula no se presentó. Y esta es la parte siniestra o por lo menos incomprensible que tantas veces acompaña o culmina las relaciones de los «dioses» con los mortales. Lula ha desaparecido o se ha perdido de vista para todos aquellos que la conocen desde hace mucho tiempo.

En compañía de dos amigos que la conocen desde hace muchos años y que conocieron también a Jorge, dediqué una tarde entera a tratar de dar con ella en la ciudad de Caracas. Intentamos contactar con su madre y con viejas amistades y no pudimos conseguir ninguna pista. Nadie sabe dónde se ha metido, aunque conociendo su manera de actuar no sería raro que se hallase en alguna extraña aventura por Egipto o por Oriente Próximo, en la que le sucedan fenómenos tan raros e inexplicables como los que le sucedieron en alguna otra previa. La causa de este posible viaje puede haber sido alguna «aparición» de Jorge diciéndole que dejase todo y fuese a donde él le indicaba, tal como sucedió cuando nos vimos por última vez en Madrid, en 1983.

Según Lula, tiempo antes de que nos viésemos, cierta noche se despertó como si alguien la estuviese llamando, y al abrir los ojos vio al lado de ella la cara de Jorge. Internamente sintió que le hablaba y le decía que se fuese de Madrid y que regresase a su tierra, pues allí tenía una misión importante que hacer. En cuanto percibió estas palabras, la visión se desvaneció.

La orden de Jorge no era nada fácil de cumplir, ya que por aquel entonces Lula estaba viviendo con sus hijos en Madrid, donde tenía un trabajo muy bueno y bien remunerado, y en Caracas no tenía nada seguro y le sería muy difícil encontrar algún trabajo tan bueno como el que tenía en Madrid. Sin embargo, ante una orden tan explícita y dada de una manera tan «sobrenatural», no dudó; renunció a su trabajo, desmontó el buen piso que tenía en un barrio elegante de Madrid, cerca del estadio Santiago Bernabéu, y se fue a vivir a Caracas.

Y aquí fue donde empezaron las tribulaciones de Lula. Desde que llegó, las cosas comenzaron a irle mal. En primer lugar no pudo encontrar ningún trabajo que pudiese compararse al que tenía en la capital de España. En realidad no encontró ninguno que valiese la pena, de modo que comenzó a tener dificultades económicas de las que había estado libre hasta entonces.

Además tuvo problemas de salud, y lo que fue peor, tuvo ciertas contrariedades familiares serias en las que estuvo envuelto uno de sus hijos que le causaron mucha angustia y problemas incluso con la justicia, por lo que tuvo que gastar en ello bastante dinero.

Como resultado de todas estas tribulaciones, y creo que también en parte por no poderse explicar el abandono de Jorge, ya que por ninguna parte veía la misión de la que le había hablado, Lula desapareció y no se pudo proceder a la exhumación del cadáver de aquel. Sin embargo, no desespero de poder asistir algún día a ella y cerciorarme por mí mismo de que allí no hay nada, tal como Lula asegura.

Una explicación ante un desenlace tan inesperado podría ser esta: el Jorge de la aparición no era el mismo que había convivido con Lula; era una entidad entrometida que jugó con la credulidad y los sentimientos de Lula.

Esta, a mi manera de ver, fue demasiado ingenua ante una petición tan irracional e ilógica como era la de abandonar Madrid cuando tan bien ubicada estaba en compañía de sus hijos. Cuando me comunicó su deseo de levantar la casa e irse para Venezuela sin tener allá nada fijo y con las condiciones sociales y económicas en franco deterioro en aquel país, mi reacción fue negativa. Pensé que yo en su caso no lo haría sin asegurarme primero de que no estaba dando un salto al vacío, como en realidad ocurrió.

El «no entregar la mente por completo a nadie», tal como aconsejo en *Defendámonos de los dioses*, es algo que todos los contactados deberían tener siempre muy presente y que desgraciadamente, por estar de ordinario sus mentes completamente dominadas, no tienen. Lula estaba totalmente decidida y segura de lo que iba a hacer y le parecía además que si no lo hiciese estaría en cierta manera siéndole infiel a Jorge. Por eso preferí no entrometerme ni sembrar dudas en lo que estaba decidida a hacer, respetando su decisión equivocada. Aparte de que no tenía idea de cómo iban a salir las cosas. Sin embargo, el hecho de que Jorge le dijese que tenía «una misión que cumplir en Caracas» me puso bastante en guardia.

Siempre que oigo a un contactado decir que le han comunicado que tiene «una misión que cumplir» sospecho que hay una trampa y que los que se están comunicando con él no son de fiar. Parece ser que algunas de estas entidades tienen una compulsión a hablar a sus elegidos de «misiones que cumplir» o de que «les son necesarios». Y también podría ser que estos mensajes fuesen solo una técnica para, apoyados en la psicología humana, adquirir un mayor dominio sobre sus mentes.

Creo que nunca se insistirá demasiado con toda clase de místicos, contactados y psíquicos que tienen que estar siempre muy en guardia contra la injerencia de estas «entidades burlonas» —recordemos las actividades de los jinas— que saben hacerse pasar muy bien por otras y dar la impresión de ser las originales.

El lector estará preguntándose hasta qué punto son creíbles todas estas cosas. Pero por otro lado me imagino que si ha llegado hasta aquí en la lectura de este libro ya debe de estar curado de espantos y con una mente más dispuesta a admitir hechos semejantes que si fuese la primera vez que oye cosas tan fuera de lo corriente. A lo largo del libro habrá ido viendo que en el mundo suceden cosas, pequeñas y grandes, que distan mucho de ser corrientes.

En cuanto a los sucesos narrados en este capítulo, si bien es cierto que Lula es la principal fuente de información, el hecho de que Jorge viviera con gente conocida y en una localidad específica hace que no estemos tratando de conjeturas o de ideas abstractas sino de sucesos concretos.

Además, para avalar algunos de estos hechos y en concreto el del crecimiento repentino del cadáver de Jorge y lo ocurrido con el famoso frasquito a la hora de su fallecimiento, están los testimonios de la enfermera que lo asistió, el de la madre de Lula y el de uno de los médicos que estaba presente cuando sucedió el hecho. Yo no pude ser testigo directo de ninguno de estos sucesos extraordinarios y tengo que conformarme con los relatos de estas personas, y en especial con los de Lula, a la que conozco suficientemente como para poder asegurar de ella que es una mujer seria sin deseo alguno de protagonismo. Obviamente no gana nada con todo lo que me ha contado y más bien se expone a ser el blanco de comentarios y de investigadores indiscretos, por lo que me rogó que no dijese su nombre completo ni diese demasiadas pistas concretas para no ser fácilmente localizable. Por desgracia, hoy esto se ha cumplido de por sí y Lula está ilocalizable incluso para los que somos sus amigos. Ojalá que solo sea temporalmente y pronto pueda asistir con ella a la exhumación del cadáver de su marido, para ser testigo directo de su tumba vacía.[13]

---

[13] Muchos años después de haber abandonado México, desconozco si los amigos comunes lograron dar con el paradero de Lula y si en su exhumación ocurrió lo que Jorge había dicho. [*Nota del autor a la actual edición*].

JOSÉ LUIS

Corría el año 1976. Terminé de dar mi charla en un gran local público de la ciudad de México y cuando, sudoroso, entré en la pequeña habitación contigua al escenario desde el que había hablado, me encontré a José Luis, esperándome. No lo había visto en mi vida. Me saludó tímidamente y me dijo que quería contarme algo que le venía sucediendo desde hacía años.

José Luis tendría unos 20 años, era alto, con cara inteligente, de modo que me inspiró confianza y ni siquiera por un momento sospeché que podría estar delante de uno de los muchos chiflados que con demasiada frecuencia vienen a contarle a uno sus «comunicaciones» alucinatorias con «extraterrestres». Comenzamos a hablar allí mismo y aquello fue el inicio de una sincera amistad que ha durado hasta hoy.

He aquí, en resumen, lo que entonces me contó José Luis.

Cuando tenía unos 10 años, un buen día apareció por la escuela pública en la que él estudiaba un muchacho rubio, poco más o menos de la misma altura que él tenía por aquel entonces, con una piel muy tersa que hacía muy difícil adivinar su edad.

El muchacho, que no era alumno de aquella escuela, se hizo amigo de un grupo de compañeros de clase de José Luis. Cuando aparecía por allí los entusiasmaba a todos con sus cuentos sobre viajes espaciales, nuevos inventos y muchos otros temas más en los que el extraño forastero estaba mucho más adelantado que sus infantiles amigos.

A pesar de que hizo muy buenas migas con unos cuantos de ellos, intimó de una manera especial con José Luis, al que frecuentaba más, no solo en la escuela sino también en su casa, hablándole de un sinfín de temas diversos e instruyéndolo acerca de cosas que en el futuro le iban a suceder.

Pasado un tiempo hizo una especie de pacto con todos sus amigos, incluido José Luis. La señal del pacto fue una especie de ligero tatuaje que a todos les hizo en la parte interior de la muñeca, que tenía aproximadamente la forma de una «H» mayúscula. En otras palabras, el tatuaje que todavía puede verse en la muñeca de José Luis tiene un gran parecido con el famoso signo de UMMO, del que ya hablamos en páginas anteriores. Más adelante volveremos a hablar de ello cuando surjan otras relaciones con el caso UMMO.

El misterioso visitante —al que en adelante llamaremos *el rubio*, ya que José Luis nunca me ha dicho si tiene nombre propio— tomó la costumbre de visitarlo en su propia casa, haciéndolo siempre en una fecha fija, que era precisamente el día de su cumpleaños, en el mes de abril.

Llegada esa fecha, *el rubio* aparecía invariablemente y saludaba a todos los miembros de la familia, que ya lo trataban como a un conocido, lo apreciaban por la dulzura de sus modales, por lo mucho que sabía y, especialmente la madre de José Luis, por los buenos consejos que le daba a su hijo.

La visita fija en la fecha del cumpleaños continuó repitiéndose sin interrupción y cada vez fue estrechándose más la unión con su misterioso amigo, aunque nunca decía de dónde venía exactamente ni cuáles eran sus actividades ordinarias. Cuando se le preguntaba sobre esto contestaba con vaguedades, dando a entender que prefería que no indagase sobre ello.

Por otro lado, nunca manifestó que él procediese de otro planeta ni que fuese diferente a los demás seres humanos. Como ni José Luis ni nadie en su familia habían prestado anteriormente la menor atención al fenómeno ovni, no se les ocurrió sospechar que *el rubio* podía ser alguno de aquellos «extraterrestres» que por entonces aparecían de vez en cuando en las páginas de ciertas revistas y de los diarios.

En cambio, sí les llamaba la atención a todos el hecho de que *el rubio* no parecía crecer ni envejecer de ninguna manera. Se mantenía siempre igual, tal como lo habían visto la primera vez. Fue solo pasados varios años de este trato cuando José Luis comenzó a sospechar que algo muy extraño había en la persona de su amigo y, aprovechando que yo hablaba de estos temas, allá acudió para contarme lo que le estaba pasando.

Una de las circunstancias que me hizo sospechar que *el rubio* podía ser un visitante «extraterrestre» del tipo que fuese o un auténtico jina fue lo que José Luis me contó relacionado con su matrimonio. Ni qué decir tiene que él desconocía muchos, por no decir todos los recovecos e implicaciones del fenómeno ovni, y cuando me contaba anécdotas que le habían sucedido con *el rubio* no lo hacía seleccionando aquellas que se parecían a otras que él hubiese leído en libros de ovnis, porque no había leído ninguno. Más bien lo hacía con cierta timidez de que lo que me contaba me pudiese parecer una trivialidad o una chifladura. Yo era el que ante detalles como el que enseguida contaré me sobresaltaba al reconocer el parecido que tenía con otros casos que previamente habían sido estudiados por mí y por otros investigadores del fenómeno.

La cosa fue que cierto día en que José Luis se hallaba especialmente deprimido, *el rubio* le dijo:

—Estás triste y yo sé por qué.

José Luis trató de negar que estuviese especialmente triste o por lo menos de restarle importancia al hecho, pero *el rubio* insistió:

—Estás enamorado de una joven y ella no te corresponde porque ya está casada. Te deprime el ver la resolución de tus deseos como algo imposible.

Se quedó un momento pensativo y enseguida añadió:

—No te preocupes. Dentro de un año, cuando yo vuelva a visitarte, tú no solo estarás casado con esa joven sino que tendrás ya un hijo con ella, aunque ahora eso te parezca imposible.

José Luis desconocía por completo la gran afición que algunas de estas entidades tienen en inmiscuirse en los asuntos familiares y amorosos de los humanos. Pero la realidad fue que efectivamente, al año de aquellas palabras, cuando en el mes de abril *el rubio* volvió hacer acto de presencia, José Luis estaba casado con la joven y esta acababa de dar a luz un niño.

Y aquí conviene hacer un paréntesis para explicar los métodos expeditivos con que algunas de estas misteriosas entidades suelen desembarazarse de los humanos que de alguna manera entorpecen sus planes. Suelen ser tremendamente drásticos en sus medios, sin importarles si estos son injustos o violentos, según nuestra manera de apreciar las cosas.

Lo que sí suele suceder es que hacen que las cosas aparezcan como completamente naturales. Y cuando los medios ordinarios y lógicos no son suficientes, o cuando el tiempo apremia, no tienen inconveniente en recurrir a métodos mucho más expeditivos, por violentos que estos sean. Los accidentes automovilísticos, los ataques al corazón o incluso los meteoros inesperados —aunque siempre «naturales»— son bastante frecuentes.

Ignoro cómo fue la retirada del primer esposo de la actual mujer de José Luis; lo que sé es que en muy poco tiempo desapareció de la escena, dejando vía libre para que mi amigo pudiese cumplir sus deseos.

Como dije anteriormente, este detalle me hizo sospechar que estaba ante un caso auténtico y le propuse a José Luis que hiciese dos cosas que nos podrían ayudar a cerciorarnos de si estábamos en lo cierto. Lo primero que le propuse fue que para la fecha en que su amigo solía venir, tuviese en su casa un perro.

Sabido es que los animales domésticos, y en particular los perros y los gatos —y también los caballos—, son especialmente sensibles a la presencia de estas entidades, a las que son capaces de detectar antes de que lo hagan los hombres y en muchas ocasiones cuando son invisibles al ojo humano. (Lo cual, dicho sea de paso, es una prueba contundente a la que se suele acudir en parapsicología para demostrar que ciertos fenómenos que los científicos miopes atribuyen a alucinaciones son auténticos y reales, aunque no sepamos explicar con exactitud de qué se trata. Los animales no tienen afán de notoriedad o de ganar dinero ni sufren tan fácilmente alucinaciones como los humanos).

Pues bien, ante mi sugerencia, José Luis me dijo con pena que aquel mismo año, unas semanas antes de la fecha en que suponía que llegaría su amigo, le habían regalado un perrito y que él tenía una gran ilusión por enseñárselo al *rubio* cuando lo viera. Pero desgraciadamente el perrito desapareció de casa la víspera de su cumpleaños, y por más que lo buscaron por el barrio no pudieron encontrarlo. José Luis pensaba que en algún descuido, el perro, que era todavía un cachorro, habría encontrado la puerta abierta y se habría lanzado a la calle con la fogosidad e inexperiencia con que lo hacen los cachorros, siendo luego incapaz de regresar a casa, o tal vez pereciendo bajo las ruedas de algún automóvil.

Este detalle de la desaparición del perro en una fecha tan cercana a la llegada del *rubio* me pareció bastante sospechoso, pero por el momento me guardé la sospecha para mí.

La otra cosa que le sugerí a José Luis fue que tratase de hacerle una fotografía. Su contestación fue instantánea:

—No es amigo de fotos. Pero en una que le hicimos con toda la familia, en la que yo puse mi brazo por encima de su hombro, todo el mundo aparece muy bien menos él, que se ve todo borroso. Fue una lástima porque es la única foto que tenemos de él.

Esta contestación de José Luis acabó de disipar mis sospechas de que estaba ante un auténtico caso de «entidad no humana» que merecía la pena ser investigado a fondo, dada la poca esquivez y la diafanidad de sus manifestaciones. Porque, como ya hemos visto, otra de las características normales entre estas entidades venidas del «más allá» es la de ser bastante reacias a las fotografías, bien porque no les gusta salir en las fotos o bien porque la radiación que emiten vela las películas e impide que sean captados por la cámara fotográfica. El caso es que después de muchos años de trato y amistad, José Luis no posee ninguna foto de su amigo.

Con este dato mis dudas se convirtieron en certezas, aun antes de conocer muchos otros detalles que más tarde fui conociendo, y abiertamente le comuniqué a José Luis mis sospechas acerca de la desaparición de su perro.

—Creo que *el rubio* fue el que te lo hizo desaparecer —le dije.

Ante su incredulidad y extrañeza le expliqué la gran sensibilidad que los animales tienen para detectar a estas entidades no humanas. Muy probablemente el perro hubiese aullado o huido despavorido ante la presencia de su amigo, lo cual hubiese sido comprometedor para él, pues el perro de ninguna manera hubiese estado tranquilo en su presencia. Su instinto les dice que están ante algo que «no es de este mundo» y muy probablemente lo captan merced a su gran hiperestesia sensorial, que es muy superior a la de los humanos. Lo cierto es que se aterran. Acerca de este particular podría escribir páginas enteras, ya que el comportamiento de los animales ante entidades y fenómenos paranormales es algo que siempre me ha interesado mucho.

Lo curioso es que José Luis, llegado el momento, le comunicó esta sospecha mía a su amigo y este asintió, dándome la razón. Él había hecho desaparecer el perro por la misma razón que yo había dicho: hubiera sido un engorro constante durante su visita. Y de paso note el lector lo que dijimos en párrafos anteriores referente a las maneras expeditivas que estos individuos tienen de deshacerse de todo lo que entorpece sus planes.

En años sucesivos, en todas mis visitas a la ciudad de México, una de las primeras cosas que hacía era llamar a José Luis para oír sus confidencias acerca de su trato con *el rubio*, quien ha continuado apareciendo religiosamente cada cumpleaños de mi amigo. Hubo unos años en que sus visitas menudeaban más y eran no solo en el mes de abril, hasta que un buen día le dijo que tenía que ausentarse y que por un buen tiempo no volverían a verse.

Para entonces la vida de José Luis ya había cambiado bastante y siempre de acuerdo a lo que *el rubio* le había predicho. Para ganarse la vida se había dedicado a varias cosas, hasta que entró en el mundo del sindicalismo, donde llegó a ocupar un puesto de responsabilidad. *El rubio* le dijo que aquello le iba a traer problemas con las autoridades, pero que no tuviese miedo y que siguiese adelante hasta rematar lo que se habían propuesto, porque a la larga todo se iba a solucionar, como así fue. De hecho, José Luis fue encarcelado por los pugilatos de una empresa con su sindicato, pero al poco tiempo fue liberado sin consecuencias. Entonces su misterioso consejero le dijo que dejase aquel trabajo, pues allí no había futuro para él, y que estuviese atento a las oportunidades que se le iban a presentar. Y efectivamente, al poco tiempo le brindaron, de una manera bastante extraña, la oportunidad de entrar en una empresa moderna que tenía que ver con ordenadores e informática. Naturalmente, al no tener una gran formación profesional, y menos aún una especialización universitaria en las tareas de la empresa, tuvo que contentarse con un puesto bastante humilde. Y aquí es donde de nuevo podemos ver cómo es la eficacia de un jina cuando se empeña en favorecer a su amigo humano: hoy en día José Luis es el jefe supremo de una gran empresa —después de muy pocos años trabajando en ella— de informática.

No es que me lo cuente él y yo se lo crea sin más ni más; es que he estado con él en el edificio de la empresa, he visto su gran despacho, comparable al de un presidente de banco, y he sido testigo de los silencios solemnes y de las reverencias un poco adulonas que los empleados de todo el edificio le hacen al pasar, tal como vemos en las grandes empresas cuando pasa el jefe supremo. Y no solo eso. El coche en el que José Luis me llevó la última vez a ver su empresa no se parece en nada al modestísimo Volkswagen con el que se movía años atrás.

Escalar tan rápidamente puestos en una empresa en la que había antes que él muchas personas interesadas en conseguir lo mismo y con mayores cualificaciones no es tarea fácil. Sin embargo, él no tuvo que hacer grandes cosas. Su amigo del «más allá» se encargó de allanarle el camino… ¡Y de qué manera!

Todos los que en la empresa podían haber sido competidores para el puesto supremo, y sobre todo aquellos que positivamente obstaculizaban el ascenso de José Luis, fueron desapareciendo paulatina y «naturalmente» —cánceres rápidos incluidos— hasta que el puesto le cayó en las manos como pera madura y como algo completamente lógico y normal, al no haber nadie más cualificado que él para ocuparlo.

Esa «naturalidad» se ha dado en cientos, si no en miles de ocasiones en la historia. Los dioses juegan con sus marionetas humanas con una gran maestría y ponen en los puestos claves a sus protegidos o a quienes ellos juzgan que secundarán mejor sus intereses o cumplirán mejor sus consignas. A veces se toman el trabajo y el tiempo de preparar las circunstancias para que todo parezca lógico, pero en otras ocasiones, forzados por imponderables imprevistos, prefieren la eficacia aunque se les vean un poco las orejas.

En el caso de José Luis, probablemente su amigo *el rubio* no lo puso en el cargo porque esperase que desde él pudiera hacer grandes cosas, sino simplemente por pura amistad, por ayudarlo, ya que como vimos, cuando una de estas entidades extrahumanas se encapricha con un humano, es capaz de hacer por él cualquier cosa.

José Luis me ha contado muchos pormenores de su trato con *el rubio* a lo largo de muchos años. Algunos son puramente anecdóticos, que sirven para saciar la natural curiosidad de los humanos ante todos estos hechos que nos asoman a un «más allá» que, aunque inquietante y perturbador, es siempre enormemente interesante para nosotros. Sin embargo otros, aunque aparentemente tan inocuos como los puramente anecdóticos, encierran profundas lecciones que nos llevan a hacer deducciones reveladoras. Porque si bien es cierto que la mente humana está en posición desventajosa ante estas inteligencias extrahumanas, no por eso tenemos que infravalorarla y caer en el error de que no podemos avanzar en el conocimiento de ellas y de otros niveles de existencia.

Una de las cosas que más nos ha hecho reflexionar siempre en lo que se refiere a los mensajes de los supuestos «extraterrestres» o, hablando con más propiedad, de estas entidades inteligentes no humanas —sin que necesariamente tengan que ser extraterrestres— es su falta de credibilidad; o dicho en otras palabras, su proclividad a afirmar cosas que juzgadas con la lógica y la mente humanas suenan a ramplonas mentiras.

Aunque en mi libro *Defendámonos de los dioses* ya traté de dar una solución radical a este gran enigma, en el capítulo siguiente remacharé aquellas explicaciones con argumentos venidos de otras fuentes e investigados por personas altamente cualificadas y del todo ajenas a los prejuicios que yo pueda tener acerca de este tema.

El caso es que en el trato y en las conversaciones del *rubio* con José Luis aparecen estas mismas facetas chocantes, que si por una parte le confirman a uno que está ante un genuino hecho paranormal englobado en el vasto fenómeno ovni, por otra lo llenan de sospechas de que la realidad de los hechos, al igual que la veracidad de las palabras, no son lo que parecen ser. En consecuencia, la mente debería ser muy cauta al tratar de enjuiciar globalmente todo el fenómeno, sin llegar demasiado rápido a conclusiones definitivas ni mucho menos cambiando hábitos de vida o adoptando patrones de conducta basados en las revelaciones o enseñanzas de estas misteriosas entidades.

El rubio es muy selectivo en cuanto a las personas con las que se relaciona. Con algunas ni se deja ver, como si le molestara su presencia. En cambio, no tiene inconveniente en dejarse ver y aun en conversar con otras, aunque no llegue a intimar con ellas como con José Luis. Mientras este estuvo soltero se dejaba ver por toda la familia; sin embargo, una vez casado, que yo sepa, nunca se ha dejado ver por su esposa. En cambio sí se ha dejado ver por su hijo.

Cierto día José Luis estaba frente a la puerta de su casa con su hijo, cuando era todavía muy pequeño, y *el rubio* apareció en la esquina caminando tranquilamente hacia ellos por la acera. Se saludaron afectuosamente como hacen siempre, y *el rubio* se quedó mirando fijamente durante un rato al niño, que daba muestras de estar nervioso ante la presencia de aquel extraño al que no había visto nunca. Al cabo de un rato, y como el muchacho persistía en su intranquilidad y mostraba deseos de entrar en casa, *el rubio* le dijo que lo llevase y luego volviese para poder hablar tranquilamente. La sensibilidad de los niños para cierto tipo de energías es muy superior a la de los adultos y se asemeja mucho a la de los animales.

Si el lector recuerda, esta misma selectividad para escoger los amigos ya nos la habíamos encontrado en Zequiel, «*el rubio*» que se le presentaba al doctor Torralba y que tantas similitudes tiene con el amigo de José Luis.

Un día un vecino de este le dijo:

—Ayer me acerqué a tu casa para hablarte de cierto asunto y como te vi en la acera enfrascado en conversación «con un muchacho rubio» preferí no interrumpirte y dejarlo para otro día.

El «muchacho rubio» no era otro que nuestro misterioso personaje, que precisamente había estado hablando la víspera con José Luis en la acera junto a su casa.

En cuanto a mezclar informaciones de muy desigual valor, tanto en lo que se refiere a su credibilidad como a su contenido, *el rubio* no se diferencia de otros casos que conozco muy bien.

En la página siguiente se reproducen los planos dibujados por *el rubio* en los que este le predecía algo que luego tuvo un total cumplimiento y que el lector —especialmente si es mexicano— podrá comprobar por sí mismo.

Nótese que el plano fue dibujado antes de que en una esquina de la gran plaza del Zócalo, de la ciudad de México, comenzasen las grandes excavaciones y los trabajos de restauración que en los últimos años se han venido realizando. En cuanto a la parte de la ciudad señalada con una cruz, donde *el rubio* dice que hay ruinas sepultadas todavía mayores, según noticias que han llegado a mi conocimiento, en las excavaciones para la construcción de nuevas líneas del metro se han tropezado por aquella zona con importantes ruinas que han alterado en parte los planes originales. Aunque tengo que confesar que este detalle no lo he podido comprobar con personas cualificadas para ello.

Sin embargo, hay que reconocer que el tremendo acierto que tuvo, allí donde aparentemente no se veía más que asfalto y casas, nos da pie para sospechar que también puede estar en lo cierto en su otra gran predicción.

Otra cosa inquietante en que *el rubio* coincide con otras entidades extrahumanas es en la predicción de grandes catástrofes para el planeta. José Luis no ha querido ser muy explícito conmigo en esto; parece ser que se lo han recomendado. Pero de una manera genérica me ha dicho que *el rubio* le ha indicado claramente que vienen tiempos muy malos.

Esta es una constante que se da también en casi todos los videntes y profetas. Una constante que a mí personalmente no me inquieta, porque la vengo leyendo y oyendo hace muchos años, tanto por parte de los profetas religiosos como por los videntes psíquicos que no hablan en nombre de ningún dios. Las generaciones se siguen sucediendo una tras otra como las cosechas de hierba, y este pecador mundo, si bien es cierto que a trancas y barrancas, sigue girando en el espacio.

La gran catástrofe de este planeta no es ningún cataclismo cósmico; nuestra gran catástrofe son los líderes estúpidos y desquiciados que padecemos, inflados por el poder, y los doctrinarios fanáticos que siguen envenenando las conciencias y llenando los corazones de suspicacias o de odios con sus dogmas y sus necios patriotismos.

A veces pienso que estas profecías cataclísmicas, a fuerza de ser repetidas generación tras generación por profetas y videntes de todos los tipos, han logrado sembrar una angustia profunda e inconsciente en el alma de los humanos. Esta angustia parece que es útil a alguien y sirve para alguna causa que pasa completamente inadvertida a nuestra mente.

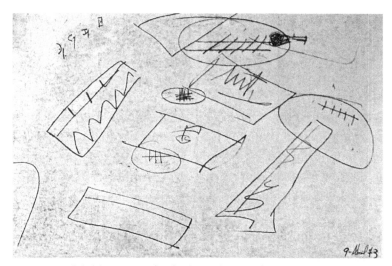

Fotocopia del dibujo que *el rubio* hizo delante de J. L., en el que se pronosticaban los descubrimientos arqueológicos cerca de la plaza de El Zócalo, en la ciudad de México. En él se indican otros lugares en los que hay cosas todavía más importantes.

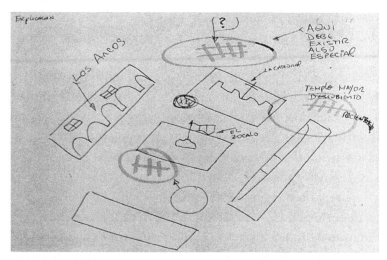

Interpretación hecha por J. L. del dibujo hecho por *el rubio*. Según él, lo que hay en el punto en el que J. L. puso una interrogación es aún más importante que lo ya descubierto.

234

No creo en los castigos de Dios inmediatos de que nos hablan los enfermizos videntes religiosos. El Apocalipsis ha tenido ya dos mil años para hacer valer sus profecías cataclísmicas; y si no lo ha hecho en todo este tiempo tampoco creo que lo haga en nuestros días. Pero lo extraño es que *el rubio* también habla de catástrofes próximas, lo cual es altamente sospechoso y nos lleva a la conclusión de que José Luis no debería caer en la tentación de entregar su mente por completo a todas las sugerencias y enseñanzas de su amigo. En cambio, debería de permanecer atento para darse cuenta de cuándo los mensajes del misterioso confidente sobrepasan su capacidad de comprensión u obedecen a otras normas lógicas diferentes a las nuestras, o simplemente son nocivos a sus propios intereses.

Y al que pregunte cómo es posible que seres tan evolucionados no caigan en la cuenta de que ciertas enseñanzas o sugerencias pueden a la larga ser nocivas para sus amigos humanos o que, cayendo en la cuenta, no les importe que lo sean, les repetiremos que las «leyes morales» de un nivel cósmico no se aplican a otro. Los humanos acabamos comiéndonos sin escrúpulos a la vaca que nos ha arado el campo y que nos ha dado terneros y leche durante años. El «bien» o «mal» del contactado no tiene importancia, por duro que esto parezca, si lo comparamos con la misión que el «dios» o visitante de otras dimensiones tiene asignada en nuestro mundo. Nosotros solo somos sus esclavos; esclavos racionales o semirracionales, pero esclavos al fin y al cabo.

Esto no quiere decir que todos ellos prescindan o se desinteresen por completo de lo que puede hacer sufrir al hombre, y menos aún que se ensañen en buscar su mal. Después de reflexionar mucho sobre ello y de conocer muy diversos casos, he llegado a la conclusión de que algunos de ellos buscan positivamente el bien del hombre. Aunque la mayor parte dan la impresión de ayudarlo solo en tanto en cuanto este obedece sus órdenes y facilita la consecución de los planes de ellos. Y esto por no hablar de otros —a los que ya nos hemos referido— que gozan en jugar con el hombre, sometiéndolo a toda suerte de engaños y hasta sacrificándolo fríamente.

Pero volvamos al *rubio*. Otro aspecto que me resulta sospechoso es su pretensión de identificarse con los visitantes de UMMO. Si todo lo relacionado con este asunto ya resulta de por sí bastante complicado y sospechoso, la afirmación del *rubio* de que él es uno de ellos se hace más sospechosa todavía. ¿Por qué? Porque muchas de las circunstancias que se dan en sus manifestaciones no están del todo de acuerdo con lo que sabemos de los visitantes ummitas. Aparte de su talla —los de UMMO son más bien altos, mientras que él tiene la estatura de un niño de unos 10 años—, hay muchos otros detalles que no cuadran.

Una cosa que me llamó mucho la atención fue que cuando le entregué a José Luis los tres tomos en que alguien ha ordenado toda la documentación recibida de los ummitas, *el rubio* se apresuró a decirle que no la leyese por el momento y que esperase a hacerlo cuando él se lo dijese. Ignoro en este momento si José Luis ha recibido ya el permiso para leerlos.

Me pregunto: ¿por qué esta prohibición? Lo que uno deduce es que José Luis detectaría enseguida las discrepancias que hay entre los informes de UMMO y los recibidos por él de su amigo y descubriría que, por una u otra razón, no le había dicho la verdad. Y esto podría minar de raíz su credibilidad y hasta las buenas relaciones tenidas hasta entonces. Comprendo que me puedo equivocar en mis deducciones, pero uno tiene derecho a preguntarse y a sospechar.

En ocasiones, las circunstancias que rodean las comunicaciones de los contactados con sus visitantes del más allá tienen ribetes de novela policíaca. Le contaré al lector una de esas «circunstancias», que aparte de sus pinceladas rocambolescas, encierra, a mi manera de ver, una estrategia o una astucia de estos seres que es todo un desafío para la inteligencia humana.

A fuerza de conocer y analizar casos relacionados con el fenómeno ovni, he llegado a la conclusión de que estos extraños visitantes o estas inteligencias —quienesquiera que sean y vengan de donde vengan— distan mucho de ser todopoderosos y perfectos. A corto plazo, los seres humanos estamos en desventaja ante ellos; y si acomplejados por nuestra inferioridad dejamos de usar a fondo nuestra mente, no evolucionaremos; y a largo plazo seguiremos siendo manipulados por ellos… por los siglos de los siglos. Por eso es absolutamente necesario que los humanos les perdamos el miedo y comencemos a ver sus debilidades y a usarlas en nuestro provecho.

El caso fue que en cierta ocasión José Luis sintió la necesidad de retirarse varios días a un lugar tranquilo con el fin de preparar un plan necesario en su empresa, al mismo tiempo que descansaba un poco del asfixiante tráfago diario. Hizo una reserva en un hotelito muy privado, en la ciudad de Cuernavaca, y se dirigió allí solo a pasar el fin de semana.

Llegado al hotel, que en aquella fecha del año estaba prácticamente sin huéspedes, se registró, acomodó sus cosas en la habitación y bajó a darse un chapuzón en la piscina. Sin prestar atención a si había o no había alguien por allí —era al atardecer—, se zambulló en el agua y buceó hasta topar con el muro. Allí sacó la cabeza, y para su sorpresa, se encontró con un individuo joven, de pelo negro, que estaba sentado en una silla, descalzo, apoyando sus pies en el borde de la piscina. A José Luis le llamó enseguida la atención una cosa: aquel individuo tenía los pies de un color marcadamente amarillento.

Obligado casi por las circunstancias, lo saludó con una frase tópica, y ya que prácticamente eran los únicos huéspedes del hotel, quedaron en verse más tarde en el bar.

Efectivamente, una hora después, allí estaba aquel extraño huésped esperándolo en el bar. José Luis le preguntó qué quería tomar y él le contestó que únicamente agua. José Luis pidió un cóctel con hielo. Cuando trajeron las bebidas, el camarero, por error, puso el cóctel helado frente al amigo de José Luis y ante este el vaso de agua. Para subsanar el error, el desconocido extendió rápidamente su mano hacia el cóctel, con ánimo de acercarlo a José Luis, pero en cuanto tocó el cristal empañado por el frío hizo un gesto como de dolor, retirando la mano al instante.

José Luis notó con extrañeza su gesto y todavía se sintió más intrigado al notar que aquel individuo no cesó de frotar su mano contra el muslo durante la larga conversación que mantuvieron, como si quisiera calentarla después del enfriamiento que había sentido al coger el vaso helado.

Hasta aquí los dos detalles que me han hecho pensar que en ellos y en otros semejantes —más que en lo que estos visitantes digan— está la clave de su verdadera identidad e intenciones hacia nosotros, contempladas desde nuestro punto de vista humano.

¿Por qué digo esto? Por lo siguiente: José Luis desconocía casi por completo todo lo relacionado con el asunto UMMO. El extraño personaje con quien él trabó amistad en el solitario hotel resultó ser, según su propia confesión, un enviado del *rubio*, que por diversas circunstancias no había podido ir a visitarlo personalmente en aquella ocasión.

En la larga conversación que aquella noche sostuvieron en el bar después del incidente del cóctel, el solitario huésped le contó a José Luis muchas cosas muy interesantes acerca de la civilización a la que él pertenecía, y le habó del *rubio*, que resultó ser una personalidad de muy alto rango en su planeta de origen.

Pues bien, entre las cosas que le dijo, le confirmó lo que ya le había dicho *el rubio*: que ellos eran de UMMO.

Esta afirmación me llena de dudas y desata en mi mente una catarata de deducciones. *El rubio* y sus misteriosos congéneres sabían que la noticia del «asunto UMMO» tendría necesariamente que llegar a oídos de su protegido y este, a poco que la analizase, descubriría contradicciones, tal como ya hemos indicado.

¿Qué hacer ante tal situación? Adelantarse a solucionar dudas y deshacer sospechas antes de que estas se presentasen. O dicho de otra manera, reforzar la propia credibilidad basándose en «detalles» aparentemente sin importancia.

José Luis no sabía que los ummitas tienen una parte del cuerpo —normalmente cubierta por el vestido— que es claramente amarillenta. Esto algún día llegaría a ser conocido por él y —¡oh casualidad!— cuando salió del agua lo primero que vio fueron los pies amarillos de su desconocido amigo, cosa que los ordinarios confidentes de los ummitas de diversas naciones del mundo nunca habían visto y únicamente conocían en teoría, por informaciones de los mismos ummitas.

José Luis tampoco sabía nada de la extrema sensibilidad que los visitantes de aquel planeta tienen en las yemas de los dedos. El episodio del fulminante efecto de la frialdad del vaso en la mano y de la constante frotación de los dedos contra el muslo parece que tenía por objeto que él identificase automáticamente a su amigo con los ummitas en cuanto conociese esta cualidad o debilidad de ellos. Con esto, las dudas que pudieran haberle surgido acerca de la credibilidad del *rubio* perdían fuerza ante estos hechos de los que él mismo había sido testigo, tan concretos por un lado y tan «casuales» por otro.

Puede ser que me equivoque en mis deducciones, pero el lector debe saber que circunstancias «casuales» como estas se han dado en múltiples ocasiones en las relaciones de los contactados con sus visitantes. Y ante la pregunta de cómo seres tan evolucionados puedan ser tan ingenuos en sus estratagemas para «engañarnos» o para convencernos de lo que quieren, repetiremos que distan muchísimo de ser todopoderosos y omniscientes y que tienen muchas limitaciones cuando actúan con una lógica totalmente diferente a la nuestra. Más tarde insistiremos en esto.

Otra pregunta que se le viene a uno a la mente es la siguiente: ¿por qué quieren identificarse con los visitantes de UMMO si en realidad no lo son? ¿No es esto un engaño o una mentira manifiesta?

«Engaño» y «mentira» son palabras, conceptos y valores que pertenecen a nuestro mundo y que no se aplican al de ellos. Los hombres «engañamos» constantemente a los animales y sin embargo no pensamos que hacemos nada malo ni somos llevados por ello ante ningún tribunal, porque a fin de cuentas el «engaño» no se considera como tal y por lo tanto es perfectamente lícito tratándose de animales.

La fuerza de la pregunta no está en si es un engaño o no, sino en por qué lo hace. Confieso que la contestación no es nada fácil y la mente humana se pierde en un mar de conjeturas en las que puede fácilmente equivocarse.

En el caso concreto que consideramos, una solución a la duda podría ser que se tratase de dos tipos de visitantes completamente diferentes. Es decir, los de UMMO podrían ser unos seres como nosotros, con muchos años de adelanto en cuanto a sus técnicas y a su evolución, pero en el fondo seres como nosotros, con una realidad física y fisiológica equiparable a la nuestra, que no pueden transformar a voluntad y de la que no pueden prescindir. En otras palabras, unos seres que, aunque de un planeta muy alejado del nuestro, viven en nuestra misma dimensión o en una totalmente sintonizada con la nuestra; y por eso, cuando vienen a nuestro mundo y se ponen en comunicación con nosotros, conectan bien con nuestra manera de ser y se hacen creíbles, al mismo tiempo que son más vulnerables a nuestra posible hostilidad.

El rubio, en cambio, pertenecería a seres de otra dimensión, con una realidad física completamente diferente de la nuestra. El cuerpo con el que se manifiestan entre nosotros sería fabricado *ad hoc* y su «mente» o su inteligencia funcionaría en otros parámetros totalmente diferentes de aquellos en los que funciona la nuestra.

Admitiendo estas suposiciones, no es difícil comprender por qué seres tan distanciados de nosotros quieran unirse o «ser asociados» a otros seres que, teniendo también el marchamo de «no humanos», se presentan sin embargo con unas credenciales mucho más aceptables para los hombres de este planeta.

Pero lo malo es que este aparente «engaño» no lo vemos solo en este caso que estamos comentando, sino que es casi una constante en todo el fenómeno ovni: los «visitantes cósmicos» suelen decir con muchísima frecuencia cosas que no se atienen a la realidad. La pregunta clave sigue esperando una respuesta: ¿por qué lo hacen?

En el capítulo dedicado a los jinas, tal como se conocen en el islam, hay otra posible solución a la pregunta. Pero entonces tendremos que volver a preguntarnos: ¿son todos los que «engañan» o dicen cosas que no se atienen a nuestra lógica ni a la realidad que conocemos jinas malévolos que buscan jugar con el hombre? Creo que no. Creo que hay seres que buscan positivamente el bien de los humanos con los que se comunican y creo que los hay que nos defienden de los posibles «engaños» de otros. Pero aun a pesar de esto, sigo creyendo que no lo hacen —ni la «ayuda» ni el «engaño»— por amor o por odio a nosotros, sino, en definitiva, por su propio interés. Los mismos que ayudan a ciertos humanos es muy posible que perjudiquen a otros porque así les conviene en ese momento.

Tengo mi sospecha de que la última razón de por qué algunos de estos seres dicen cosas que no se atienen a la realidad es para salir del paso o sencillamente les tiene sin cuidado lo que nosotros pensamos de ellos. Algo así como lo que muchos padres y madres hacen cuando sus pequeños hijos les preguntan, mientras son enfundados en sus pijamas para irse a la cama, si al día siguiente los van a llevar a ver los coches de bomberos. Los papás, casi sin oír, afirman solemnemente que sí, y hasta les aseguran que les comprarán un coche «de verdad». Pero lo único que tienen en mente es que aquel mocoso acabe de meterse en la cama y les deje ver a ellos su programa de televisión con tranquilidad.

Comprendo que esto que estoy diciendo es inadmisible para muchas personas y suena como algo insultante para la raza humana. Pero ante tanta «mentira» dicha por nuestros visitantes, incluidos los que han ayudado a sus contactados, uno no puede menos que pensar así, por duro que sea para el orgullo humano.

Hay todavía otro aspecto aún más difícil de explicar, pero nos llevaría demasiado lejos pretender encontrarle ahora una solución y nos apartaría del tema concreto que estamos tratando en este capítulo. Me refiero a las prolijas instrucciones sobre variadísimos temas —prescindiendo ahora de si son verídicas o no— con que estos seres del «más allá» suelen instruir a sus visitados. En muchísimas ocasiones tales instrucciones suenan a absurdas, a la larga han resultado completamente inútiles y con frecuencia han sido hechas a individuos que no estaban preparados para poder asimilarlas. Dejemos para otra ocasión la explicación de este extraño hecho, que tan frecuente se ha dado y se sigue dando entre los contactados.

En nuestro caso, José Luis también ha recibido muchas instrucciones, pero él está preparado para asimilarlas y no se puede decir si en el futuro le serán de alguna utilidad. Algunas de ellas, a juzgar por los hechos, parece que le han sido ya muy útiles.

Lógicamente, el lector se estará preguntando hace rato: ¿quién es este *rubio* y de dónde procede? Cuando José Luis le ha hecho esta pregunta, directa o indirectamente, la contestación ha sido siempre una evasiva en la que más o menos veladamente le decía que prefería no hablar del tema. Según José Luis me ha dicho, nunca le ha confesado abiertamente que él no es de este mundo, aunque se lo ha dejado entrever en muchas ocasiones.

Un día le dijo con cierta tristeza que tenía que irse y que estarían un buen tiempo sin volver a verse. Efectivamente, cuando llegó el tiempo de su visita acostumbrada, no se presentó, y estuvo muchos meses sin aparecer. Fue en este tiempo cuando sucedió el episodio del hotelito con el ummita de los pies amarillos.

En la actualidad, la extraña simbiosis de José Luis y *el rubio* sigue todavía funcionando. Dudo si algún día tendré la oportunidad de ver personalmente a este personaje del «más allá» y de intercambiar con él algunas palabras. Presumo que mi presencia es non grata porque tengo gran tendencia a preguntar y a llegar hasta las raíces de las cosas. Y como hemos visto, a estos seres les gusta muy poco ser interrogados acerca de sus orígenes y de sus intenciones en nuestro mundo.

En bastantes ocasiones he escrito formularios enteros para que los diversos «contactados» los usasen cuando fuesen visitados, y prácticamente en todos los casos mis amigos volvieron sin que sus preguntas hubiesen sido escuchadas. En lugar de contestar preguntas prefieren dar instrucciones. Y en alguna ocasión, ante el formulario del humano, le han dicho tajantemente que lo que tenía que hacer era escuchar en vez de preguntar.

RUFO

Abordaré ahora el caso de Rufo. Por estar yo directamente envuelto en él y por no saber en qué va a terminar, me resulta más difícil de escribir sobre esto que todo lo que llevo redactado hasta ahora. Lo hago en parte con miedo, porque no sé si estoy violando la voluntad de alguien o rompiendo alguna misteriosa ley, cosa que no quisiera. De ser así, temo que resulte peligroso para mí. También lo hago en buena parte lleno de curiosidad, una audaz curiosidad, porque presumo que la redacción de estas líneas va a tener alguna influencia directa para mi mejor comprensión del importantísimo fenómeno que estamos estudiando en este libro.

Comprendo que todas estas frases son algo sibilinas, pero sibilino es todo el fenómeno al no dejarse agarrar definitivamente por la razón y jugar con ella, como ha estado haciendo desde el principio de los tiempos. Tenemos miles de hechos, hechos concretos pero contradictorios, que hacen que la inteligencia humana patine miserablemente a la hora de analizarlos y no sea capaz de llegar a ninguna conclusión clara y definitiva. Comenzaré por presentar a Mario y explicar cuál es mi relación con él y con todo lo que le está pasando.

Mario es un joven extraordinariamente inteligente, estudiante de universidad y al que me une una gran amistad, en parte por nuestro lejano parentesco —que no era tan lejano— entre la familia de mi abuelo y la del suyo. Como estudiante de Ciencias Químicas es brillante, y dado que la condición económica de sus padres es más que buena, tiene en su casa un ordenador que yo uso con cierta frecuencia cuando quiero presentar algún trabajo escrito con un especial esmero o cuando quiero hacerlo rápidamente, porque la verdad es que en su «máquina» escribo mucho más rápido que en la mía.

Pero antes de todo esto llevábamos muchos años sin saber el uno del otro, de modo que cuando un día me llamó y me dijo su nombre sin apellidos, al principio no caí de quién se trataba, pues desde la última vez que lo había visto hacía alrededor de veinte años, en casa de sus padres, en su provincia natal, cuando él era poco más que un bebé.

Me oyó hablar por radio de temas parapsicológicos y trató por todos los medios de comunicarse conmigo. Le costó trabajo dar con mi número de teléfono, pero después de ir personalmente a la emisora en donde yo había hablado, logró que allí se lo dieran.

Quedamos en que nos veríamos en mi casa. Vino y lógicamente le pregunté por toda su familia, a la que hacía igual tiempo que no veía. Me puso al corriente de muchas cosas que yo prácticamente tenía olvidadas y de otras que desconocía por completo, porque habían ocurrido en los treinta años que había andado por América. Lo notaba indeciso, hasta que intuyendo que quería decirme algo a lo que no se atrevía, le pregunté:

—Dime, ¿por qué te has decidido a llamarme y venir a verme?

Noté que se encogía y por una mirada rapidísima de reojo que le lanzó a mi mujer caí en la cuenta de que su presencia lo cohibía. No insistí en mi pregunta, pero en cuanto ella se fue a buscar el café, le dije:

—Noto que la presencia de mi esposa te impide decirme algo que me quieres decir. Si es tanto el secreto, le digo que nos deje solos…

Me interrumpió rápidamente.

—Es que me están pasando cosas muy raras…

Entonces tuve una intuición de lo que le pasaba y fui yo el que lo interrumpí.

—Si es así, no tengas el más mínimo reparo en hablar delante de ella, porque de esas cosas sabe tanto como yo. No se va a extrañar de nada y además te guardará el secreto igual que yo.

En aquel momento ella entraba con el café humeante. Para romper el hielo y facilitarle el trabajo a nuestro huésped, le dije sin rodeos a mi mujer:

—Creo que Mario tiene algo muy interesante que contarnos.

—Es que no sé por dónde empezar. El otro día te oí hablar por la radio de entidades que gobiernan este mundo tras bastidores y de que somos una especie de esclavos de otros seres invisibles más inteligentes…, y de que alguna gente oye voces… Y eso es lo que me está pasando a mí. Bueno, a mí me pasa algo más…

Comprendí al instante que estaba ante un filón de información que no podía desaprovechar, al mismo tiempo que podía ser de ayuda a un ser humano que corría un serio peligro. No se trataba de un psicópata en busca de una salida para sus frustraciones o sus presiones psíquicas, o de alguien que quisiese conseguir notoriedad. Mario era un muchacho que tenía todo lo que podía desear: unos padres que lo querían y se preocupaban por él, con una posición económica envidiable, buen tipo, sin complejos y lleno de salud. Había dudado mucho en venir a contarme lo que le pasaba.

Hasta el día en que vino a verme por primera vez, no se lo había dicho absolutamente a nadie, ni siquiera a sus padres ni a su novia. Estaba tan desorientado con lo que le estaba pasando que no sabía qué hacer. Por eso la noche que me escuchó en la radio me vio como una tabla de salvación a la que un náufrago se agarra desesperadamente. Aquella misma noche decidió conseguir mi dirección y contarme todo, antes de que la angustia y la preocupación internas comenzasen a hacerle daño. Cerró el libro de Química que estaba estudiando y se durmió con la firme idea de llamar a primera hora de la mañana a la emisora.

—Cuéntame cómo es eso de las voces.

—Bueno, la cosa comenzó hace como un año. Yo estaba un día en cama sin dormir y de repente sentí dentro de mí, pero no en la cabeza sino más bien hacia la boca del estómago, que me querían hablar. Yo oía algo pero no entendía. Era casi como si alguien estuviese dentro de mí. Me extrañó, pero como no sentí más, no le hice más caso y me dormí. A los dos días, estando sentado estudiando, volví a sentir lo mismo, pero ya más claramente y más fuerte. Duró como veinte segundos, pero ya no pude seguir estudiando. Me quedé pensando en qué podría ser aquello y estuve atento por si volvía a sentirlo. Pero aquel día no lo sentí más.

»Pasaron dos días, y de nuevo cuando estaba estudiando volví a sentir primero como un aviso y, pasados unos instantes, una voz interna que esta vez ya pude comprender. Me dijeron con una voz clara: "Te vamos a dar el Mahabharata del año 2000".

»Yo me quedé como atontado dándole vueltas a lo que acababa de oír. Por un lado trataba de encontrar el significado de aquellas palabras que a mí no me decían nada, pero por otro me preguntaba por qué me pasaba a mí aquella cosa tan rara y quién era el que me hablaba así. No tuve miedo ni tampoco me exalté pensando que yo era un elegido. Sencillamente me quedé tranquilo, dándole vueltas en la mente a un hecho tan raro. Además pensaba quién podía ser la persona a quien yo le contase todo lo que me estaba pasando y no encontraba a nadie. Esto me intranquilizaba un poco. Porque yo tenía que contárselo a alguien; no para jactarme de ello o solo para hablar, sino para ver qué me aconsejaba.

»También pensé si me estaría volviendo loco, pero esa idea la deseché enseguida porque me veía completamente normal. Y lo mismo me veo ahora, a pesar de que desde entonces me han pasado muchas otras cosas aún más raras.

»Como por aquellos días teníamos en la universidad muchos problemas, no políticos sino con algún profesor que nos estaba poniendo las cosas muy difíciles, pronto me olvidé del asunto. En realidad no es que me olvidase, sino que lo relegué a un segundo plano; pero aun en medio de los líos de las clases no dejaba de venirme a la mente.

»A los pocos días, estando en casa, de nuevo volvió a suceder. Sentí primero como un aviso, pero enseguida oí la voz clara. Esta vez me dijeron algo que me hizo sonreír: "Vas a ser grande". Pensé que me querían halagar y por un momento me pasó por la mente un sentimiento de vanidad, pero enseguida se desvaneció. Lo que más me preocupaba era no tener a nadie a quien poderle contar lo que me estaba pasando. Me devanaba los sesos pensando y recordando nombres de personas, pero todas las desechaba porque estaba seguro de que no me iban a comprender y de que, en el fondo, iban a pensar de mí que estaba comenzando a volverme loco. Sencillamente, no estaban preparadas para semejantes fenómenos, al igual que no lo estaba yo. Pero yo era el que lo padecía, y por eso no tenía más remedio que enfrentarme a ello.

»A medida que iban pasando los días, las voces se iban haciendo más claras y eran más largos los mensajes que recibía. No es que fuesen más a menudo, pero cada vez que oía las palabras duraba más el mensaje, aunque nunca más de un minuto. Yo ya me había acostumbrado a oírlas y, no sé cómo, sentía cuándo iban a hablarme. Ya me había resignado a no tener a nadie a quien contarle lo que me estaba pasando, cuando una noche te oí en la radio hablando de esos fenómenos de una manera muy natural y lamentándote de que la ciencia y los psiquiatras no hablasen o no supiesen nada de esto. Yo, unos meses antes no hubiese creído nada de lo que decías, pero aquella noche lo que dijiste fue para mí como una tabla de salvación a la que me agarré desesperadamente.

Cuando Mario acabó de contar la esencia de lo que le pasaba, le hice preguntas como: ¿en qué están ahora las cosas?, ¿te siguen hablando?, ¿has tenido algún cambio en tu salud o algún tipo de transformación fisiológica?, ¿puedes seguir estudiando normalmente?, ¿han notado los que están a tu alrededor o tus familiares alguna cosa?, ¿qué es lo que te dicen ahora las voces? o ¿se ha producido fuera de ti algún efecto físico visible?

Todas estas cosas me importaban mucho, porque estos fenómenos suelen seguir un mismo patrón, y dependiendo de cómo se vaya manifestando, se puede colegir también de una manera general cómo va a ser el desenlace final.

Mario es un muchacho con una mente clara y ordenada, por eso, ante la avalancha de mis preguntas, no solo no se inmutó sino que noté que se sonreía, como satisfecho de que a pesar de lo embrollado de su problema alguien lo comprendiese y lo tomase en serio. Como si estuviese en un examen, ordenó las cuestiones.

—Vamos por partes. Primero: me siguen hablando, poco más o menos con la misma frecuencia. Los mensajes se han ido haciendo más largos y me han empezado a dar mucha información científica, sobre todo acerca de astronomía y de fisiología.

»Nadie ha notado nada porque yo no se lo he dicho a nadie y sigo mi vida normal de estudiante, pues lo que me está pasando, aunque es verdad que me preocupa, no es hasta el grado de no permitirme estudiar. En cuanto a algún cambio físico en mí, creo que el sentido de la vista se me está agudizando mucho; veo colores donde otra gente no los ve. Los otros sentidos también se me han agudizado, pero no tanto como la vista.

»En cuanto a efectos físicos había solo dos cosas que podría contar. A mí solía dolerme bastante la cabeza y todavía de vez en cuando me duele, cosa que cuando sucede me impide estudiar. Pues bien, hace como un mes, un día que estaba tumbado en la cama porque me dolía mucho la cabeza, oí que me decían: "Vete al televisor y tócalo con una sola mano". Me molestaba tanto el dolor que, sin dudarlo un momento, me levanté y fui al televisor, que estaba entonces apagado. Es un pequeño televisor en color y le puse encima la mano derecha. Como por milagro, la jaqueca me desapareció instantáneamente. Yo por un lado me quedé asombrado, pero por otro contentísimo de que se me hubiese ido el dolor. Me acuerdo que cerré los ojos para ver si aquello era solo una ilusión o una autosugestión instantánea, pero no; por más que me quedé inmóvil para ver si sentía dentro de mí algún dolor, no sentí absolutamente nada. El dolor de cabeza se me había borrado por completo en un segundo.

»Naturalmente, este no es un efecto físico que alguien pudiese ver fuera de mí, pues yo era el único que sentía el dolor. Comprendo que no puede ser prueba para nadie, pero para mí sí lo fue.

»Otro efecto físico en el que intervinieron otras personas podría ser lo que pasó hace solo unos quince días estando en mi casa con mis padres. A mí me habían dicho por la mañana, cuando estaba medio dormido en la cama, que aquel día iba a ver un ovni. Yo había oído hablar de los ovnis, pero nunca les había dado demasiada importancia. No es que negara su existencia, pero consideraba que había mucho de oscuro en todo ello y que había que esperar hasta que se aclarase más todo el asunto. Por lo tanto, cuando me dijeron aquello pensé que a lo mejor salía de mis dudas, pero no le di más importancia.

»A lo largo del día me olvidé del asunto. Por la noche, después de la cena, me asomé en la casa de mis padres a una especie de azotea o corredor semicubierto, desde el que se ve una buena parte del firmamento.

»Como la ciudad en la que viven mis padres es pequeña, el campo se ve muy bien desde la azotea. Yo me quedé de una pieza cuando vi una bola roja, poco más o menos del tamaño de la luna, encima de unos árboles. La estuve contemplando durante unos instantes e inmediatamente me acordé de lo que me habían dicho por la mañana. Tuve la intención de gritar para que viniesen a verlo mis hermanos y mis padres, pero me contuve. Seguí contemplando aquello, y como vi que no se movía bajé rápidamente para avisarles que viniesen a ver aquello que estaba allí, detenido en el aire. Lo hice sin excitación, aunque ellos fueron los que se excitaron, porque en cuanto se lo dije salieron corriendo para verlo. Cuando llegaron a la azotea aquello ya no estaba allí. Trataron de mirar al cielo desde otros sitios, pero ya no pudieron ver nada. Me comieron a preguntas de cómo era, qué hacía, etc., pero de todo aquel incidente no pudieron colegir nada de lo que me estaba pasando, ni por ello pensaron de mí nada negativo. Creyeron que yo efectivamente había visto algo y que ellos tuvieron la mala suerte de llegar tarde. Y todo el incidente quedó en eso. Pero yo sé muy bien la relación que hubo entre la voz que oí por la mañana y lo que vi por la tarde.

»Me ha venido la idea de que el hecho de que ellos no viesen nada por la noche, después de que yo lo vi tan claramente, pudiese significar que lo que yo vi fue una alucinación, pero no lo creo así porque estoy muy consciente de que yo soy un tipo muy normal y de que en mi vida he tenido una alucinación.

Así estaban poco más o menos las cosas cuando Mario me fue a visitar por primera vez a mi casa. Naturalmente, yo tomé con mucho interés el asunto, y quedamos en que me llamaría cada vez que le sucediese algo digno de atención. Por mi parte, le aseguré que el fenómeno que le estaba sucediendo no era tan raro como él y la mayor parte de la gente pensaba. Y ante todo, le di un doble consejo: que no se entusiasmase demasiado con lo que le estaba pasando, dedicándole energías y tiempo o esperándolo todo de las voces que oía, como si fuesen la voz de Dios, y que, por el contrario, no tuviese miedo o se desesperase pensando que se estaba volviendo loco o le iba a pasar algo malo. Que siguiese haciendo su vida normal y que mientras las voces le mandasen hacer cosas que no perjudicasen su vida normal las hiciese, pero si le mandaban hacer algo que fuese demasiado trabajoso o lo apartase de sus obligaciones de estudiante no les hiciese caso.

Como digo, quedamos en que si le pasaba algo nuevo me llamaría, aunque fuese a medianoche, y que no dejaría de contarme nada, por raro que fuese. Esta advertencia se la hice con el convencimiento casi absoluto de que no la cumpliría, porque es una regla general que a todas las personas a las que les hablan desde otros planos les imponen secretos. El famoso «secreto de Fátima» es uno entre cientos. Y, efectivamente, al poco tiempo Mario me dijo que había algunas cosas de las que le habían dicho que no me las podía contar.

Pasaron varios días desde nuestra primera entrevista y de nuevo recibí una llamada de Mario. Nos vimos en su casa. Vive solo en un apartamento que sus padres le tienen alquilado y que consta de una sala, una habitación para dormir, un baño, una pequeña cocina y una azotea cubierta en la que tiene un gran sofá donde se tumba con frecuencia para estudiar.

El objeto de su llamada era para comunicarme dos cosas. La que a él le tenía más intrigado era la que se refería a su vista: desde la víspera les veía el aura a las personas y a todo ser viviente. Apenas había oído hablar de eso, pero en cuanto empezó a notarlo había ido a la biblioteca de la universidad para documentarse sobre ello. Poco fue lo que pudo conseguir, porque es una triste realidad que la ciencia oficial está muy cerrada a ciertas verdades que una minoría de la humanidad conoce desde hace muchos siglos.

Lo cierto es que Mario podía ver alrededor de todo ser vivo una luminiscencia multicolor, que variaba mucho de un ser a otro, y que en el mismo ser podía variar de un momento a otro. El fenómeno le apasionaba y era algo que tenía constantemente delante sin necesidad de hacer nada ni de esforzarse lo más mínimo; simplemente le bastaba con mirar. Le pasaba lo que a una persona que hubiese visto la televisión siempre en blanco y negro y de repente le pusieran delante un televisor en color. Durante largos períodos se pasó distinguiendo la diferencia de las auras de cada persona y cómo estas cambiaban en relación a cómo cambiaba el ánimo del sujeto.

A medida que iba pasando el tiempo Mario fue aprendiendo muchas cosas sobre el aura. Gracias a ello, en la actualidad ya sabe distinguir muchos aspectos de la persona según los colores de su aura, y con mucha frecuencia, nada más ver a un individuo, aunque sea por primera vez, puede hacer un retrato de sus cualidades físicas y psíquicas. Dice que cree que llegará a valerse mucho más de este poder que posee cuando conozca más cosas de la relación que hay entre el aura y el estado de las personas y cuando sea capaz de verla todavía mejor.

La otra cosa que me comunicó aquel día fue que le habían dicho que pronto le iban a visitar físicamente y los podría ver. Aproveché para usar un poco su ordenador y nos despedimos hasta dentro de dos días, cuando yo iría a copiar unos borradores que tenía escritos a máquina.

Hasta entonces yo tenía que proceder «por fe». Es decir, tenía que creer todo lo que Mario me decía, porque en realidad no había visto nada con mis propios ojos. Cuando a los dos días fui a su casa, lo encontré tumbado en su sofá y quejándose de una gran molestia en la garganta. Se levantó y se puso a buscar unas pastillas en el botiquín del cuarto de baño. No las encontraba y recuerdo que lo ayudé un poco en la búsqueda, aunque fue en vano. Cuando ya él había cesado de buscar, yo entré —no recuerdo para qué— en su habitación y allí, en la mitad de la colcha tersa, encima de la cama hecha, estaba perfectamente visible la cajita de las pastillas.

En este caso no tuve que hacer un acto de fe en lo que Mario me dijese. Ambos habíamos pasado por allí varias veces y de haber estado en aquel mismo sitio la hubiésemos visto inmediatamente. Además, Mario hacía días que no había visto aquella medicina y él mismo había hecho la cama unas horas antes y en ningún momento había tocado aquella cajita. Simplemente apareció allí.

Si este fuese el único hecho o la única prueba que yo tuviese de la realidad de lo que a Mario le está pasando, merecería ser tachado de ingenuo. Pero esta fue solo la primera de las pruebas que a medida que ha ido pasando el tiempo han ido ganando en importancia.

La primera vez que Mario vio a uno de estos seres fue así. Se encontraba en una de las sucursales de Correos de Madrid, certificando un paquete pequeño. Mientras estaba en la cola trabó conversación con un joven que estaba detrás de él, y que dijo llamarse Andru. La conversación fue sobre un tema intrascendente y el joven no tenía nada de particular, excepto que demostraba tener muy buenas maneras y era de apariencia agradable, pero nada extraordinario. Cuando terminó, se despidió del joven, pero este le preguntó que si quería ir a El Corte Inglés de Castellana él podría llevarlo, porque tenía coche e iba en aquella dirección. Efectivamente Mario iba a El Corte Inglés de Castellana; no fue ningún acto de telepatía de Andru ya que en la conversación que habían mantenido se lo había dicho. Por el camino, y cuando Mario menos lo esperaba, su acompañante le dijo:

—¿Tú crees que los humanos son los únicos seres inteligentes de este planeta?

A Mario se le agolpó toda la sangre en la cabeza. Se volvió y miró con fijeza a su acompañante. Este conducía el vehículo de una manera natural y no vio en él nada raro. Pero la pregunta que le había hecho era muy sospechosa. Mario contestó con otra pregunta:

—¿Por qué me preguntas eso?

Debió preguntárselo de una manera brusca y como sobresaltado, porque Andru se sonrió largamente hasta que, volviéndose hacia él, con lentitud, le dijo mirándole a los ojos:

—Tú estás oyendo voces. No temas. Yo conozco todo lo que te está pasando.

—Yo no sentí ningún escalofrío —me decía Mario en su casa—, y hasta creo que no me inmuté lo más mínimo. Me quedé sonriendo como diciéndole: «Ah, pillín, me querías engañar». Él guardó un rato de silencio y me dijo que no tenía que preocuparme, que poco a poco iría conociendo más acerca de ellos y que desde el momento de mi nacimiento ellos habían tenido cuidado de mí porque yo estaba destinado para hacer cosas importantes. Yo no hablaba; le dejaba a él que hablase, porque eso me parecía mucho más importante.

»Me habló de cosas generales que iban encaminadas a darme tranquilidad y me dijo que nos íbamos a volver a ver pronto. Llegamos a la esquina de Marqués de Villaverde con la calle Orense y nos despedimos con un apretón de manos. Cuando me bajé, ni se me ocurrió tomar la matrícula del coche y, pensativo como estaba, apenas me fijé en cómo era este. Recuerdo, aunque no con mucha seguridad, que era un coche bastante nuevo, no demasiado elegante y de un modelo moderno.

»A los pocos días entré en el VIPS de Velázquez y Ortega y Gasset y me puse a hojear las novedades en la librería, cosa que hago con bastante frecuencia, y estando enfrascado con un libro sentí que me tocaban en el hombro. Allí estaba Andru sonriente. De nuevo volví a sentir una gran tranquilidad en su presencia y se me ocurrió invitarlo a tomar un café. Accedió y nos fuimos a la barra. Yo pedí un café y él dijo que prefería un vaso de agua. Hablamos, o mejor dicho habló él, la mayor parte del tiempo, acerca de varios temas. Hablaba con gran seguridad, aunque fuese sobre el futuro. Nunca dijo con claridad quiénes eran los que me hablaban ni de dónde procedían. Insistía en que yo era más de ellos que de este planeta y que, al igual que yo, había bastantes otros; y también que más tarde aprendería muchas cosas cuando estuviese suficientemente preparado.

»Se despidió diciéndome de nuevo que nos volveríamos a ver y se fue por la puerta de entrada, perdiéndose entre la multitud que en aquel momento esperaba su turno para poder entrar. Yo me quedé un rato pensando en lo que me había dicho y dándole vueltas en la cabeza a todo lo que me estaba pasando».

Para entonces mis comunicaciones con Mario eran mucho más frecuentes y esto, según él me decía, le daba más tranquilidad que cuando estaba solo, sin saber con quién hablar de lo que le sucedía. De hecho, aquella misma tarde me telefoneó para comunicarme el encuentro en el VIPS.

Llegó el verano y Mario, tras haber sacado muy buenas notas, se fue a casa de sus padres y posteriormente, con toda su familia —dos hermanas y dos hermanos más—, pasaron dos meses en Marbella. Estando en Barajas para tomar el avión, cuando se iba a casa de sus padres, sucedió otro hecho en el que involuntaria e inconscientemente me vi envuelto.

Mario había llamado para contarme algo que le había pasado la víspera y yo me ofrecí para llevarlo al aeropuerto. Estando allá surgió un problema con el billete. Según el agente de Iberia, el billete no servía porque estaba mal expedido. Había que llamar a la agencia que lo expidió y ya no quedaba tiempo para ello, porque el vuelo estaba listo para despegar. Además había exceso de pasajeros y una buena lista de espera.

Los dos protestamos, pero el empleado se mantuvo firme y ante nuestra protesta airada se afirmó aún más en su determinación: con aquel billete de ninguna manera podría viajar... Pero de repente se quedó parado. Titubeó. Miró como asombrado hacia nosotros y se volvió para consultar con un compañero. Cuchichearon por unos instantes y se dirigió todo sonriente hacia Mario:

—Joven, no hay problema alguno. Puede usted coger este avión. Le deseo un feliz viaje.

Yo me quedé de una pieza. No me explicaba la razón de aquel cambio repentino. Porque no fue que el empleado hubiese descubierto que estaba en un error —no volvió a mirar el billete una vez que se lo había devuelto a Mario—; ocurrió que, sin razón alguna aparente, había cambiado de opinión. Por otra parte, el cuchicheo con su compañero resultó también muy extraño.

Cuando su equipaje ya estaba facturado, Mario me llamó aparte y me dijo:

—¿Te has dado cuenta?

—Cuenta ¿de qué?

—Pero ¿no has visto nada?

—No; nada.

—¿No has visto a Andru a tu lado mirando hacia el tipo de Iberia?

Yo no había visto absolutamente nada. Lo único que vi fue al empleado de Iberia quedarse parado y cambiar de opinión repentinamente.

—Pues lo tenías pegado a tu hombro izquierdo. Apareció de súbito y cuando el hombre de Iberia me dijo que me podía ir se sonrió y desapareció de la misma manera. Yo creí que lo habías visto porque estaba allí, a tu lado.

Todo el episodio, de no haber sido por la inexplicable conducta del hombre del mostrador, me hubiese dado que pensar acerca de la capacidad de fabulación de Mario. Pero es que además hubo otra circunstancia que me demostró que allí había pasado en realidad algo paranormal.

Cuando llegué a casa, mi mujer me miró con una cara de extrañeza que me hizo preguntarle por qué me miraba así. Se acercó y me tocó por el lado izquierdo del cuello. Efectivamente, yo sentía desde hacía bastante rato una especie de picazón en toda esa área, pero no le había dado importancia. Me miró de cerca y dijo:

—¿Por qué tienes esta parte del cuello tan roja y por qué en el otro lado no tienes nada? ¿Has estado tomando baños de sol? Pero es muy extraño que solo te hayas quemado de un lado.

Por supuesto que yo no había estado tomando baños de sol ni me había dado apenas el sol aquel día. Le conté lo que nos había pasado en el aeropuerto y ella, sin esperar a que yo dijese nada más, casi gritó:

—¡Andru! ¡El rojo del cuello es una radiación que emitía Andru! ¡Ojalá no sea maligna!

Efectivamente, Mario me había dicho que, cuando apareció, estaba pegado a mi izquierda, mirando fijamente hacia el empleado que en aquel momento discutía con Mario. La conjetura de mi mujer es más que una conjetura, es la repetición de un hecho con el que nos hemos encontrado muchas veces en la casuística de los ovnis. En algunas ocasiones el resultado de la radiación no fue tan inocente y el humano murió a las pocas horas.

Poco tiempo después, cuando Mario estaba en la playa con su familia, sucedió su encuentro más curioso con Andru. Estaba él solo tumbado al sol, leyendo, cuando aún no había mucha gente en la playa. Cuando levantó la vista del libro y se volvió para cambiar de posición, allí estaba Andru a su lado, sentado en la arena, vestido con una ropa ligera, pero no en traje de baño. Mario se sorprendió de verlo allí de repente y le preguntó cómo había venido. Andru le dijo con tranquilidad y sonriendo:

—Pues simplemente apareciendo.

—No me lo creo. Aquí, ¡delante de tanta gente! Alguno tendría que haberlo notado.

—Pues no es así —contestó Andru—. ¿Quieres que te lo repita?

—Sí.

En un segundo Andru ya no estaba allí. Mario miró en derredor: ni sombra de Andru. Se había desvanecido. Pasaron unos segundos y allí estaba él de nuevo, sentado y sonriente. Mario, que ya se iba acostumbrando a ver cosas extrañas, simplemente se encogió de hombros y contestó con otra sonrisa sin decir nada más sobre el asunto.

Aquel día Andru fue más comunicativo y le contó muchas cosas de su vida. Según lo que entonces le dijo, él era un ser igual que Mario; es decir, nacido en este planeta pero en realidad perteneciente a otro: su cuerpo era humano pero su mente o su alma eran de fuera, aparte de que en su concepción, gestación y alumbramiento «ellos» habían intervenido de forma muy directa. Durante la infancia, «ellos» vigilan muy de cerca todas las actividades de sus «implantados» para que no les suceda nada grave. Primeramente escogen a familias sanas en las que ven que van a recibir una educación buena, aunque la «bondad» a que ellos se refieren no coincide exactamente con lo que nosotros llamamos «bueno».

A pesar de que el cuerpo de estos individuos es humano, tiene ciertas variantes, la mayor parte de ellas imperceptibles a simple vista. Sin embargo, por el hecho de que ellos manejan los genes de su gente, esta con frecuencia no se parece nada a los demás miembros de la familia. De hecho, Mario no parece hermano de sus hermanos y tiene unas características fisiológicas completamente distintas a ellos. En cambio, Andru se parece bastante a él.

Este siguió diciéndole, siempre tumbado en la arena, que hacía tiempo él había estado en la misma situación en la que Mario estaba entonces; es decir, comenzando a descubrir todas estas tremendas e increíbles realidades. Le contó que poco a poco «ellos» fueron enseñándole cosas y activando sus capacidades de modo que en la actualidad él, a pesar de que vivía en un lugar concreto de Francia y se comportaba como un ser humano, tenía mucha más comunicación con «ellos» y era capaz de hacer cosas «imposibles» como la que le acababa de demostrar unos momentos antes, o lo que es todavía más increíble, trasladarse desde donde vivía en Francia hasta la playa española en un instante.

Con un golpecito en el hombro le indicó a Mario que tuviese paciencia y le comunicó que él podría llegar a hacer lo mismo. Para ello tendría que pasar, al igual que él, toda una preparación que le sería dada cuando «ellos» considerasen que ya estaba maduro.

Le dijo también que las playas estaban bastante contaminadas y que mucha gente, a causa de ello, iba a tener enfermedades cutáneas. También lo precavió para que no abusase de los baños de sol, y de hecho, a ruegos de Mario, le echó crema en la espalda.

Le dijo, además, que él vendría a verlo de vez en cuando, pero que su trato principal sería con otros de «ellos» que estaban especialmente encargados de instruirlo y que no eran humanos como él y Mario, es decir, nacidos en este planeta, sino venidos del mundo original al que todos pertenecían. Se despidieron y en un momento Andru ya no estaba allí. No se fue caminando como había hecho en otras ocasiones, sino que de nuevo desapareció repentinamente. Mario miró a su alrededor para ver si alguna de las muchas personas que ya había en la playa se había dado cuenta. Pero nadie daba la impresión de haber visto nada.

Después de aquella entrevista, tuvo mucho para pensar sobre todo lo que su misterioso amigo le había dicho. Lo primero que le vino a la mente, corroborando lo que Andru le había contado acerca de la especial protección de la que había gozado durante toda su vida, fue el tremendo accidente de moto que había sufrido años atrás, en el que «milagrosamente» no le había pasado nada. Mario iba de acompañante en la parte de atrás de una moto muy potente conducida por un loco. Iban por una autopista a más de ciento ochenta kilómetros por hora; algo pasó y Mario se vio volando por el aire. Quedó tendido en la cuneta a más de cien metros de donde había sido el primer impacto. Recuerda que cuando llegaron a él los que se acercaron a auxiliarle no se atrevían a bajar al fondo de la cuneta, donde él estaba tendido inmóvil, pensando que estaba muerto. No podían deducir otra cosa habiendo sido testigos de cómo salió despedido después del tremendo impacto. El que conducía la moto, aunque no murió, se rompió cuantos huesos tenía. Mario, tras unos minutos de aturdimiento, se fue incorporando lentamente. ¡No le había pasado absolutamente nada!

Sin embargo, a pesar de que la impresión del accidente había sido muy fuerte, siempre le había quedado una sensación extrañísima que se sobreponía a aquella: cuando volaba, tras el impacto, alguien lo llevaba por el aire como si lo sostuviese en brazos. Cuando llegó al suelo tuvo la misma sensación; no se dio un golpe violento, sino que fue como si lo depositasen con cuidado en tierra.

Este no fue el único accidente en que Mario se ha visto envuelto. En otra ocasión viajaba en un coche pequeño al lado del chófer, un joven que conducía a gran velocidad. Mario iba sin el cinturón de seguridad. La visibilidad era mala y en un momento se encontraron delante de ellos, parado, un gran camión. A pesar del gran frenazo, toda la parte delantera del turismo quedó literalmente incrustada debajo de la caja del camión.

En este tipo de accidentes, los que van delante, y sobre todo el acompañante del chófer, por lo general suelen quedar decapitados o con el cráneo destrozado. En este caso el impacto fue tal que el joven que iba en el asiento trasero, justo detrás de Mario, murió en el acto y solo pudo ser sacado mucho después. El que conducía tuvo que esperar un buen rato a que trajesen grúas e instrumentos para extraerlo del amasijo de hierros en que estaba atrapado, con múltiples fracturas y heridas, pero vivo de milagro.

El coche quedó literalmente empotrado debajo del camión y las personas que se acercaron enseguida gritaban nerviosas al ver que no se podía hacer nada para sacar a los ocupantes, pues las puertas ya no existían en todo aquel montón de hierros retorcidos.

Mario me cuenta:

—Yo vi aparecer de repente el camión parado; sentí el frenazo y el tremendo golpe, pero a continuación me vi entre las personas que estaban gritando al lado del coche. A mi derecha una señora, en un ataque de histeria, gritaba:

»—¡Dios mío, qué horror! ¡Se han matado todos!

»A lo que yo instintivamente le contesté:

»—No señora, a mí no me ha pasado nada.

»Entonces se volvieron todos a mí sin poderlo creer y me miraban como a un aparecido.

»—¿Pero estabas tú ahí dentro?

»—Sí —les dije—. Y aún hay otros dos. —Y me seguían mirando de una manera rara.

»Yo no tenía ni un rasguño. Siempre pensé que allí había pasado algo raro, pero ni se me pasaba por la imaginación que alguien pudiese velar de una manera tan cercana y tan eficaz por mi seguridad personal.

Como nuestro trato fue haciéndose cada vez más frecuente —en la actualidad lo considero como si fuese un hijo mío—, en alguna ocasión hemos hecho alguna excursión en bicicleta por las afueras de Madrid. Pues bien, un día en que se cayó de la bici, cuando me acerqué a él para ver si se había hecho daño, me dijo simplemente:

—Me ha vuelto a pasar lo mismo que cuando el accidente de la moto: me han depositado en el suelo.

A estas alturas, tal como le pronosticó Andru hace aproximadamente un año, Mario ya tiene alguna cualidad paranormal de la que he sido testigo muchas veces. Se trata de una mezcla de telepatía y clarividencia, que bien desarrollada y usada puede ayudarle mucho en la vida.

Según él, cuando quiere saber algo, cierra los ojos, se concentra y enseguida aparece una pequeña «pantalla» en la que está escrito lo que él quiere saber. He hecho con él la prueba de esto bastantes veces y estoy convencido de que puede saber cosas que su mente consciente desconoce.

Cuando le pregunto alguna cosa cuya respuesta ya conozco, tengo derecho a sospechar que se trata de telepatía; es decir, que me está leyendo la mente, lo cual ya de por sí es un hecho paranormal. Pero para evitar esto, muchas veces le he preguntado cosas cuya respuesta desconozco e igualmente, tras acudir a su «pantalla», me las ha contestado.

Para esto me he servido bastante del instructivo juego del Trivial, en el que hay miles de preguntas sobre diversos temas. Pues bien, en las escasas ocasiones en las que basándose en sus propios conocimientos no es capaz de contestar alguna de las preguntas —recuérdese que Mario es un alumno brillante de Ciencias Químicas y que además ha sido muy aficionado a la lectura desde que, sin que nadie le enseñase, aprendió a leer—, cierra los ojos, pone las manos en la frente y en segundos deletrea en voz alta lo que lee en su «pantalla», que a veces, según él, está algo borrosa.

Una de las cosas más significativas en todo este proceso que se está desarrollando con Mario es la entrada en escena de Rufo.

Tal como Andru le había dicho, Mario iba a conocer a otros individuos que no habían nacido en este mundo cuya misión aquí —una de ellas— era la de instruir y proteger a él y a otros «Marios» que había por ahí. Y efectivamente así fue. Rufo era uno de ellos.

En realidad no sé cuál es su verdadero nombre y ni siquiera sé si lo tiene, pero yo, en cuanto Mario empezó a hablarme de él, lo bauticé como «Rufo», y con ese nombre se ha quedado cuando hablamos de él. Aunque como todos estos individuos extrahumanos le dan gran importancia a los nombres —en realidad a los sonidos y vibraciones que producen—, no me extrañaría que cualquier día de estos me llegue la orden de que no le vuelva a llamar a Rufo y que se lo cambie por algún otro escogido por él. Eso no me gustaría nada, sobre todo si el nuevo nombre se pareciese a otros que ya conozco y de los que sospecho mucho.

Rufo no fue el primer no humano que Mario vio. Antes se le presentaron otros que se turnaban, pero el que lo visita en estos últimos meses de una manera fija es Rufo.

Todos visten poco más o menos lo mismo. Llevan una capa de color claro con mangas, que les cae hasta más abajo de la pantorrilla. Su altura media es de 1,75 a 1,80 metros y tienen el pelo largo hasta el hombro, de un color rubio no muy claro.

Su manera de hacer contacto con Mario no es como la de Andru. Este es más «físico», más humano y por eso es para él más natural mezclarse con la gente y aparecer caminando, aunque, como hemos visto, también esté en su mano aparecer y desaparecer repentinamente. Pero Rufo y sus compañeros generalmente se presentan en la habitación o en casa de Mario tal como vemos a estos seres en ciertas series de televisión. Así fue como los vio por primera vez.

Un buen día Rufo se presentó «en carne y hueso». Mario estaba dormido, sintió que lo despertaban y la voz le dijo: «Vete a la sala, que tienes visita».

Se levantó enseguida y, en pijama, se fue a la sala, donde encontró a dos individuos que lo saludaron muy afectuosamente. Hablaron un rato sobre generalidades y le dijeron que seguiría recibiendo visitas cada cierto tiempo y cuando ellos vieran que lo necesitaba. También le advirtieron de que más adelante tendrían que llevárselo durante quince días para darle instrucciones y toda la preparación que le hacía falta para que pudiese desenvolverse bien en el mundo.

A Mario no le gustó mucho esto de tener que estar quince días «fuera», sin saber exactamente dónde. De hecho, lo citaron un día por la noche, cerca de un lago a un kilómetro de la casa, y no se presentó. Otro día lo volvieron a citar, cerca de otro lago más pequeño, esta vez a solo cien metros de su casa y, no sé si influido por mis consejos, tampoco acudió a la cita.

Creyó que iban a enfadarse con él por ello, pero no fue así. En distintas ocasiones le han dicho que él haga siempre lo que crea que debe hacer.

Antes de comenzar la «era de Rufo», que es en la que estamos ahora, tuvo algunas experiencias con otros no humanos que luego no volvieron a presentarse. La más extraña de todas fue la siguiente.

Estando un día en la finca de sus padres, con su familia, sintió que lo despertaban por la noche y oyó que le decían: «Vístete y sal al patio».

Se vistió y salió al patio. A pesar de que cerca hay algunas casas, se ve el campo abierto con árboles dispersos y puede distinguirse una gran extensión de cielo. Mario salió de la casa y se alejó un poco de ella. Como a unos trescientos metros de distancia y a unos treinta o cuarenta del suelo había un gran aparato circular que desprendía un enorme resplandor y que estaba inmóvil. Mario, sin inmutarse mucho —aunque era la primera vez que veía una cosa así—, se quedó mirándolo fijamente durante un rato, y de repente vio que del aparato salía como un hilo de luz o como un alambre iluminado que se dirigía rápidamente hacia él. Se quedó quieto y pudo ver un trazo luminoso finísimo que llegaba desde el aparato hasta unos dos metros de donde él tenía los pies.

Cuando estaba contemplando aquella cosa tan rara vio que algo avanzaba por encima del hilo de luz. Era un ser humano que se deslizaba rápidamente hacia él. En un segundo, un ser aparentemente humano, aunque con una vestimenta un poco diferente, estaba ante él. Lo saludó y le preguntó, en perfecto castellano, cómo estaba. Le dijo que eran sus hermanos y que había venido a visitarlo para que tuviera fe en ellos, y algunas cosas más por el estilo.

Acabada la conversación —de la que yo creo que Mario me oculta algunas partes por habérselo así pedido ellos—, el misterioso visitante se despidió y regresó al aparato de la misma manera que había salido. Daba la impresión de que patinaba sobre aquel rayo de luz, aunque esta vez era cuesta arriba.

Mario se volvió para entrar a su casa y se quedó asombrado cuando vio delante de él otro hilo de luz, en todo semejante al que acababa de ver, que partía precisamente de debajo de sus pies hacia la puerta de su casa. Sin hacer esfuerzo alguno por su parte, sintió que lo empujaban, de modo que comenzó a deslizarse suavemente por encima del hilo. Como dormía en la parte alta de la casa, el rayo de luz subía también por las escaleras y llegaba hasta su misma cama, de modo que sin ningún esfuerzo se encontró de nuevo en su habitación, sin que nadie en su casa, donde todos dormían, se hubiese percatado de nada.

La propia «era de Rufo» comenzó en 1986-1987, cuando Mario regresó a la universidad, en Madrid. Rufo se le aparecía en casa con cierta frecuencia, sobre todo cuando Mario tenía alguna dificultad, y por entonces surgían muchas, pues los estudiantes estaban bastante agitados y Mario participaba muy activamente en todas las manifestaciones.

Además, Rufo estaba muy atento a los pequeños conflictos sentimentales de Mario, que por aquellas fechas se había echado novia. Esta era de un genio muy vivo y él tampoco pecaba de ser pacato, de modo que en los primeros tiempos, aunque se querían y se siguen queriendo de verdad, tenían bastantes choques. Esto desconsolaba mucho a Mario, y era entonces cuando el buen Rufo hacía su aparición, no precisamente como un Celestino cualquiera para que hiciese las paces con su novia, sino para hacerle recobrar la paz de espíritu, pues el no tenerla, según él, le perjudicaba bastante en su proceso de maduración para recibir todas las enseñanzas que ellos querían transmitirle.

Una de las veces en que Rufo apareció, yo estaba en casa de Mario trabajando en el ordenador. Él estaba muy agitado, pues había tenido una buena trifulca con su novia. Yo estuve alrededor de una hora tecleando, completamente inmerso en mi trabajo, en el salón grande. De vez en cuando percibía unos ligeros susurros que provenían de la habitación donde Mario estaba. No les prestaba atención alguna y siempre supuse que se trataba de la televisión, que Mario habría puesto a muy bajo volumen para no molestarme.

Me encontraba revisando lo que había hecho, cuando entró Mario con cara muy sonriente:

—Ni te has enterado.

—¿Enterado?, ¿de qué?

—De que he estado una hora hablando con Rufo.

Había estado todo aquel tiempo sentado en el sofá, hablando tranquilamente con Mario, y según este, nadie podría distinguirlo de un ser humano normal.

A veces sus consejos son muy concretos, como cuando le decía que no saliese en determinados días al centro de Madrid porque había peligro de que hubiese algún atentado. Efectivamente, por aquellas fechas los atentados de ETA eran frecuentes y en los lugares más inesperados.

La mejor prueba que yo tuve de que Mario no mentía fue cierto día en que comencé a escribir lo que le estaba pasando, pero enfocándolo de una manera negativa. Porque el lector tiene que darse cuenta de que tratar de estos temas y más aún verse envuelto en ellos es algo que, en primer lugar, requiere una gran dosis de serenidad y de sangre fría, y en segundo lugar, demanda muchas horas de reflexión, cuando no de perplejidad. Y a veces entran ganas de huir de algo tan confuso y tan incomprensible para la mente.

Pues bien, yo había escrito en mi casa un folio entero, a espacio sencillo, con todo lo que hasta entonces sabía —que era aún muy poco— del asunto de Mario. Probablemente, si hubiese sabido más, no lo hubiese enfocado de aquella manera.

Como he dicho, lo presentaba como algo negativo de lo que hay que huir a toda costa y comparaba el caso de Mario con otros en los que el contactado había terminado muy mal.

No hacía ni media hora que había terminado de redactarlo cuando sonó el teléfono:

—Salvador, tengo un recado para ti. No debes escribir eso que estás escribiendo

Era Mario. Yo me hice el desentendido.

—¿De qué me estás hablando?

—Pues no sé exactamente, pero eso es lo que me han dicho.

Cambié la conversación hacia otros temas, hablamos brevemente y colgamos. A los veinte minutos recibí una nueva llamada suya:

—¿Vas a estar en casa? Tengo algo que llevarte.

—Sí. Aquí te espero.

A la media hora llegó con un folio plegado. Lo abrí y no salía de mi asombro. En aquel folio estaba copiado al pie de la letra todo lo que yo había escrito unas dos horas antes. Recuerdo que había escondido los originales y la copia y fui a buscarlos para cotejarlo con lo que me acababa de traer Mario. Excepto en un lugar en que yo escribía un nombre propio en abreviatura y Mario lo había escrito completo, todo lo demás era exactamente igual palabra por palabra y punto por punto. Le pregunté:

—¿Cómo has escrito esto?

—Me lo han dictado.

Como ya he dicho, Mario no tenía entonces la capacidad de leer en su «pantalla» tan desarrollada como la tiene ahora. Hoy en día le bastaría con cerrar los ojos y concentrarse para poder leer el texto sin que tuviese que venir nadie de fuera a dictarle nada.

Cierto día, Mario había venido a mi casa muy acongojado porque su novia le había dicho que lo iba a dejar porque no le dedicaba todo el tiempo que debía. Se lo decía todo en una frase que le repetía a todas horas: «Quieres más a tus libros que a mí».

Mario no quería renunciar a seguir siendo el mejor de su clase, pero por otro lado sentía mucho por aquella muchacha, y de ahí su estado de desesperación. Habíamos estado hablando, junto con mi esposa, hasta altas horas de la madrugada, mezclando en la conversación su problema sentimental con el problema «ultraterrenal» en que estaba envuelto, y las horas se nos habían ido volando. Repentinamente Mario se levantó y dijo de una manera muy decidida:

—Tengo que irme.

Como él tiene coche propio, no me ofrecí a llevarlo hasta su casa y vi como lo más natural que se marchase. Al día siguiente me llamó:

—¿No viste nada ayer?

—No. ¿Qué era lo que tenía que ver?

—Cuando yo dije que me tenía que ir, era que me acababan de decir que bajase, porque me iban a recoger en el portal y me iban a llevar a un sitio para hablar. Por eso te preguntaba si habías visto desde la ventana el coche en el que me vinieron a buscar.

—Yo creí que te habías ido en el tuyo, pero, de haberlo sabido, de muy buena gana me hubiese asomado. De modo que otra vez avisa.

Eran cuatro individuos los que lo habían recogido. Uno de ellos era Rufo, que daba la impresión de ser el jefe, mientras los otros eran solo ayudantes, ya que apenas hablaban y obedecían lo que Rufo les decía. El color del coche, según Mario, era claro. Recuerda que fueron por la M-30 un buen rato, hasta llegar a un sitio a orillas del Manzanares donde hay una explanada. Allí vio un autobús. Bajaron y entraron en él. Mario se quedó atónito, porque lo que por fuera parecía un autobús, interiormente era un enorme salón en el que cabrían muchos autobuses. Dentro había bastante gente, varones y mujeres, todos vestidos como Rufo, atentos a diversos quehaceres. Apenas prestaron atención a los recién llegados, a pesar de ser Mario diferente a ellos. Sin embargo, según su opinión, Rufo era el jefe de toda aquella gente.

Según él le ha dicho, en España hay solo otra persona que está en sus mismas condiciones; es decir, que es un implantado de ellos aquí. Está en la ciudad de Cádiz y Mario no lo conoce, pero algún día probablemente llegará a conocerlo, al igual que conoció a Andru.

La mayor parte de toda aquella gente en el «autobús» estaba atenta a un sinfín de pantallas en las que aparecían toda suerte de cosas y personas. En una de ellas Mario pudo ver sucesivamente las caras de personas muy relacionadas con él. Según Rufo le dijo, «ellos» llevan control no solo de las personas que les interesan directamente sino de las que están inmediatamente relacionadas con ellas.

Así se encuentra en este momento el asunto de Mario.

¿Adónde irá a parar todo? Lo desconozco. Lo que sí sé es que estoy metido en él hasta el cuello y de una manera aún más profunda de lo que he podido expresarle al lector. Porque lo cierto es que me han dado permiso para publicar todo esto solo con la condición de que me calle otras cosas. Y la verdad es que no quiero incurrir en las iras de tan poderosos señores.

Comprendo que el lector pueda quedar un poco defraudado, pues únicamente cuento con mi palabra para probar todos estos hechos. Pero espero, de aquí a algún tiempo, poder tener alguna prueba tangible y poderle dar más detalles de todo este apasionante asunto y hasta poderle decir cuál ha sido mi impresión personal de Rufo, pues tengo fe que algún día cumplirá la palabra que le ha dado a Mario de dejarse ver por mí y de conversar conmigo.

Pero no crea el lector que entretanto voy a estar nervioso centrando toda mi vida alrededor del momento en que se les ocurra presentarse delante de mí. Nada de eso. Yo seguiré haciendo mi vida normal, tratando de conocer cada día más cosas de este misterioso mundo en que vivimos y procurando ser cada día mejor persona humana.

Última hora

Como en los viejos tiempos del periodismo, hay una «última hora» escrita cuando ya todo el libro está listo para la imprenta.

Ayer necesité para ciertas diligencias mi DNI, y por mucho que lo busqué no aparecía por ninguna parte. Desesperado, le dije a mi mujer que llamase a Mario y le preguntase si él podía hacer algo.

Mario protestó porque Rufo le había dicho que estaba abusando un poco de su «pantalla», que no debería usarla si no fuese en casos de extrema necesidad, pues corría el peligro de que si la utilizaba exageradamente podría dificultar posteriormente el pleno desarrollo de su facultad de ver en ella. Pero ante la insistencia de mi mujer, Mario le dijo que iba a hacer una excepción y que nos llamaría en cuanto tuviese algo.

Creo que no habían pasado cinco minutos cuando sonó el teléfono:

—He visto en la «pantalla» que además del DNI hay un pasaporte y una tarjeta en la que se lee algo así como «La Guardia», pero no lo puedo leer claro.

—Efectivamente. Pero ¿dónde están?

—Están en la quinta estantería de la biblioteca de tu casa, comenzando a contar por la derecha y en el anaquel tercero empezando desde abajo hacia arriba. Están debajo de un montón de libros en gallego que están tumbados.

Me dirigí de inmediato al punto exacto que me había dicho. Levanté los libros y allí estaban mi DNI y las otras cosas. Un mes antes habíamos recolocado los libros de la biblioteca y los documentos habían quedado sepultados inadvertidamente. De no haber sido por Mario, yo hubiese tardado meses en descubrirlos y solo por casualidad, pues nunca se me hubiese ocurrido buscar allí, donde lógicamente no deberían estar.

En cuanto a la tarjeta en que él leía «La Guardia», era un certificado de vacunación venezolano hecho años atrás en el puerto de La Guaira.

El misterio sigue en pie.[14]

---

[14] En la actualidad, Mario está casado y su esposa me asegura que ella no se explica la facilidad con la que su marido hace muchas cosas que a ella le parecen imposibles. [*Nota del autor a la actual edición*].

CONCLUSIÓN

Hemos llegado al final y supongo que el lector estará perplejo ante hechos tan extraños. Por si le sirve de consuelo, sepa que el autor también lo está. Pero no sirve de nada inhibirse o encogerse de hombros y dejar que las cosas sigan como van. Creo que ante tales hechos se impone tomar algunas decisiones. Porque si todo lo que aquí hemos dicho es cierto, sería insensato quedarse inerte, aunque desgraciadamente esa sea la actitud de la mayoría de los mortales cuando tiene que tomar decisiones de índole trascendente.

La primera decisión sería de un orden puramente mental: ¿se aceptan o no se aceptan los hechos narrados? Y si se aceptan, ¿cómo se aceptan? ¿Como absolutamente objetivos, al igual que se aceptan las incidencias comunes de un día normal? ¿O los aceptamos, pero tamizados por la mente de los percipientes o de los que nos los han transmitido? ¿Son los hechos solo verdaderos para quienes han sido testigos o víctimas de ellos y no lo son para el resto de los humanos?

¿Estamos ante el inicio de la gestación de un mito moderno, al igual que los mitos religiosos actuales tuvieron su inicio en alguna época de la historia?

Como dije, encogernos de hombros ante la posibilidad de que semejantes hechos puedan ser ciertos es muy poco racional. Porque si lo son, su trascendencia sobre la vida de la humanidad podría ser de enormes consecuencias. Y no precisamente para el futuro. Creo firmemente que las consecuencias de la objetividad de estos hechos y de lo que ellos implican pertenecen por una parte ya al pasado y las tenemos plasmadas en la espantosa historia de la humanidad, y por otra son de una total actualidad y las tenemos plasmadas en el caótico presente que nos ha tocado vivir.

La primera decisión, pues, sería tomar conciencia del problema. Aparentemente la ciencia oficial y las clases dirigentes de este mundo ya hace tiempo que no solo tomaron conciencia del problema sino que sentenciaron que los hechos no eran verdaderos o se debían a otras causas. Esa es hoy la creencia dominante en la sociedad «culta» y por eso los que nos dedicamos a estudiar estas cosas extrañas no estamos bien vistos. Pero los hechos siguen estando ahí y apareciendo mes tras mes en las páginas de los grandes diarios y revistas del mundo y en los despachos de las principales agencias de noticias.

Veinte veces se ha querido matar todo este tipo de noticias «oscurantistas y medievales» y veinte veces han resurgido ellas de sus cenizas. Hay alguien o algo que no las deja morir. Y ese algo es su propia objetividad. Los hombres y mujeres siguen viendo, oyendo y sintiendo cosas extrañas. Estamos asistiendo al «retorno de los brujos» que hace muchos años pronosticaron Louis Pauwels y Jacques Bergier.

Digamos que el hombre culto tiene derecho a dudar ante hechos tan raros. Quien duda ante hechos triviales puede quedarse muy bien en su duda porque no tienen consecuencias de importancia. Pero el que duda ante hechos de gran trascendencia tiene la obligación de salir de su duda. Y en la actualidad, gracias en parte a la ciencia, y en los tiempos modernos a la enorme ayuda de internet, tenemos mil maneras de investigar estos hechos por extraños que nos parezcan. Y hoy en día podemos ya tener la seguridad de que tienen algún tipo de realidad.

Puede que esta realidad no sea exactamente la que parece ser o la que los testigos dicen, pero creo que hoy, aun hablando desde un punto de vista estrictamente científico, ya no podemos dudar de que detrás de todo este ingente cúmulo de hechos paranormales, testimoniados por tantos miles de seres humanos, hay «algo», aunque no sepamos de qué se trata.

Por lo tanto, persiste la obligación de investigar los hechos, al igual que la humanidad se siente obligada a investigar cuál es la causa del cáncer o del SIDA. Y la ciencia en concreto no tiene derecho a encogerse de hombros y a contentarse con decir que los hechos son muy extraños. Esa no es razón para no investigarlos.

Pero dejemos a los eternos dubitantes y veamos qué es lo que las personas que han tomado conciencia del problema deberán hacer.

Puede ser que no esté en sus manos el investigarlo, pero sí interesarse por lo que otros vayan descubriendo, y sobre todo pasarles este conocimiento y esta sana preocupación a las generaciones jóvenes, al contrario de lo que hasta ahora se ha venido haciendo. Hay que abolir el narcisismo de pensar que «somos los reyes de la creación», que «el hombre es la más inteligente de las criaturas», que «todas las cosas y animales de la naturaleza están al servicio del hombre» y tonterías por el estilo. Hay que decirles claramente, sin caer en los fanatismos cerrados de las diferentes religiones, que por encima de nosotros hay otros seres inteligentes que, al igual que los hombres hacemos con los animales, intervienen en nuestras vidas directa o indirectamente, sabiéndolo nosotros o sin saberlo. Y esto tanto a nivel individual como colectivo.

Mientras la humanidad y sobre todo sus dirigentes no admitan estas tremendas verdades, las cosas irán tan mal como han ido y seguiremos desunidos, desorientados, engañados, haciéndonos permanentemente la guerra y en un estado de desarrollo mental que apenas ha cambiado en los últimos milenios.

Por el contrario, el día que los jefes de la humanidad asuman esta tremenda verdad, el hombre comenzará a abandonar el estado de semibarbarie en que vive y empezará a evolucionar hacia el estadio de superhombre.

Pero en la actualidad, los líderes del planeta —aquellos «dueños visibles de este mundo» que vimos en el primer capítulo— no admiten esta verdad. Es demasiado comprometedora para ellos.

Los científicos —que en las cosas entrañablemente humanas son siempre los últimos en enterarse— se ríen de todo esto. Para sus ojos miopes no hay más realidad que la de sus laboratorios y la que se estudia en los textos de la universidad. Los políticos están demasiado entretenidos en sus juegos de poder; a los militares su amor propio les impide creerlo y prefieren seguir jugando con sus aviones, sus barcos y sus soldaditos de carne; los banqueros están enfrascados acrecentando sus dividendos y jugando a la Bolsa.

Los únicos que lo admiten son los líderes religiosos. Ellos sí saben que hay otras inteligencias superiores al hombre, pero lo malo es que cada uno tiene de ellas una idea diferente, y cada uno cree que su religión tiene la clave para entenderse con ellas. Además, la idea que tienen de estas entidades es falsa, por demasiado simplista. Las dividen en totalmente malas y totalmente buenas, convirtiendo a una de estas en el Dios Supremo al cual hacen indirectamente culpable de cuantos errores y males hay en el mundo.

¿Qué tendrá que hacer el hombre evolucionado —aunque sea un solitario— que haya caído en la cuenta de esta tremenda verdad? Lo que deberá hacer, una vez que haya tomado conciencia del problema, será adoptar medidas concretas para evitar ser juguete de ninguna de estas entidades. Además, en cuanto esté en su mano, deberá ayudar a que sus semejantes despierten y caigan en la cuenta de tan tremenda realidad, para que la historia humana no siga siendo lo que hasta ahora ha sido: un conjunto de horrores inspirados por estas entidades y causado inmediatamente por los títeres que ellas han ido escogiendo como sus ministros a lo largo de los siglos.

Comprendo que lo que estoy diciendo es de tal envergadura que la mente se resiste a aceptarlo sin más ni más. Los errores acerca de la posición del ser humano en el Cosmos los traemos en los genes desde hace milenios y por eso a muchas personas, aun inteligentes y con buena voluntad, se les hace completamente imposible superarlos.

Pero en realidad, los dioses grandes y pequeños de las religiones paganas y los «espíritus de las alturas» de las que nos hablan Cristo y san Pablo son las mismas entidades de que hemos estado hablando en todo este libro. Y a ellas hay que añadir el Yahvé que durante varios siglos engañó al pueblo judío desde la nube y que los cristianos posteriormente aceptaron como Dios universal, a pesar de verlo cometer toda suerte de horrores con las naciones de Palestina y hasta con su mismo «pueblo escogido».

Cristo no entraría en esta categoría, porque aunque al judeocristianismo lo suelen meter en el mismo saco, hay que hacer una gran distinción entre ambos. El dios del Antiguo Testamento no es el mismo que el del Nuevo Testamento.

Como ya dijimos, una prueba de que la mayoría de estos seres que invaden nuestro mundo nos superan en poder y en inteligencia es el hecho de que, después de miles de años de habernos estado manipulando a su antojo, todavía nos tienen sumidos en la duda acerca de su existencia. Y mientras los humanos sigamos dudando que ellos existen y pensando que nosotros somos los «reyes de la creación», no tomaremos en serio el hecho de defendernos de ellos y seguiremos siendo manejados a su antojo.

Somos una granja. Una granja de animales racionales, aunque en muchas cosas nos portamos como irracionales. Esta es una terrible verdad y lo seguirá siendo durante mucho tiempo. Es muy difícil para los animales de una granja rebelarse contra los granjeros, porque estos son más inteligentes y saben prever las posibles rebeliones. Y como somos una granja de «racionales», nos engañan y nos dominan con ideologías que no solo nos impiden rebelarnos sino que hasta nos llevan a pensar que es bueno estar sometidos.

A los animales irracionales basta con echarles bien de comer y mantenerlos en un clima agradable para que se sientan satisfechos. Pero para los animales racionales eso no es suficiente: hay que inventarles «valores morales» que seguir e «ideales» por los que luchar, y con eso se mantendrán entretenidos, peleando los unos con los otros y olvidados del propio progreso. Y sobre todo, ignorantes de que están siendo usados. Esos «ideales» y «valores morales» son las patrias, las religiones y las ideologías sociales y económicas en que la humanidad está dividida y que tanto daño le han hecho.

Resumiré ahora audazmente qué pienso sobre estas entidades y lo haré sin medias tintas o con términos ambiguos como para no caer en la excomunión de la ciencia o de las vacas sagradas de la ovnilogía. Ya he dicho que la ciencia oficial no sabe nada de esto y por lo tanto no me importa lo que puedan decir los pseudocientíficos que se atrevan a criticarme. Para la ciencia nada de esto existe y por lo tanto lo mejor que hará será guardar silencio.

Antes dije «audazmente» porque de sobra sé que es una temeridad atreverse a hablar tan concretamente de algo que tiene tan mala prensa. La mente de los humanos prefiere atracarse de literatura, buena y mala, en la que se describen situaciones y mundos de ficción; goza con las novelas, las aventuras y las situaciones tensas, cuando la realidad es que el tema de que trata este libro supera con mucho en intensidad y en suspense a todas las novelas y las aventuras que los literatos puedan imaginarse.

Tanto los lectores comunes como los mismos editores suelen relacionar estos temas con los de ciencia ficción. No les gusta tomarlos en serio y cuando se asoman a ellos lo hacen con algo de nerviosismo.

Es muy fácil salirse de los límites humanos en plan de novela o de ciencia ficción, pero es muy duro dejar atrás, a base de hechos reales, el mundo que conocemos y adentrarse por el reino del «más allá», que hasta ahora era monopolio absoluto de las religiones y que el cristianismo ha presentado siempre con tintes aterradores. Y hablar de «entidades», «espíritus», «inteligencias» y hasta «extraterrestres» es penetrar en ese «más allá» en el que la psique se siente muy incómoda y se defiende llamando locos a los que hablan de él.

He aquí lo que creo acerca de estas entidades inteligentes no humanas:

- ❖ Son normalmente invisibles al ojo humano.
- ❖ Algunas son visibles para los niños de corta edad y para los animales domésticos, que reaccionan con terror ante ellas.
- ❖ Otras son invisibles también para los animales domésticos, que sin embargo las detectan con algún sexto sentido, mostrándose muy inquietos ante ellas.
- ❖ Son variadísimas y existen enormes diferencias entre ellas. Diferencias mucho mayores que las que existen entre las diversas razas y clases de seres humanos.
- ❖ Las hay más inteligentes y más evolucionadas que el hombre y las hay menos que él.
- ❖ Proceden de otros «niveles de existencia», que lo mismo pueden pertenecer a este planeta físico que a otros mundos desconocidos.
- ❖ Algunas intervienen intensamente en las vidas de los humanos a nivel individual y más aún a nivel social o global.
- ❖ Algunas intervienen negativamente o por puro juego sin importarles que con su interferencia perjudiquen al ser humano.
- ❖ Otras interfieren positivamente y tratan de ayudar.

❖ Creo que abundan más las que interfieren negativamente que las que lo hacen positivamente.

❖ Algunas de ellas tienen muchas limitaciones cuando actúan en nuestro mundo y todas distan mucho de ser «omnipotentes».

❖ Todas, incluso las que ayudan, buscan primordialmente su bien propio.

❖ Algunas se encaprichan con determinadas personas o pueblos y los ayudan abiertamente, y no ven inconveniente en perjudicar a otros por ayudar a sus protegidos.

❖ Y viceversa: algunas se encaprichan contra determinadas personas o pueblos a los que hacen víctimas de sus bromas pesadas y en ocasiones macabras.

❖ Alguna especie de estas entidades tiene una gran tendencia a entrometerse en las relaciones matrimoniales o sexuales de los humanos. Con frecuencia le han pronosticado descendencia a parejas de las que por diversas circunstancias no se podía esperar que tuviesen hijos.

❖ Su intromisión en asuntos sexuales no solo es pronosticando descendencia a parejas de humanos, sino interviniendo en uniones sexuales, apareciéndose en forma humana o haciendo que el hombre o mujer sientan físicamente la cópula carnal con una entidad invisible. Hay miles de ejemplos pasados y presentes.

❖ Las más evolucionadas pueden influir con mucha facilidad las mentes de los humanos y son no solo capaces de leer sus mentes sino de hacer que tomen decisiones sin que se den cuenta de que están siendo manipulados.

❖ Camuflan sus actividades tras fenómenos naturales. A veces hacen aparecer como «extranatural» algo que es puramente natural y a veces, al contrario, hacen que algo que es causado directamente por ellos aparezca como un fenómeno natural.

❖ No son «puros espíritus» tal como la Iglesia nos presenta a sus ángeles. Estas entidades, incluidos los ángeles del cristianismo, tienen cuerpos físicos compuestos de campos de ondas, algunos de los cuales se pueden detectar en muchos de los aparatos que la tecnología humana usa en la actualidad.

❖ Por esto, muchas de ellas son muy sensibles a campos electromagnéticos, a radiaciones o a energías sutiles provenientes del mundo atómico y subatómico. Algunas de estas energías producidas por nuestros aparatos o provenientes naturalmente de la Tierra o las bioenergías producidas por las mentes de algunos psíquicos propician su presencia en nuestra dimensión, mientras que otras la impiden. En el futuro la humanidad usará estas energías como medio para defenderse de la intromisión indebida de estas entidades o para ponerse en contacto con ellas.

❖ Algunos de estos seres entran con toda facilidad en el nivel humano, sea por su proximidad a él o por su elevado grado de evolución, mientras que otros lo hacen solo por accidente o con mucho trabajo.

❖ La lógica de sus acciones con respecto a nosotros es totalmente diferente a la nuestra; por eso en muchas ocasiones no nos podemos explicar lo que hacen, y menos aún por qué lo hacen.

❖ En general no tienen religión tal como nosotros la entendemos, pero la usan para dominarnos a nosotros, sabiendo la gran influencia que las creencias ejercen sobre la mente humana.

❖ Las entidades más evolucionadas tienen un gran dominio sobre la materia: suelen manifestarse bajo formas diferentes que pueden variar instantáneamente a voluntad. Otras usan formas variadas cuando se aparecen, pero necesitan tiempo para crearlas y no las pueden cambiar a voluntad. Otras se presentan siempre de la misma forma, y por fin otras se manifiestan con su propia forma y no pueden variarla. Las menos evolucionadas, a duras penas pueden manifestarse en nuestro nivel de existencia: únicamente son capaces de hacerlo bajo la forma de luces más o menos grandes; cuando lo hacen bajo formas más sólidas suelen rehuir todo contacto con los humanos.

❖ Las instrucciones que las más evolucionadas les dan a sus contactados varían mucho. Muy frecuentemente son sobre materias científicas (por ejemplo, para construir un aparato —que en muchas ocasiones nunca llega a construirse o a funcionar—) o elaboradas teorías y fórmulas de alta matemática o física. También es corriente que les hablen del Cosmos y del movimiento y origen de los cuerpos celestes. Los contactados de tipo religioso son lanzados a fundar religiones o a reformar las ya existentes, llevándolos esto muchas veces a ser agredidos o matados por otros fanáticos.

❖ Otros contactados, en cambio, reciben toda una jerga de conceptos pseudofilosóficos ininteligibles, que la mayor parte de las veces se van a la basura cuando muere el que los recibió, después de haberlos tenido celosamente guardados por años.

❖ A veces esa jerga plúmbea y llena de disparates encuentra el camino de la imprenta y se convierte en un libro famoso o «sagrado» que entontece las mentes de miles o de millones de hombres. Tal ha sido el caso del Libro de Mormón, el Oahspe, los libros de Urantia, el Libro de la Luz, el Corán, los Vedas, el Zend-Avesta, y en buena parte el Antiguo Testamento.

❖ Sin embargo, algunas obras maestras, tanto de la literatura como del arte, han sido dictadas o inspiradas por «ellos».

Estos son los «señores invisibles del mundo».

Con frecuencia se me dice que yo libero la mente de la creencia en un Dios grande y único para hacerla esclava de unos dioses pequeños. Pero no es así. Lo que pretendo únicamente es informar; descubrir algo que está oculto; acaso, aconsejar. Lejos de mí el esclavizar a nadie diciéndole que haga esto o deje de hacer lo otro para aplacar o agradar a estos «dioses», tal como hacen las religiones con los suyos.

Yo no me siento de ninguna manera su esclavo. Conociendo su existencia y las malas artes de algunos de ellos, trato de no dejarme utilizar. Pero yo me siento libre y vivo tranquilamente prescindiendo de ellos. No paso la vida muerto de miedo como por siglos han vivido muchos buenos cristianos, a los que se amenaza durante toda la vida con el infierno y a los que siempre se les ha puesto por norma que «el temor de Dios es el inicio de toda sabiduría». Yo siempre he pensado que el temor de Dios es un insulto a Dios. Aparte de que ya he dicho que el ser humano, considerado individualmente, tiene muchas más defensas contra estas entidades que la sociedad considerada como un todo o la humanidad entera.

Yo no temo a estas inteligencias, por muy «superiores» a mí que sean. Además, sé que después de esta vida estos «dio-

288

ses» no tienen nada que hacer conmigo, porque ya no tendrán poder alguno sobre mí. Y hasta tengo la seguridad de que ellos también mueren. En el Cosmos todo lo que vive muere. Y todo lo que muere resucita. Y el nacer y el morir de todas las criaturas es el latir de la vida del Universo.

Muere la bacteria que nació hace solo unos minutos, muere el hombre después de vivir años, mueren los planetas después de vivir milenios y mueren las estrellas y las galaxias después de vivir cientos de millones de años. Es la gigantesca sístole y diástole del corazón del DIOS-UNIVERSO.

Yo no les tengo miedo a estos pobres diablos que nos observan desde ventanas invisibles. Sencillamente me dedico a hacer lo que creo que tengo que hacer, sin andar mirando a ver si me observan o no y si les agrado o no. Sé que algunos de ellos son más fuertes que yo y me pueden destruir si quieren, y sé que otros solo pueden interferir en mi vida si soy débil o necio, poniéndome a su disposición o invitándolos para que lo hagan. Ahora me dedico a crecer internamente, tratando de que cuando me llegue la hora de salir de este mundo haya hecho lo que mi mente me dice que debería haber hecho.

Me limito a hacer lo que hace la hormiga, que laboriosamente traslada la semilla al hormiguero con paz y con diligencia sin importarle si hay algún «dios» humano contemplándola. Naturalmente, si la hormiga supiese que ese «dios» humano que la contempla en este momento tiene la intención de cogerla y meterla en una caja, lo mejor que podría hacer sería abandonar la semilla y correr a ponerse a buen seguro, porque el ser humano tiene poder para hacerlo.

Y lo curioso es que, por razones totalmente incomprensibles para la hormiga, lo hará sin pensar que con ello hace algo malo. Se siente con derecho porque él es hombre y la hormiga es hormiga. Son las escalas cósmicas, cada una con sus baremos «morales».

Pero la hormiga no sabe nada de eso. Ni siquiera que aquel «dios» humano ya se está inclinando en aquel preciso momento para cogerla y meterla en una caja, junto a una hormiga de otro hormiguero, para ponerlas a pelear; y por eso no se defiende.

Lo mismo que a los humanos les ha pasado por siglos; no han creído que existen ciertas inteligencias suprahumanas que se entretienen en hacerlos pelear y por eso no se han defendido nunca de ellas y se han dejado engañar como niños, convirtiendo nuestra historia en una montaña de incomprensiones y de odios y en un río de sangre.

Y lo triste es que todavía seguimos igual, porque algunos de esos «dioses» son tan astutos que tienen convencidos a los «señores visibles del mundo» de que ellos no existen y de que los que tal cosa decimos somos unos alucinados. Y los «Reagan» y los «Gorbachov» de turno, con cerebros de hormiga, siguen acrecentando sus arsenales atómicos con los que pueden en un segundo reducir a polvo este ingente hormiguero humano.

Y ante mi impotencia por convencer a ambos y a sus acólitos de que sería más racional dedicar estas enormes cantidades de dinero a elevar el nivel de vida de la humanidad o a algo tan elemental como saciar el hambre de millones de famélicos; y ante mi rabia al ver tantos «pentágonos» grandes y pequeños llenos de hormigas violentas, y al ver tantos políticos farsantes y tantos fanáticos religiosos que envenenan el mundo con sus doctrinas, desde la pequeña tribuna que son estas líneas les grito con todas mis fuerzas: ¡imbéciles!

A estos «señores visibles del mundo», a esta «fraternidad negra», hay que tenerle más miedo que a los «señores invisibles». En una escala global, estos últimos no pueden hacer nada sin aquellos. Porque aquellos son los que originan guerras y dividen a la humanidad con sus patriotismos, con sus corrupciones y sus fanatismos, y los que nos avasallan con todo género de tributos, mentiras, injusticias y abusos.

Por eso la salvación de la humanidad está en liberarnos de estos necios malvados que sirven de testaferros a ciertos «señores invisibles».

Pero ¿cómo nos liberaremos de ellos si son de nuestra misma hechura y vemos que, aunque sean de un origen humilde, en cuanto llegan a una posición de poder se corrompen, contagiándose de la enfermedad que padecen todos los gobernantes?

La liberación de la humanidad no llegará mientras no haya muchos más hombres libres que sean capaces de asumir sin corromperse la dirección de sus hermanos menores o menos evolucionados. Y la verdadera libertad del hombre está dentro de él mismo. Tiene que liberarse internamente de sus ambiciones, de sus miedos y de sus dependencias voluntarias y tiene que llegar a una adultez intelectual para no dejarse engañar y para que su mente se haga más creativa y se prepare para futuras etapas, fuera ya de este planeta rudimentario.

Mientras la mayor parte de los hombres procedan como borregos, acudiendo en manada a ver y a oír a sus «líderes» políticos, deportivos, artistas o religiosos, y sientan entusiasmos patrióticos al ver desfilar a falanges de robots con un arma al hombro o gocen en juntarse como rebaños en estadios o en catedrales para ver espectáculos o para recibir bendiciones, será señal de que la humanidad aún no ha superado su etapa infantil.

Hace falta un fermento de seres humanos evolucionados que poco a poco vayan cumpliendo la ardua tarea de convencer a sus hermanos de que ya va siendo hora de que nos rebelemos contra los «señores invisibles» y empecemos a comportarnos como seres realmente racionales, repudiando a unos líderes marionetas que lo único que hacen es defender sus posiciones de privilegio y mantener vivas las discordias que dividen a la humanidad.

APÉNDICE

Terminado este libro, llega a nuestras manos, procedente de Estados Unidos, un voluminoso escrito titulado
The Matrix, que es una recopilación de numerosos informes originados en fuentes muy diversas, algunas de ellas
gubernamentales.

Los «dioses», jinas o entidades inteligentes extradimensionales a que nos hemos referido en todo el libro aparecen en *The Matrix* como unos auténticos extraterrestres, con
cuerpo físico y hasta con ambiciones políticas en nuestro
mundo. Y por supuesto, se entrometen a fondo en las vidas de los hombres, ahora ya no disimuladamente sino a través de las mayores autoridades del planeta, aunque estas lo
hayan tenido en secreto hasta ahora.

The Matrix es la confirmación de muchas de las ideas expuestas en este libro, aunque tanto el recopilador de los informes como nosotros hayamos llegado a ellas por caminos
muy diferentes.

Su credibilidad varía mucho y hay que confesar que en algunos casos se hace sospechosa; pero en toda investigación sobre el fenómeno ovni, esta es una constante a la que ya estamos acostumbrados. Los elementos *confusionógenos* de que nos hablaban los ummitas están siempre presentes y son algo con lo que hay que contar.

En dicho informe se afirma que:

❖ Se han producido bastantes caídas de platillos en diversas partes del mundo.

❖ En Estados Unidos han logrado rescatar varios de ellos y los conservan tras haberlos estudiado minuciosamente.

❖ Han logrado estudiar cuerpos sin vida de los tripulantes de los platillos estrellados.

❖ No solo han recuperado cadáveres, sino también cuerpos vivos de ovninautas, y se dice en el informe que conservan tres de ellos, llamados «EBE-1», «EBE-2» y «EBE-3», en un búnker electromagnético llamado YY-II, situado en la base de la Fuerza Aérea de Los Álamos, en Nuevo México (EE. UU.).

❖ El gobierno de Estados Unidos —y esta es una de las partes más importantes del informe— llegó a hacer un trato con cierto tipo de «extraterrestres» mediante el cual, a cambio de tecnología muy avanzada que recibiría de los alienígenas, les facilitaría sus actividades entre nosotros.

❖ Estados Unidos fue engañado en el trato. En primer lugar, porque creyeron que era exclusivo con ellos cuando la verdad fue que los «extraterrestres» hicieron uno muy similar con los rusos. Y en segundo lugar, porque descubrieron que los alienígenas habían mentido en cuanto a sus actividades en nuestro planeta.

❖ Las matanzas de ganado que se han venido denunciando en todo el mundo, especialmente desde 1974, son una de estas actividades. Usan a los animales para, de alguna manera, aprovechar sus tejidos y su energía vital.

❖ Usan a hombres y mujeres, sin que ellos se den cuenta, para hacer experimentos genéticos. También los utilizan dándose ellos cuenta, aunque en estos casos sin hacerles daño, al menos aparente.

❖ Se llevan a seres humanos, sobre todo a niños, sin que vuelva a saberse nada de ellos. Los fines de la abducción nos son desconocidos, aunque se sospecha que también sea para experiencias genéticas de algún tipo que conllevan la destrucción del individuo.

❖ Se describe a las cinco clases de «extraterrestres» que en la actualidad están manteniendo un contacto mayor con los humanos y se dice cuáles son sus deficiencias, y las hostilidades entre ellos.

❖ Se asegura que en la actualidad rusos y norteamericanos preparan un arma contra ellos. Esta primavera pasada se hizo la primera prueba que, según un informe, resultó fallida.

Este es, a grandes rasgos, el contenido del libro-informe *The Matrix*.

Las dos últimas afirmaciones suenan a ciencia ficción y es muy posible que no sean sino elementos para sembrar dudas acerca de todo el resto de la información que hoy en día se ha hecho ya indudable e imposible de esconder.

Atengámonos al refrán castellano: «Cuando el río suena, agua lleva». Todos estos rumores, reforzados por cientos de hechos incuestionables, vienen ya sonando desde hace bastante tiempo y cada vez con mayor insistencia como para que no haya nada de verdad detrás de ellos.

Lo que se puede deducir con toda seguridad de todo este conjunto de informes y de libros como *Crónica de otros mundos*, de Jacques Vallée, y de los ya citados *Comunión* e *Intrusos*, es que algo importante, misterioso y atemorizador se está gestando tras la pantalla de los tan ridiculizados «platillos volantes».

Made in the USA
Coppell, TX
27 February 2025